本书由“北京联合大学2017年授权—科技创新服务能力建设—科研水平提高定额—基于CRPD核心理念的全纳教育支持技术研究（12213991724010222）”和“2014年北京教育科学规划重点课题（AD14121）：基于学习通用设计的聋人课程建设研究与实践”联合资助

中国手语语言学

吕会华 著

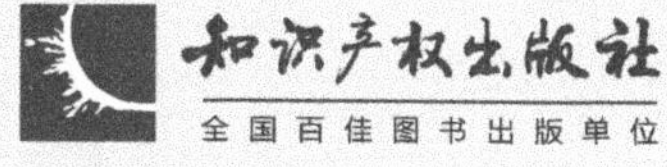

图书在版编目（CIP）数据

中国手语语言学 / 吕会华著. —北京：知识产权出版社，2019.8
ISBN 978-7-5130-2812-7

Ⅰ. ①中… Ⅱ. ①吕… Ⅲ. ①手势语－中国－特殊教育－教材 Ⅳ. ① H126.3

中国版本图书馆 CIP 数据核字（2019）第 164024 号

内容提要

本书以手语语言事实为依据，从现代语言学的角度，对中国手语的相关问题进行了广泛的研究，涵盖的论题包括中国手语的语言地位，中国手语的语音、词汇、句法特点，以及手语语言学的研究方法等。本书通俗易懂，实用性强，不仅可以使聋人加深对手语的理解，而且还可以帮助普通人了解手语，消除对手语的误解，同时也可以供其他语言研究者参考。

责任编辑： 许　波　　　　**责任印制：** 刘译文

中国手语语言学

ZHONGGUO SHOUYU YUYANXUE

吕会华　著

出版发行：	知识产权出版社有限责任公司	**网　　址：**	http://www.ipph.cn
电　　话：	010-82004826		http://www.laichushu.com
社　　址：	北京市海淀区气象路 50 号院	**邮　　编：**	100081
责编电话：	010-82000860 转 8380	**责编邮箱：**	xubo@cnipr.com
发行电话：	010-82000860 转 8101/8029	**发行传真：**	010-82000893/82003279
印　　刷：	北京中献拓方科技发展有限公司	**经　　销：**	各大网上书店、新华书店及相关专业书店
开　　本：	710mm × 1000mm　1/16	**印　　张：**	18.25
版　　次：	2019 年 8 月第 1 版	**印　　次：**	2019 年 8 月第 1 次印刷
字　　数：	242 千字	**定　　价：**	68.00 元

ISBN 978-7-5130-2812-7

前　言

中国手语（自然手语）作为一门视觉语言，在聋人的生活中占有重要的地位，是他们生活、学习和与人交流的重要工具。中国手语作为一门自然语言的语言学研究刚刚起步，还有很多问题需要研究、探讨。

本书是在笔者多年手语语言学研究的基础上形成的，希望能够用普通语言学的理论方法分析手语，将其独特的一面展示给公众。

手语作为一门视觉语言，研究过程需要依赖手语视频资料。一旦成文，就需要将手语视频转写为文字形式。本书所用转写方法是在研究国内外大量转写方法的基础上，经过多次尝试、讨论之后形成的。本书力争用文字最大限度地展示出手语这门视觉语言的特点。研究范围主要集中于聋人群体。

第一章　聋人群体。聋人是手语的使用者。在了解这门语言之前，我们要对使用群体有一个大致的了解。本章首先介绍了聋人这一群体在语言使用方面的特点及群体内部大致的分类，并对聋人接受教育的情况作了简单的介绍。

第二章　中国手语是一门独立的自然语言。本章首先介绍了普通语言学的一些基本理论观点，并结合中国手语的语料进行了分析，对中国手语研究中的一些概念进行了解说。

第三章　手语语言学研究方法探讨。对手语的研究刚刚起步，如何筛选研究方法一直困扰着研究者，不恰当的研究方法使很多研究者走了弯路。本章力求找到科学、合理的研究方法，使手语的研究人员少走弯路，多出成果。

第四章 手势的构成。本章从手语中的一个比较小的语言单位——手势开始谈起，分析手势的构成及介绍手语音系学的最基础的知识。

第五章 手语的形态与构词。中国手语相比汉语而言，是形态变化比较丰富的语言。本章首先从形态的角度对中国手语进行分析，然后讨论中国手语中“名动一体”现象，最后讨论中国手语的类标记问题。

第六章 中国手语的词和短语。词是能够独立运用的最小的语言单位。本章主要讨论了几种主要的词，如名词、动词、形容词、代词等。短语部分主要讨论了名词性短语的构成。

第七章 中国手语的句子。本章从句子的层面讨论了中国手语的相关问题，如句子成分、基本句子的表达方式、影响语序的因素等。

第八章 中国手语关系从句问题讨论。关系从句是语言普遍现象，是一个镶嵌结构，体现了语言的递归性。中国手语中也存在关系从句结构，不同语言背景的聋人使用关系从句结构的情况也有所不同。本章主要对这一问题进行讨论。

第九章 中国手语与其他语言的句法比较。中国手语的简单句和关系从句与汉语之间存在异同。中国手语和世界其他国家的手语语序进行比较，不同手语句法也存在异同。

编写说明

一、转写

科技的发展，为手语的保存、传播、研究提供了便利条件。为了适应非视频形式的文本写作，需要将视频形式的手语转写为书面形式进行展示。这种用有声语言的文字转写手语的方法是目前各国手语研究中通行的做法，也因此形成了一些转写的规则和具体方法。由于汉字和其他国家使用的文字有所不同，因此我们在其他手语转写方法的基础上，针对汉字的特点，在中国手语的转写中加入了一些新的规则和方法。下面将对本书中使用的中国手语的汉语转写方法进行说明。

（一）基本手语词语的汉语转写

基本手势的转写方法基本依照龚群虎、杨军辉的方案进行。首先查找该手势在《国家通用手语词典》中是否存在，如果存在，首选该手势在《国家通用手语词典》中的汉语对应词语。如果没有，则或者寻找合适的对应的汉语词，或者进行描述性解说。

【例 0-1】

［转写］有　一　人　男　一

［翻译］有一个人，一个男人

手语的汉语转写部分在文中单独举例时，可外加双引号，以示区别。复合词（包括仿译的汉语成语）各语素间可用"-"连接。

汉语：中国手语　转写：中国-手语

汉语：狐假虎威　转写：狐-假-虎-威

（二）词界

转写出来表达手语的书面语文字和有声语言书面语形式的区别问题需要解决。有声语言的书面形式是字母的语言，用大写字母拼写的单词表示手语，用普通形式表达有声语言的书面语。而且英语等语言的书写形式，词和词之间有空格，以示分词。汉语的书写形式汉字，没有词与词之间的天然标记，也没有大小写。在龚群虎、杨军辉的方案中，采用在词与词之间划斜线的方式解决词界问题。这个方法有效解决了分词问题，不过也存在一些问题。本文采用转写手语的汉语词语之间空格的形式与汉语书面语进行区分。

【例 0-2】

［转写］学习　中国-手语

［翻译］学习中国手语

（三）多语素手势

手语中有一部分表达方式具有复综语的特点，即表面上看是一个单词，实际上包含的信息比一个单词丰富得多，有时甚至一个单词表达的是一个句子的信息。

【例 0-3】

［**转写**］不－喜欢

［**翻译**］不喜欢

“不喜欢”，在手语中是一个手势，是一个多语素的手势，包含喜欢和否定两个意思，转写时以手语的词语单位为切分的标准，所以“不喜欢”作为一个语言单位转写。

【例 0-4】

［**转写**］你－帮助－我

［**翻译**］你帮助我。

在“帮助”手势中，“手掌的朝向”包含了主语和宾语的信息，转写时写出朝向所包含的信息。

（四）指示词

指点的手势用于指人、事物或方位时，用“指”后加下标进行区分。

人称代词记作“指$_{人}$”，第一人称，指$_{人1}$；第二人称，指$_{人2}$；第三人称，指$_{人3}$。

物主代词记作“指$_{物主}$”，第一人称，指$_{物主1}$；第二人称，指$_{物主2}$；第三人称，指$_{物主3}$。

指示词记作“指$_{\times}$”，指$_{这}$ 指$_{那}$ 指$_{上}$ 指$_{下}$ 指$_{前}$ 指$_{后}$。

（五）同时性结构

同时性是手语突出的特点。两个器官（双手）和非手控信息分别表达不同的意思。两者或者三者合在一起表达一个完整的意义。

【例 0-5】

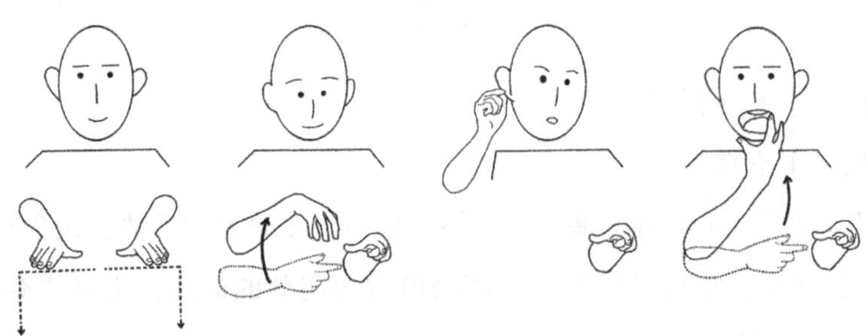

［转写］

主手 桌子 盘子 馒头 女

辅手 在－类标记八：盘子 类标记八：盘子

主手 吃－类标记雨：馒头

辅手 类标记八：盘子

［翻译］ 女孩吃桌子上盘子里的馒头。

【例 0-6】

［转写］主手 指$_{这}$ 狗 掉－类标记六：狗

辅手 类标记门：窗户

[**翻译**] 这只狗掉到了窗外。

（六）非手控信息

手语除了用双手表达信息以外，面部表情、身体姿态等也是重要的语言信息。非手控信息大多伴随着手控信息出现。完备的手语的汉语转写，也需要将非手控信息标识出来。

【例 0–7】

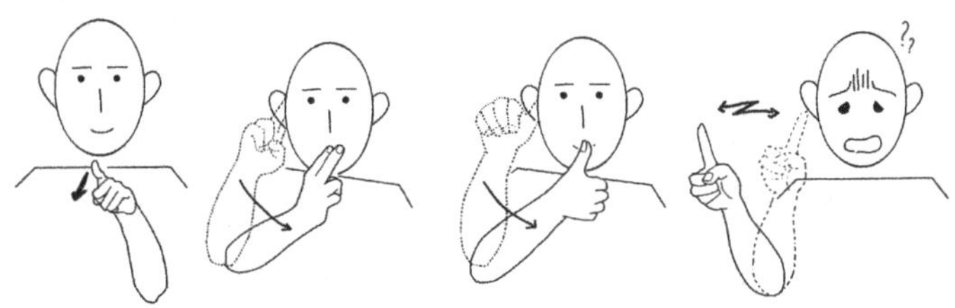

[**转写**]

前倾　扬眉

你　聋人　听人　哪

[**翻译**] 你是聋人还是听人？

非手控信息可以包括以下内容。

眉	眼	嘴	身体	头	眨眼
扬眉	瞪眼	张嘴	前倾	点头	眨眼
皱眉	眯眼	鼓腮	后仰	低头	
	向上看	嘴唇鼓起	向左倾斜	抬头	
	向下看	嘴唇延展	向右倾斜	摇头	
	向左看	吐舌等	向左转身	头转向左	
	向右看		向右转身	头转向右	
			耸肩		

二、手形及手形名称

手形是指打手语时单手或双手手指呈现的形状，是手语最重要的要素。我们在前人研究的基础上，对中国手语的手形进行了统计和命名。选择用中文命名的原因，是为了便于称呼。

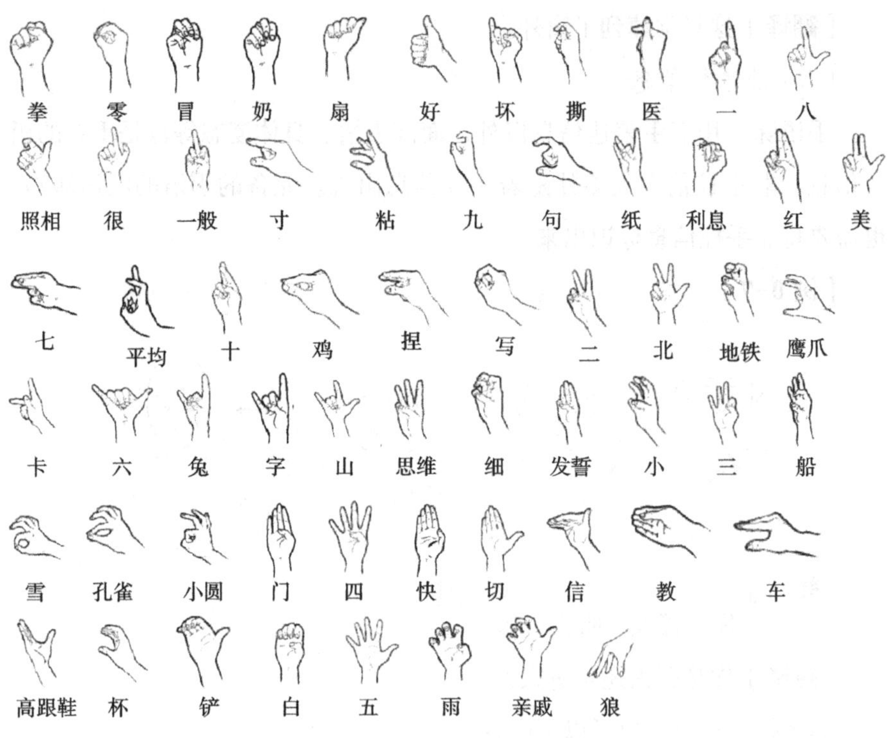
拳 零 冒 奶 扇 好 坏 撕 医 一 八
照相 很 一般 寸 粘 九 句 纸 利息 红 美
七 平均 十 鸡 捏 写 二 北 地铁 鹰爪
卡 六 兔 字 山 思维 细 发誓 小 三 船
雪 孔雀 小圆 门 四 快 切 信 教 车
高跟鞋 杯 铲 白 五 雨 亲戚 狼

目 录

第一章　聋人群体

第一节　聋人

一、聋人　听力障碍　听力残疾

聋人？聋哑人？听力障碍？听觉障碍？听力残疾？

根据 GB/T 26341—2010《残疾人残疾分类和分级》中规定，听力残疾是指各种原因导致双耳不同程度的永久性听力障碍，听不到或听不清周围环境声及言语声，以致影响其日常生活和社会参与。

听力残疾分为四级。

听力残疾一级：听觉系统的结构和功能极重度损伤，较好耳平均听力损失大于 90 dB HL，不能依靠听觉进行言语交流，在理解、交流等活动上极重度受限，在参与社会生活方面存在极严重障碍。

听力残疾二级：听觉系统的结构和功能重度损伤，较好耳平均听力损失在（81 ~ 90）dB HL 之间，在理解和交流等活动上重度受限，在参与社会生活方面存在严重障碍。

听力残疾三级：听觉系统的结构和功能中重度损伤，较好耳平均听力损失在（61 ~ 80）dB HL 之间，在理解和交流等活动上中度受限，在参与社会生活方面存在中度障碍。

听力残疾四级：听觉系统的结构和功能中度损伤，较好耳平均听力损失在（41 ~ 60）dB HL之间，在理解和交流等活动上轻度受限，在参与社会生活方面存在轻度障碍。

根据中国残疾人联合会（以下简称中残联）网站公布的2010年年末全国残疾人总数及各类不同残疾等级人数，我国目前听力残疾的人有2054万人，占残疾人总数的24.16%，占全国人口总数的1.53%；言语残疾130万人，占残疾人总数的1.53%；多重残疾1386万人，占残疾人总数的16.30%。为什么在计算听力残疾人数量的时候，要考虑言语残疾及多重残疾呢？因为在言语残疾和多重残疾中也有部分是听力残疾人。因此，听力残疾人多于2054万人。在所有这些人当中，有一类重听人，重听人听力损失程度相对较轻，利用助听设备（包括人工耳蜗和佩戴助听器）及通过听觉和口语康复训练，可以分辨和听懂一部分话语声，能用口语直接交流。多数重听人是在普通学校接受的教育，他们很少有机会接触手语。另一类被称为聋人，聋人指听力损失程度严重的人，由于听神经受损，不论是否佩戴助听器，都很难分辨和听懂话语。我们目前所讨论的对象主要是聋人。

对听力残疾人，可以称其为聋人、听力障碍者、听觉障碍者。不要使用聋哑人、聋子、哑巴等带有歧视侮辱性的词语。

二、听障四大家族

除了官方分类，还有一些民间分类更能反映不同听力障碍者的特点。其中中国聋人协会原主席唐英《听障四大家族》一文的分类最为细致。

不应该把界定为严重听力损失（听力损失50分贝以上）的人群，简单地使用“聋人”来统一称呼。因为这一群体从不同的标准去界定，会出现诸多分支。

听力损失程度来区分，有三大分支——聋人、重听和近听。聋人就是听力损失70分贝以上，基本听不到声音的严重听力损伤者。重听是听力损失70分贝至50分贝之间的中度听力损伤者。近听是听力损失50分贝至25分贝之间的轻度听力损伤者。这是从医学和生理上进行的划分，我国残疾分级标准在听力方面已经标明了聋和重听两个等级，暂还没有加入近听这个等级。

沟通体系来区分，主要有五个分支——手语族、口语族、唇语族、笔语族、肢语族。手语族就是在日常生活中主要使用相当系统的手势语言（也就是手语）来交流，其主体是聋校毕业生。口语族能大致分辨声音，只靠口语来交流，不需要依赖读唇，其主体是近听族。唇语族是依赖读唇来辨识对话，主要使用口语来交流，其主体是普校聋生。笔语族是不会手语也不会读唇，只能用笔谈方式交流，暂无明确的主体。肢语族是既未掌握系统的手语，又不识字，使用自创的原始肢体语言来交流，其主体是农村聋人。

听力损伤的时间来区分，有四个分支——语前聋、少年聋、成年聋、老年聋。语前聋是在开始学说话之前就损伤听力，少年聋是在孩提时代就损伤听力，成年聋是成年之后半路损伤听力，老年聋是年老体衰而导致听力下降的。发生听力损失时他是一个孩子还是一个成年人，对一个人后来的行为方式会造成非常强烈的影响。

教育环境来区分，有四个分支——聋校生、普校生、转校生、校外者。聋校生是一直在聋校读书的听障者，普校生是一直在普通学校读书的听障者，转校生是读过聋校和普校的听障者，校外者是没有上学参与学校集体生活的听障者。

心理归属来区分，有三个分支——圈内人、边缘人、桥梁人。圈内人是完成了社会身份认定，有明确群体归属感的听障群体，又具体分为聋人圈、听障圈、普通圈三个圈子。凡是懂手语并认识很多聋人，能够融入聋人圈子并自认为是聋人的，属于聋人圈。不懂手语但认识很多听障者，有条件经常跟听障者交流并自认为是听障者的，属于听障圈。不懂手语也不认识其他听障者，但能完全融入普通群体并且不认为自己有缺陷的，属于普通圈。边缘人是孤独者的群体，他们不认识其他同类，又不能完全融入普通社会，多数是普校生和农村聋人。桥梁人是既懂手语又会口语的听障者，起到桥梁作用。

唐英在文中所介绍的不同群体，他们对手语的态度和手语水平有所不同，在选择手语调查对象时要考虑这一情况。

三、文化聋与生理聋

国外对听力障碍者的称谓有两种，一种是聋人（Deaf)。聋人是指选择使用手语作为自己的主要交流语言的群体。另一种我们翻译为听障者（Hard of Hearing)，是指选择使用口语为自己的主要交流语言的听力残疾人。前者也包括一些戴助听器可以接听电话的聋人，他们的口语和听力非常好，可是他们仍然选择以手语为自己的交流语言。后者中也有一些听力损失非常严重，不能接听电话，可是他们仍然很努力地选择了用口语作为他们的主要交流语言。这都是根据他们自己的选择或需要做的决定，目前国内将这两类人合称为“听力残疾人”。

第二节　聋教育

一、世界聋教育的发展

在世界聋教育的历史上，有几个特别重要的时间点需要注意。

1770 年，世界上第一所聋校在法国巴黎成立，创办人是传教士德雷佩。他主张手语是聋人的母语，是教学和交往的工具。聋人应在此基础上掌握书面文字。手语是掌握有声语言和其他学科知识的出发点。德雷佩是手语教学体系的鼻祖。

1778 年，海尼克在莱比锡创办了德国第一所聋校。他受到了荷兰人阿曼口语教学观点的影响，在聋教育上逐步形成了口语教学理论和方法。他主张“人类的思维既不能靠手势，也不能靠书写，大部分只能靠口语”。

他是口语教学体系的创始人。

二、中国聋教育的发展

同样，在中国聋教育的历史上，也有几个特别重要的时间点需要谨记在心。

1887 年，美国传教士米歇尔夫妇在中国山东登州（蓬莱）创办“启喑学堂”，它是我国第一所聋校，以口语教学为主。学校 1898 年迁到烟台。

1892 年，上海法国天主堂圣母院成立的聋童学校，引进的是法国聋校的手语教学法。采用了法国的手指字母。

1914 年，周耀先在杭州开办了第一所中国人自己办的聋校。

1931 年，龚宝荣在杭州吴山创办了中国第一所由聋人创办的聋校。

1927 年，南京市立聋哑学校成立，这是中国第一所国立特殊教育学校。

三、对聋教育使用语言的争议

百年聋教育的历史，就是一部不断争论的历史。从聋教育产生那天开始，用手语还是用口语的争论就已经存在。手语法，口语法，综合沟通法，此消彼长，不断争斗。

聋人双语教育是目前国际上比较盛行的且行之有效的聋教育方法。吴安安在《手语双语聋教育是对聋童的接纳和尊重》中对此作了比较全面的介绍。她认为，这是一种理念：认同中国手语为中国聋人群体使用的视觉语言。它是具有语言学意义的人类自然语言。

中国手语有着与有声语言（汉语）不同的表达方式和语法特征。它是通过眼睛交流的，是看的语言。在中国聋人双语教育中的双语指的是中国手语和汉语（包括口语和书面语）。教授中国手语作为聋童的第一语言，教授汉语（阅读和书写）作为聋儿的第二语言。中国手语是课堂教学的主要语言媒介和交流工具。在教学过程中，尊重聋童的不同和特殊性，反对歧视，教育目的是赋权给聋童。

邓慧兰教授翻译的弗朗索瓦·格罗斯让的《聋童双语下成长的权利》一文很好地说明了手语对于聋童的重要作用。现摘录如下：

前言

不管失听程度如何，每个聋童都应该享有在双语下成长的权利。只有通过学习和运用手语和口语，聋童才能充分获得认知、语言和社交能力。(本文所涉及的口语，是指一般包括唇读法或发声表达的口语形态。而发声表达的渠道，通常依遁书面语或话语形态。)

究竟儿童需要语言来干什么

聋童只有依靠语言才可成功地做到以下事情：

（1）可以尽早跟父母及其他家庭成员沟通。

一个健听的儿童一般在成长的最初几年便可以获得语言。这赖于在日常生活中，他们有机会接触并理解语言。语言是儿童用来建立并稳固与父母感情和社交关系的重要手段。健听的儿童如此，聋童也不例外。聋童一定要尽早通过一套完整的、自然的语言系统跟父母沟通。只有通过语言，父母与子女间的融和感情及亲子关系才能得到培养。

（2）可以在婴儿阶段使认知能力得到发展。

儿童一定要通过语言才能发展那些在个人成长中最重要的认知能力。这些认知能力包括不同种类的推理能力，抽象思考和记忆能力等。假如语言没能得以发展，儿童便会生活在一个没语言的情况之中，又假如他采用了一种非自然的语言系统，或者使用一种完全陌生的、难以理解的语言，这些情况都会对他的认知能力的发展带来严重的负面影响。

（3）可以发展对客观世界的认识。

儿童主要透过语言去获得有关客观世界的知识。与父母、家中其他成员、其他儿童和成年人进行语言沟通时，儿童便有机会去接触、认识、并交换有关客观世界的资讯。这类知识也成为儿童之后参与校内各种活动的基础。客观世界的知识也会促进语言理解。如果缺少这类知识，儿童就不能真正地理解语言并掌握其本质。

（4）可以和外界作全面的沟通和接触。

聋童跟健听儿童一样，他们一定要跟周围的人进行广泛和全面的沟通。这些人包括父母、兄弟姊妹、老师、同龄儿童、其他成人等。沟通必须采用与谈话的对象及场合相应的语言。使信息以最有效的方式得到传递。在有些情况下，手语是最佳的选择，有时也选择口语，有时则是这两种方式交替进行。

（5）可以同时融入健听及聋人的世界。

通过语言，聋童必定会渐渐地融入健听及聋人的世界。他一定要在某种程度上成为健听世界的一员，因为聋童的父母或其他家庭成员都是健听的。另外，他们也须尽快认识另一个世界，即聋人的世界。总而言之，聋童会在健听及聋人的世界中感到茫然。所以，他们必须尽可能融入健听及聋人的两个世界。

双语发展是满足以上所需的唯一方法

双语是指懂得和能够正常使用两种或两种以上的语言。聋童如想尽早与父母沟通、全面地发展认知能力、获得客观世界的知识、与周围的人群沟通并快乐地融入健听人及聋人的两个世界，同步发展手语和唇读是唯一的方法。

哪类的双语发展模式？

聋童的双语发展模式会包括聋人群体所用的手语和健听人所用的口语。如前文所述，后者基本上指书面语和一般话语形态。假如聋童的听力和发声能力许可，他也应掌握口语的发展。这两种语言会视个别聋童的需要而扮演不同的角色：一些聋童主要依赖手语；一些利用口语；更有些会平均地运用这两种语言。在这种情况下，我们不难察觉聋童有不同的双语发展的模式。这是因为聋童的失听程度有所不同，另外他也受到复杂的语言接触的情况所影响（这种语言接触的情况，包括四种的语言沟通渠道、聋童要应付两种语言的产生及理解等）。故此，一般聋童都会有不同程度的双语发展和双重文化背景。从这个角度来看，聋童跟世界上大约一半的人没有两样，他们都是活在双语的环境里（其实世界上人口中操双语的比操单语人群同样多或更多）。聋童应像其他双语孩童一样，在日常生活中充分利用他们懂得的两种语言来跟别人沟通。此外，他们也应有不同程度的归属感，认可自己是失听及健听的人群的成员。

手语扮演着什么角色呢？

对于严重失听的儿童，手语必定是他们的第一语言（或是最初的两种语言之一）。手语是一种自然的、丰富的及有规范性的语言。手语能够确保人与人之间全面和充分的交际。它与口语不同。只要及早学习手语，它就能让年幼的聋童和父母在完全没有障碍的情况下沟通。手语在聋童的认知和社交发展中承担着重要的角色。它能帮助他们获得相关客观世界的知识，更能使聋童易于融入聋人群体。而且，手语可促进口语话语或书面语的发展。从过往的研究中，我们知道只要第一语言能正常发展，不论是唇读还是手语，都会极大地有利学习第二语言。总而言之，懂得运用手语可以保证聋童至少能掌握一种语言。现在，虽然聋童和他们身边的口语专家付出了很多努力，也得到很多的科技支援，但不可否认，很多聋童在产生和理解口语时还是障碍重重。为了一个可能永远也不能达到的口语发展而花上数年时间，其实阻碍了聋童去接触一种能实时和满足他们发展需要的语言。这种做法也是非常冒险的，聋童可能会因此而在语言、认知、交流或人际发展方面稍逊于健听儿童。

口语又扮演着什么角色呢？

所谓能操双语是指懂得和运用两种或以上的语言。聋童的另一种重要的语言就是口语。即是健听人所采纳的口语，其中包括话语或书面语。一般来说，口语是聋童的父母、兄弟姊妹、其他家庭成员、未来的朋友和雇主等所用的语言。假如在日常生活中聋童接触的人不懂手语时，他们便只能靠口语沟通了。书面语是实时获得知识和资讯的重要媒介。不论在家里还是在学校里，我们所学的大部分知识都是透过文字而获得的。

聋童的学业成绩和未来的事业成就，也主要取决于他在口语中的书写能力或话语的掌握程度。

总结

我们有责任让聋童得到双语发展。其一为聋人世界的手语（当失听程度严重时手语便应视为聋童的第一语言）。其二为健听人的口语。要达到这个目标，聋童必须与上述这两种语言有所接触，并且要令他们感受到学习和使用这两种语言的必要。因近年科技的进步，口语被视为聋童语言发展的方向，这其实是用聋童的未来作赌。这会对聋童的认知和个人发展带来危机，亦是对聋童融入他们所属的两个世界的一种否定。无论该聋童的未来怎样及他 / 她选择生活在哪个世界（若只能选择一个），越早接触两种语言比起只接触一种语言对他们更有保障。我们永不会后悔懂得多种语言，但却必定会后悔懂得太少，尤其当个人发展的成败系于一语时。因此，聋童应该享有双语的权利，而我们是有义务去帮助他们享有这个权利的。

感谢香港中文大学现代语言及文化系邓慧兰把此文翻译成为中文。

参考文献

[1] GB/T 26341—2010 残疾人残疾分类和分级 [S] 中华人民共和国国家质量监督检验检疫总局 中国国家标准化管理委员会发布 .

[2] 2010 年末全国残疾人总数及各类、不同残疾等级人数 [EB/OL]. (2012-06-26)[2018-01-01]. http://www.cdpf.org.cn/sjzx/cjrgk/201206/t20120626_387581.shtml.

[3] 杨军辉，吴安安，郑璇，等 . 中国手语入门 [M]. 郑州：郑州大学出版社，2014.

[4] http://www.cjrjob.cn/?viewnews-33786[EB/OL] 唐英 .

[5] http://bbs.eduol.cn/thread-14290-1-1.html?3495803799[EB/OL] 杨军辉 .

[6] 张旭东，等 . 我是聋人 [M]. 南京：江苏教育出版社，2009.

[7] 吴安安 . 手语双语聋教育是对聋童的接纳和尊重 .《有人》杂志微信公众号 2016 年 3 月 4 日

[8] Francois, Grosjean. The right of the deaf child to grow up bilingual[J]. Sign Language Studies, 2001, 1(2): 110-114.

第二章　中国手语是一门独立的自然语言

第一节　语言

语言，对我们大家来说，可以说是最熟悉的陌生事物。我们每天都在使用语言，但是如果现在要你回答什么是语言，你能回答吗？

其实不止我们普通人，即使是语言学家，对什么是语言，也没有一致的答案。

自19世纪初以来的160多年的时间里，语言学家们给语言下的有代表性的定义有68个之多，但每一个定义都只涉及语言的一个侧面，犹如盲人只摸到大象的某一部分就说大象像什么一样。下面简单地举几个有代表性的例子。

语言是一种表达概念的符号系统，因此，可以比之于文字、聋哑人的字母、象征仪式、礼节形式、军用符号等。语言是这些系统中最重要的。

语言是利用任意产生的符号体系来表达思想、感情和愿望的人类特有的、非本能的方法。

语言是一个人受到刺激时让另一个人去做出反应。

语言是人跟人互通信息，用发音器官发出来的，成系统的行为方式。

《语言引论》是一本语言学著作，目前已出到第八版，影响了一代语言学研究者。作者在书中归纳了一些语言共有的事实。

凡有人类生存的地方，就有语言。

“未开化”的语言是不存在的——一切语言都同样复杂，都能同样表达任何观念。任何语言的词汇都可以扩大，增加表达新概念的新词。

所有语言都随时间而演变。

口语的语音和意义、手语的手势和意义之间的联系，大体上是任意的。

所有人类语言都利用数量有限的离散的语音或手势，把它们组成有意义的成分或词，再把成分或词组合成无限多的可能句子。

所有语法都包含一套类似的规则，用来构词造句。

所有有声语言都包括离散的音段，如 p，n 或 a，它们都能利用数量有限的语音属性或特征来界定。每一种语言都有一组元音和一组辅音。

所有语言都有相似的语法范畴（如名词、动词）。

每种语言都有普遍的语义特征，如衍推（从一个句子推断另一个句子的真值）。

每种语言都有特定的方式来表示否定、提问、命令，表示过去或将来，等等。

会说任何一种语言的人都有能力造出和理解无限多的句子。句法共相表明，每种语言都有构造如下句子的方式：

Linguistics is an interesting subject.（语言学是门吸引人的学科）

I know that linguistics is an interesting subject.（我知道语言学是门吸引人的学科）

You know that I know that linguistics is an interesting subject.（你知道我知道语言学是门吸引人的学科。）

Cecilia knows that you know that I know that linguistics is an interesting subject.（塞西莉亚知道你知道我知道语言学是门吸引人的学科）

Is it a fact that Cecilia knows that you know that I know that linguistics is an interesting subject？（塞西莉亚确实知道你知道我知道语言学是门吸引人的学科吗？）

人类习得、掌握和使用语言的能力是一种基于生物机制的能力，它根植于人脑的结构，通过不同的形式（如口语或手语）得以表达。

任何正常的儿童，无论出生何地，属于哪一种族，具有哪一地理、社会和经济背景，都能学会一种他所接触到的语言。

一、语言对人类的重要作用

蔡元培在《中央研究院历史语言研究所集刊》发刊词中说明了语言对于人类社会的重要作用。

同是动物，为什么只有人类能不断的进步，能创造文化？因为人类有历史，而别的动物没有。因为他们没有历史，不能把过去的经验传说下去，作为一层层积累上去的基础，所以不容易进步。例如，蜂、蚁的社会组织，不能不说是达到高等的程度，然而到了这个程度，不见得永远向上变化，这岂不是没有历史的缘故？

同是动物，为什么只有人类能创造历史，而别的动物没有？因为人类有变化无穷的语言，而后来又有记录语言的工具。动物的鸣声本可以算是他们的语言，古人说介葛卢识牛鸣，公冶长通鸟语，虽然不是近代确切的观念，然而狗可以练习得闻人言而动，人可以因经验了解狼的发声之用意，这是现代的事实；但是，他们的鸣声，既没有可以记录的工具，且又断不是和人的语言有同等复杂的根基的，所以不能为无穷的变化，不能作为记录无限经验的工具，所以不能产生历史。人类当没有文字的时候，已有十口相传的故事与史歌，已不类他种动物鸣声的简单，而会有历史的作用。发明文字以后，传抄印刷，语言日加复杂，可以助记忆力，而历史始能成立。人类有这种特殊的语言，而因以产生历史，这也是人类在动物中特别进步的要点。而语言学与历史学，便是和我们最有密切关系的科学。

蔡元培

中华民国十七年八月

南京

正是由于掌握了语言，人类与其他动物区别开来。要了解人性就必须了解使我们成为人的语言。根据许多民族的神话和宗教所表达的哲学思想，人类生活和力量的源泉正是语言。对非洲的一些民族来说，一个新生的婴儿只是一个 kuntu，即一个“东西”，还不算一个 muntu，即一个“人”。只有通过学习，孩子才能成为一个人。按照这一传统，我们能成为“人”，是因为我们最终都能掌握一种语言。

二、语言与思维

语言与思维的关系是一个非常古老的话题。

对语言和思维的关系，有以下几个观点。

（一）等同说

等同说认为，语言与思维合二为一、不可分离。两者具有逻辑的和内在的不可分离的关系。没有语言的思维和没有思维的语言都是不存在的。这种说法混淆了语言与思维，将其混同为同一事物。但是若说二者有所不同，那么只能说一个是表面的，一个是内部的。

（二）同时共生说

共生说认为，语言同人类、人类社会和人类思维同时产生。该观点实际上是在“等同说”的基础上提出的，正因为语言与思维的功能和目的基本上是相同的，便由此推导出“不论人的头脑中会产生什么样的思想及什么时候产生，它们只有在语言材料的基础上、在语言的词和句子的基础上才能产生和存在”。换句话说，没有语言，思维就没有存在的基础，思维存在的前提是语言的存在，二者是同生共死的。

国内外众多赞同这种说法的学者大多引用索绪尔的话："思想本身好像一团星云，其中没有必然划定的界限，预先确定的观点是没有的，在语言出现之前，一切都是模糊不清的。"然而索绪尔口中的"思想"与我们讨论的思想有所不同，思想是指思维活动的结果或成果，即思维过程的产物。思想是成果、是静态的，而思维是过程，是动态的，语言是思维的物质外壳或思想的直接表现。

（三）关联性假说

关联性假说又称为" Sapir-Whorf（萨丕尔·沃尔夫）假说"。该观点认为"每种语言的背景性系统（即语法）是表达思想的一种再生产的工具；确切地说，它本身就是思想的塑造者，是个人心理活动、个人分析现象、个人综合思想资料的纲领和指南"。即"语言形式决定着语言使用者对宇宙的看法。语言怎么样描写世界，人们就怎样观察世界；世界上的语言不同，所以各民族对世界的看法不同"。也就是说，是语言创造出了思维，且在个人分析及综合其思想资料的过程中，是语言起到了关键性的指引作用，而非思维。思维的过程包括分析和综合、抽象、概括、比较和分类。个人分析和综合其思想资料的过程其实就是思维的过程，也就是说在思维的过程中，是语言引导着思维在前进。

张积家课题组提出了新的语言关联性理论：语言塑造大脑，语言影响认知，语言构建民族。

语言是人类认知的最重要客观现实，承载了民族的态度、价值、习惯思考与行为方式、历史与文化，个体通过掌握民族语言实现民族社会化。语言消失了，文化就消失了，民族也就不复存在。

语言可以直接影响认知，词是概念的物质载体，思维活动和语言活动密不可分；语言使用导致脑的功能和结构的改变，从而间接地影响认知。

语言对认知的影响远超出人们想象。语言关联性有如下三个层次。

第一，语言影响记忆。被语言编码的事物能被更好地保持，但语言编码有时也影响记忆准确性。记忆存在语言遮蔽效应，事物（颜色、面孔、气味等）被语言编码后会导致记忆准确性下降。语言编码使记忆表征向着事物原型和标准场景的方向变化。

第二，语言影响知觉。讲不同语言的人对相同事物会产生不同知觉。斯洛宾提出“我说故我思”理论，认为语言影响人对事件的特征选择和注意。人在说话时的思维有一种特殊性质：在构建话语的瞬间，人使思想适合于可利用的语言形式。语言使人关注知觉的某些层面，忽略其他层面。语言不是事件的缩写。每一话语都代表一种特征选择：它预留给讲话者在不断变化的环境和背景知识基础上去填充细节。

第三，语言影响思维。由于概念是思维的基本单位，且语言影响概念表征、概念联系和概念结构，所以语言影响思维就不言而喻。另外，从个体发展史角度看，语言先于思维并影响甚至决定思维。因为在个体出生前，语言就已存在，语言是个体出生后必须面对的最重要的客观现实，是精神工具，因而个体的认知必然受语言影响甚至被语言决定。

语言影响民族认知的多方面

语言影响认知方式，即习惯的思考模式。颜色词、亲属词、称呼语、空间词、时间词对个体的颜色认知、亲属关系认知、社会认知、空间认知、时间认知的影响即属于此类。

语言影响认知的途径和过程。如英语讲话者通过动词词尾变化认知时间，汉语讲话者通过时间状语或“过”“了”等助词认知时间。

语言影响认知策略。如英文认知容易形成注意词的曲折变化的策略，中文认知容易形成关注义符与声旁的策略。中文名词往往有类别标记，如树木名称多包含“树”，酒类名称多包含“酒”。汉语母语者对有类别标记的概念名称的语义识别较快。语言影响认知过程的难易；语言影响认知结果。……

手语对认知同样有影响。陈穗清等在《论手语对聋人认识的影响》的研究中提出了如下的观点：手语影响聋人的颜色认知；手语影响聋人的空间认知；手语影响聋人的时间认知；手语影响聋人的社会认知；手语影响聋人的第二语言。

三、语言与文字

语言是一种音（手势）和意义结合的符号系统。任何有人类生存的地方都有语言存在。文字也是一种符号系统，它是记录语言的书写符号系统，是在语言的基础上产生的。不同的文字是不同的符号系统。汉字是一种方块字的书写体系，英文是一种字母的书写系统。

在人类漫长的发展过程中，有很长一段时间，人类有语言没有文字。即使现在，仍然有很多语言没有自己的文字。不能将语言和文字混为一谈。语言和文字不属于同一类事物。

第一，语言和文字的产生方式不同。语言是自然产生的，语言的产生和山川河流的形成及自然界万物的产生一样都应被视为大自然的产物。而文字则不同，文字的本质是字形，文字的字形是人为创造的。从传说中的仓颉造字，到许慎《说文解字》中的六书，都可以反映出文字的人造属性。

第二，语言和文字的变化方式不同。语言的变化是自然的，而文字的变化是人为的。语言随着人类社会的形成自然产生，也随着社会的变化而自然变化，不是个人的意志所能决定的。文字既然是人类创造的，所以人类也就有能力对其进行改造。我国在1949年以后，进行了文字改革，将繁体字改为现在使用的简体字。

第三，语言能力和文字能力的获得方式不同。语言能力是自然习得的，而文字是通过学习获得的。人如果出生在一个有语言的环境中，随着年龄的增长就可以自然地获得某种语言，是不需要教授的。而文字则不同，文字的获得需要专门的学习。

综上所述，我们知道了语言和文字具有不同的属性。那手语是什么呢？手语是语言，是没有书面书写符号的语言。手语不等于文字，是手势和意义结合的符号系统，包含两个方面：手势和意义。文字包括字形、字音、字义三个方面。字形是文字所特有的，用“形”去记录，“音”去表达“义”。形、音、义三者的关系体现了文字的结构特点。

在之前中国手语的研究中，有一些研究者将中国手语的结构和汉字的结构进行比较。如游顺钊、赵锡安等，中国手语和汉字都具有空间表意的特点，但是这些相同点改变不了手语的性质。手语是语言，汉字是文字。

四、手语

正如对语言的看法各不相同一样，对于什么是手语，也有不同的看法。这些看法反映了人类对手语不断认识的过程。

在很长的一段时间里，人们认为手语就是瞎比划，是简单的手势，打手语交流是在打哑谜，表演哑剧，是在空气中画画。

后来人们的认识有所发展，但是仍然认为手语是有声语言的附庸，不是一门独立的语言，是有声语言的手势符号化。最有代表性的是戴目的说法："中国手语是中国近代社会进步的产物，也是汉语的一种表达形式。现今国际上流行的手语有两种表达方式：一是手指语；一是手势语。中国手语也是如此。中国手指语以手指模仿汉语拼音字母的形状，依照汉语拼音字母的形状，依照汉语拼音字母方案达成普通话（字，词，句子）；中国手势语以手势动作形象化地表达汉语的字意词义和句子。无论是手指语还是手势语都是中国聋人学校赖以对聋哑儿童、少年进行教育、教学的工具；也是聋人社会进行社会交际和思想交流的手段"。

此外，还有一些研究者将聋人手语界定为一种特殊语言，如"聋人手语是一种以手的动作，配合相应的表情、姿势来传递信息、表达思想的一种语言形式。相对于健听人使用的有声语言来说，聋人的手语是一种特殊的语言、无声语言"。

随着现代语言学的发展和人们对手语研究的深入，中国的手语研究者也在不断修正自己对于手语的看法。越来越多的人认识到手语不是有声语言的附庸，是一门独立的自然语言。

手语是指主要用双手在身体和空间位置上摆姿势、做动作，与面部表情结合，按照一定的规则组词造句，输出手势信息进行思想感情交流的语言，并且需要靠视觉感知，理解这些手势和表情结合所代表的意义，结合一定的语境，才能获取话语意义信息。

Sandler 和 Lillo-Martin 总结了手语四个方面的独特性。

空间的使用：手语通过空间的使用来实现代名化（Pronominalisation）、动词呼应（Verb Agreement）、类标记构成（Classifier Construction）以及话语表征（Discourse Representation），包括对比对照的表达以及间接引语的表达等。

同步性（Simultaneity）：手语中双手手势和表情体态具有同步伴随的特点，而不像有声语言那样必须是线性的，即每个音的发出具有时间上的先后顺序。

手语语法不同层面的像似性及动机（Role of iconicity and motivatedness）：正如有声语言发音机制符合人的发音器官的特点并遵循着省力原则，手语的语形构成、句法结构等也充分利用了手的关节构造特点、对形状的模仿能力以及空间使用的优势。

手语较短的历史以及语言接触（Language Contact）等社会因素对手语结构造成了特殊影响：手语是由于聋人开始聚集（比如聋校的建立）才开始产生的，历史相对较短，因此语法的演变历时不长，而且由于生活在主流的有声语言社会中，与主流语言、地方手语的语言接触不可避免地影响着手语的词汇和结构。

手语（Sign）和手势（Gesture）是有区别的。在《语言本能》一书中作者讲了黑猩猩学手语的例子，这个故事很好地说明了很多人没能很好地区分手势和手语。

书里讲到了一位懂手语的聋人去观察黑猩猩的手势的情况：

黑猩猩每做一个手势，我们都要在日志中把它记录下来……他们总是抱怨我没有记录下足够多的手势。所有听力正常的人都交出了长长的日志，里面包含大量的手势，他们看到的手势总是比我多……我观察得非常仔细，猩猩的手一直在不停地动。也许我忽略了什么，但我并不这样认为。我的确没有看到任何手势。听力正常的人把黑猩猩的每个动作都当成手势。每当黑猩猩把手指放进嘴里，他们就说："哦，它做的是"喝"的手势。"于是，他们就给它一些牛奶……当猩猩给自己瘙痒的时候，他们就把这个动作当成"瘙痒"的手势……当猩猩伸手去抓某个东西的时候，他们就说："哦，太神奇了！你看，这就是美国手语中的"给"，但这其实不是。

史蒂芬·平克评论说："这些猩猩其实并没有学会美国手语。之所以有人会得出这个荒谬的结论，是因为他们将美国手语错误地理解为一套由手势、比画构成的简单系统。"实际上，手语"是一门完备的语言，它包含复杂的音系、词法和句法。"

五、手语和口语的关系

根据手语的相关研究，Meier 认为手语不因语言媒介机制的不同，与口语现象大相径庭。他提出手语与口语之间的相同点有以下六个方面。

（1）不论口语或手语，都具有一套约定俗成的词汇系统，这套系统不论是形式或是意义都需要经过后天的学习才能成为自身的词汇。

（2）两者具有意义的最小单位都是由不具有意义且更小的成分组成。

（3）口语及手语皆有创造性，能够应需求产生新的词汇。用衍生、复合及借词等方式产生新的词汇。

（4）在句法方面，不论口语或手语都有名词、动词、形容词等词类的区别。用嵌入的方式，自由产生关系从句和补语从句（Complement Clauses），语序及动词呼应的语法关系并不明显，拥有相当弹性的语序及呼应关系。

（5）在儿童语言习得方面，具有类似的时间表。

（6）根据大脑影像显示，口语与手语的发展区域均在左半脑。

同时，也应该看到手语和口语因沟通渠道的不同，还存在着一些差异。

口语是通过听觉渠道进行语言的产生与理解，其语言产生的过程是：脑（产生意念）—发音器官（口腔、舌头、声道等）—语音。语言理解的过程是语音—听觉器官—脑（理解意念）。

手语是视觉语言，其语言的理解和感知过程是视觉—手势的渠道在起作用。手语的感知过程则是依靠手语动作及表情：视觉器官（眼睛）—脑（理解意念）。

手语用三维空间关系来表达语义，因此无论是词汇还是句法方面都充满了像似性。口语是序列性的一维空间表达，受限于发音的时间序列，更多地体现出任意性。

第二节　语言是符号系统

说到语言符号，首先要弄清什么是符号。符号是一个社会全体成员共同约定的，用来表示某种意义的记号和标记。第一，符号是全体社会成员共同约定的，具有约定性。第二，符号是有意义的，是形式和意义的结合体。

符号的形式就是符号外在的形状结构，它是以某种物质的形式存在的，是人的感官可以感知到的。文字、红绿灯、旗语等是人的视觉感官可以感知到的视觉形式，而且是有意义的视觉形式，是符号。手语，也是依靠人的视觉感知的视觉符号系统。同样，盲文是专为盲人设计、靠触觉感知的触觉符号。而声音（包括语音）是靠听觉感知的听觉符号。符号有视觉符号、触觉符号和听觉符号。

符号的意义是指符号所代表的具体内容，任何一个符号都有一定的意义。世界上不存在没有内容的形式，也没有可以不借助任何形式而存在的内容。如我们去餐厅吃饭，手里拿着正在吸着的香烟，这时看到餐厅醒目位置贴有“禁止吸烟”这个标识，我们肯定马上停止吸烟。因为这个标识是有意义的，代表此地不能吸烟。同样，当老师对学生说“来”这个音，或者打“来”这个手势的时候，学生肯定赶快跑到老师身边去。这些标识、语音、手势代表了一定的意义的形式，是符号。

符号中形式和意义的关系非常密切。在一定的符号系统中，两者是密不可分的统一体。比如红灯停，绿灯行。这是形式和意义的统一，是全体社会成员共同遵守的社会规范。如果红灯亮了，行人车辆不管不顾，继续前行，就违背了全体社会成员对符号意义的约定，是对规则的破坏。

符号具有约定性，也就是说符号的形式和意义之间没有本质的、自然属性的联系。符号的形式和意义的联系与征候不同。征候是事物本身的特征，它传递的某种信息，可以通过自身的物质属性来推断。如我们可以通过雪地上的脚印，判断曾经有小鸡经过此地。只需根据这个竹叶形状的脚印，就可以得出这个结论。同样，看到远处山脚下的炊烟，我们也可以得出那里有人烟的判断。“烽火戏诸侯”的故事，说明了符号和征候的不同。诸侯们之所以上当，是因为他们之前有约定，烽火燃起，代表有敌人进攻。但由于周幽王在没有敌人进攻的情况下点燃了烽火，诸侯们根据之前的约定，匆匆赶来助战。等到了地方才发现上当了。所以当真正有敌军来临时，再点烽火，诸侯们已经自动认为之前的约定取消了，没有人来救驾了。在这里，烽火有约定的意义，是一种符号。

语言也是一种符号系统，是形式和意义的结合体。语言符号的形式是声音或手势，意义是形式所代表的内容。形式与意义也叫“能指”与“所指”。

如，树，一种木本植物，主要由根、干、枝、叶、花、果组成。这是意义，是所指，也可以说是被代替者。而“树”这个音，这个手势，是形式，是能指，也可以说是代替者。

在有声语言中，语音是语言符号的形式，是能指，是语言符号的物质外壳，这种形式是通过听觉感知的。

在手语中，手势是形式，是能指，是手语的物质外壳，也是一种语言符号的形式，这种形式是通过视觉感知的。

手语和口语都是语言，都是一种符号系统。手语是视觉感知和手势动作结合的视觉模式语言。口语是听觉感知和口头发音结合的听觉模式的语言。

一、语言符号的任意性特征

语言符号的任意性（Arbitrariness）是指语言符号的形式和意义之间没有自然的联系。任意性问题，是瑞士著名语言学家、现代语言学之父——索绪尔提出来的。这一说法对后世的语言学研究产生了巨大的影响。换句话说，语言符号的任意性是指口头语言的音和义、手势语的手势（符号）和意义之间的联系，很大程度上是任意的。

关于这个问题，著名语言学家赵元任先生在其《语言问题》一书中曾讲过这样一个小故事：

听说从前有个老太婆，初次跟外国人有点儿接触，她就稀奇得简直不相信。她说："他们说的话真怪，嘎？明明儿是五个，法国人不管五个叫'五个'，偏偏要管它叫'三个（cinq）'；日本人又管十叫'九（ツユー）'；明明儿脚上穿的鞋，日本人不管鞋叫'鞋'，偏偏儿要管鞋叫'裤子（クツ）'；这明明儿是水，英国人偏偏儿要叫它'窝头（water）'，法国人偏偏儿要叫它'滴漏（de l'eau）'，只有咱们中国人好好儿的管它叫'水'！咱们不但是管它叫'水'诶，这东西明明儿是'水'嘿！"

这个故事说明，相同的事物，在不同的语言中音或者手势是不一样的。比如，汉语是"水"，英语是"water"。在手语中也是一样，相同的事物，在不同的手语中手势不一样。在多国手语翻译通网站可以查到同一事物，各国手语的不同表达。例 2-1 是中国手语的"水"和美国手语的"水"。

【例 2-1】

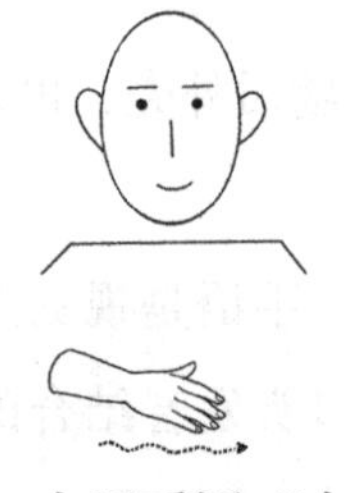

A. 中国手语"水"

B. 美国手语"水"

中国手语“水”：一手平伸，掌心向下，作波纹状移动。

美国手语“水”：水的手势就是把右手变成字母 W 的形状，食指两次碰触嘴。（The sign for “ water” is made by forming your right hand into the letter “W”，and touch the index finger to your mouth twice.）

相同的音或者手势在不同的语言中，代表的事物也有所不同。汉语的音 màn，是快慢的慢，英语中这个音是“男人”的意思。同样，一手伸大拇指的手势，在中国手语中是“好”的意思，而在日本手语中表达的意思是“男”。

【例 2–2】

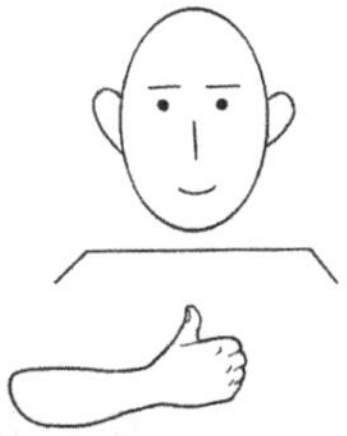

中国手语：“好” 日本手语：“男”

当然，除了手势所代表的含义不同，在世界语言中也有用相同的音或手势表达相同的事物的情况。比如中国手语和美国手语表达“飞机”这个事物的手势差不多。

【例 2–3】飞机

A. 中国手语

B. 美国手语

中国手语“飞机”：一手拇、食、小指，从低向高移动，如飞机起飞状。

美国手语“飞机”：手微动两次：先将手向前微伸一二英寸左右后缩回，然后再向前微动伸出。（For “ AIRPLANE” use a small double motion.

You move the hand forward just a couple inches or so, then bring it back, then move it forward again.）

除了不同的语言之间音义联系体现任意性以外，不同方言之间的差异也是语言符号任意性的表现。比如有统计表明，全国各地对妻子的称呼有99种之多。手语中同样存在这样的情况，中国手语的不同方言之间，对同一事物的表达方式也存在不同。比如：

【例2-4】

A. 上海手语“妈妈”

B. 北京手语“妈妈”

语言符号的任意性原则，是指在能指和所指建立联系的初始阶段具有任意性。也就是说，在最初给事物命名的时候，我们可以给“白菜”命名为“黄瓜”。

二、语言符号的约定性特征

所谓约定性（Conventionality）是指某个语音形式（手势）代表某个概念，开始的时候是任意的，一旦进入交际的领域，就会变成约定俗成的规则。

如“白菜”，人们当初命名的时候，可以选择将其命名为“泥鳅”“白菜”“人”等。但是一旦确定这个事物的名称是“白菜”，就不能再随意改变。语言是最重要的交际工具，随意改变事物的名称，会严重影响交际的进行，加重交流中的负担。

人的名字也是一个符号，名字产生的过程，很好地体现了符号的任意性和约定性的关系。

如，给小孩儿起名字是一个家庭中非常重要的一件事情。各个家庭成员都会或多或少地参与到给孩子起名的过程中。爷爷起了一个，姥爷也起了一个，选哪个好呢？年轻的父母就犯难了。

著名的童话故事《大林和小林》中有一段写到：

从前有一个很穷很穷的农人，和他的妻子住在乡下。他们都很老了，老得连他们自己都说不上有多大岁数了。有一天，他们忽然生了两个儿子。这个老农人非常快活，叫道："我们有了儿子了！我真想不到这么大年纪还生了儿子。"

他妻子也很高兴。她说："我们一定得给他们起两个好名字。"

取个什么名字呢？老头儿可没了主意。他想，翻《学生字典》吧，翻到什么字就取什么。

一，二，三！一翻，是个"菜"字。大的叫"大菜"，小的叫"小菜"么？

"哼，我们饭都吃不上，还'菜'呢！"老头儿自言自语。

第二次翻，是个"肥"字，也不合适。

翻来翻去总找不到适当的字。这老头儿就这么翻了一晚。到快天亮的时候，这老头儿拿着锄头走出门去。外面太阳照着树林，这老头儿高兴地叫："好了，就取个树林的'林'吧。"

名字就给取定了：大的叫大林，小的——当然叫小林。

这样，这两个孩子就有了名字，叫大林和小林。

能指和所指，名称与事物之间是一种什么样的关系呢？古今中外的学者一直在争论这个问题。在中国古代也有名实之辨。名，指名称、形式。实，指内容。从语言学的角度看，这个问题反映了语言和思维的关系。

荀子在《正名》中曾说过：名无固宜，约之以命，约定俗成谓之宜，异于约则谓之不宜。名无固实，约之以命，约定俗成谓之名。

这段话的意思翻译为现代汉语就是：事物名称没有本来就合适的，而是由人们共同约定来命名，约定俗成，这个名称就合适了，反之，这个名称就是不合适的了。

荀子“约定俗成”的观点说明了语言形式和意义之间的联系不是天然的，而是社会成员约定的，反映了语言实际上是一种约定的符号的观点。

语言的任意性使其不断创造出新鲜词汇，而约定性使语言的学习变得艰辛复杂。

三、语言符号的像似性特征

像似，从字面看，是相似、相像的意思。语言符号的像似性（Iconicity）是指感知到的现实的形式与语言成分及结构之间的相似性。换句话说，它是指语言的形式和内容（或者说，语言符号的能指和所指）之间的联系有着非任意、有理据、可论证的一面。

像似性从广义上讲是有理据的意思。在手语中有很多这样的手势，如“床”的手势、“椅子”的手势，都是模仿的床和椅子的外形。下面的一些手势和其所代表的事物之间也具有相似性。

【例 2-5】

A. 床（手语）

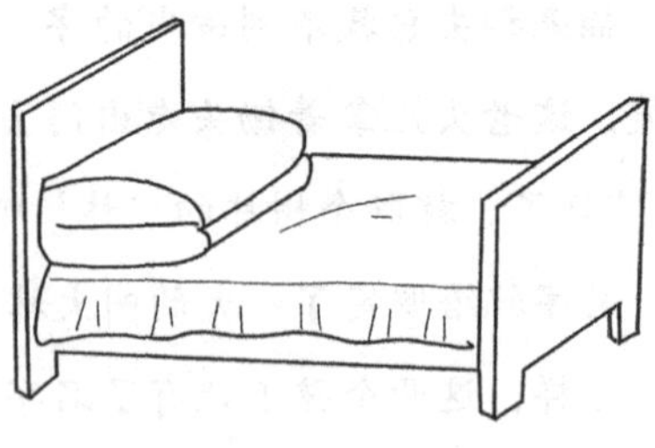

B. 床（实物图）

【例 2-6】

A. 椅子（手语）

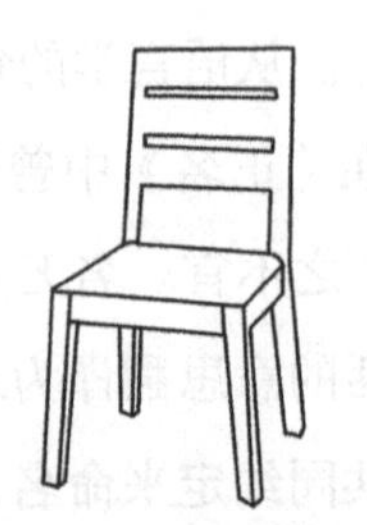

B. 椅子（实物图）

【例 2-7】

A. 写（手语）

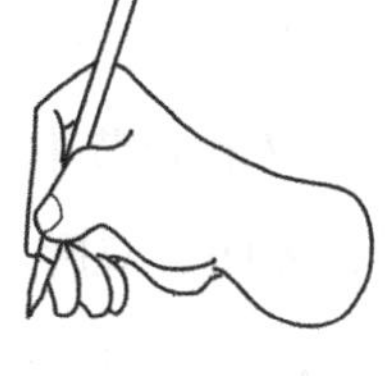

B. 写（实际动作）

【例 2-8】

A. 蹲（手语）

B. 蹲（实际动作）

【例 2-9】

A. 花（手语）

B. 花（实物图）

手语中有很多手势与所指事物具有相似性，以至于有人认为手语是在空气中画画儿。从索绪尔开始，认为任意性是语言的第一属性，像似性仅限于拟声词等小部分语言范畴。所以手语的研究者担心，承认在手语中存在像似性特征等于承认手语不是类似于口语的真正的语言，因为口语更任意。他们希望通过任意性证明自然手语是一门真正的语言，而不是在空气中画画儿。因此手语的像似性问题在一段时间里被掩盖了。

其实语言的像似性在口语中也不仅只存在于拟声词，在其他方面同样存在像似性。像语音像似性，不同音素，不同的发音部位、发音方法，会造成音质的不同。不同音质给人的感受、使人产生的联想也不同。语音形式大，意义也大；语音形式小，意义也小。比如，大、小、长、短，这些词语本身的意义和音节中的元音有关联，元音像似。再比如，面、门等，发这些音时，先闭合双唇，舌面与硬腭接触面很宽，这些音所代表的现实事物也是有一定面积的，这是辅音像似。

汉语的声调、音的平仄与表意有关。不严格地讲，平声，对应现代汉语声调的一声和二声；仄声，对应三声和四声。平仄给人的感觉不一样。所以有这样的说法：平声轻盈悠扬，仄声凝重短促。清轻者上为天，重浊者下为地。

由此可见，像似性对于口语，是一个重要属性。不是所有的口语形式和内容都是完全任意的。口语和手语一样，也具有像似性特征。任何语言都有任意性和像似性的特征。

符号的像似性和征候不同，正如我们在前面讲过的，征候不是符号，形式和意义之间的联系不具有社会性，不是约定俗成的。而像似性是语言符号的像似性，体现了语言的约定性。即使是手语这样高像似性的语言，也是需要学习才可以掌握的。有研究表明，北京手语斯瓦迪士 100 个核心词语中，具有强像似性的占百分之三十六，弱像似性的占百分之六十。

据此，我们曾用斯瓦迪士（Swadesh list）100 个核心词语的北京地方手语打法对北京高校的听人大学生进行看手语猜意思的调查，结果显示，没有学过手语的听人大学生，通过看手语直接写出汉语词语的正确率是 15.4%；看手语，然后从四个答案中选择一个正确答案，这项的正确率是 53.2%。由此可见，手语虽然是高像似性的语言，但是其作为一门独立的自然语言，也是需要艰苦的学习才可以掌握的。

四、语言符号的二重性特征

二重性（Duality）是指有两个结构层次这个特质。上层结构的单位由底层结构的元素组成，每层结构又有各自的构成原则。

以汉语为例。汉语的音节是由声、韵、调三部分组成的。汉语普通话有声母 21 个，韵母 39 个，声调 4 个。声、韵、调作为底层结构的元素，按照一定的规则，构成了音节。根据对《现代汉语词典》等工具书的统计，现代汉语的音节有 1300 多个。这些音节再作为底层结构的元素，按照一定的规则进行组合，组成了词语。这是一个层层构建的过程。

汉语音节结构如图 2-1 所示。

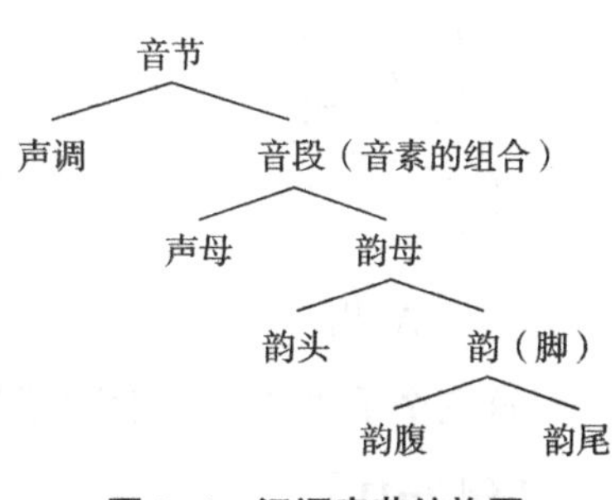

图 2-1　汉语音节结构图

有声语言具有二重性，视觉模式的手语同样具有二重性。手语同样是可切分的，具有组合性。一个手势可以进一步分解为 5 个没有意义的对立参数：手形、位置、动作、朝向和非手控信息。每一个手势都是由这 5 部分组合而成的。之后手势再根据一定的规则组成手语句子，句子再组成篇章。

无论是有声语言还是作为视觉语言的手语，都是按照一定的规则，由底层到上层，一层一层构建的（如图 2-2）。

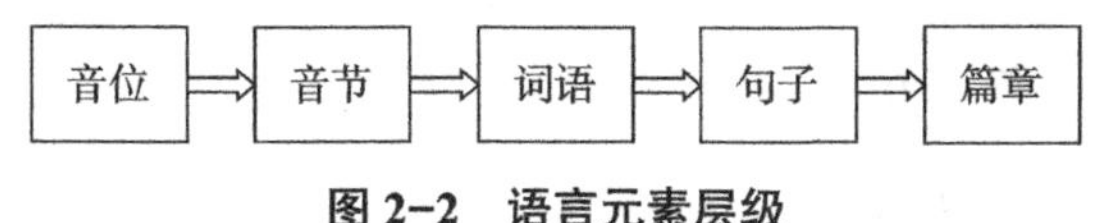

图 2-2　语言元素层级

二重性使说话人仅用基础的语言单位就可创造出无限多的句子，其中的大部分句子说话人可能从来没有听过也没有说过。

如：用“笑、小红、我、看着、和、妈妈”这几个词语，我们可以写出若干个句子。

小红看着我和妈妈笑。

我看着小红和妈妈笑。

妈妈看着我和小红笑。

我和妈妈看着小红笑。

妈妈和小红看着我笑。

词语相对于句子是下层单位，句子作为词语的上层单位，是由下层单位——词语构成的。

手语也是通过几个词语的不同组合，构成不同的句子。

【例 2-10】

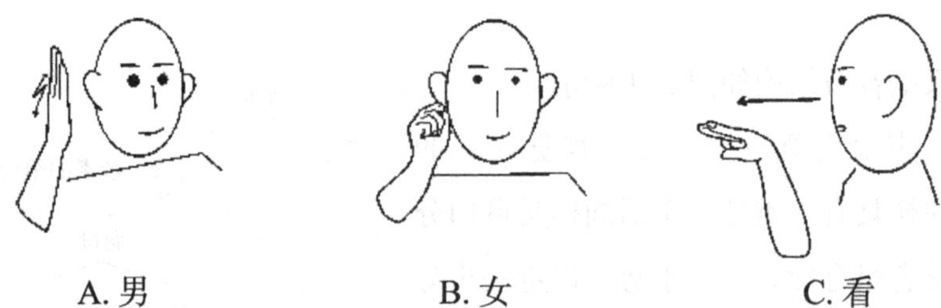

A. 男　　B. 女　　C. 看

这三个手势“男”“女”“看”进行组合，也可以构成不同的句子。

【例 2-11】

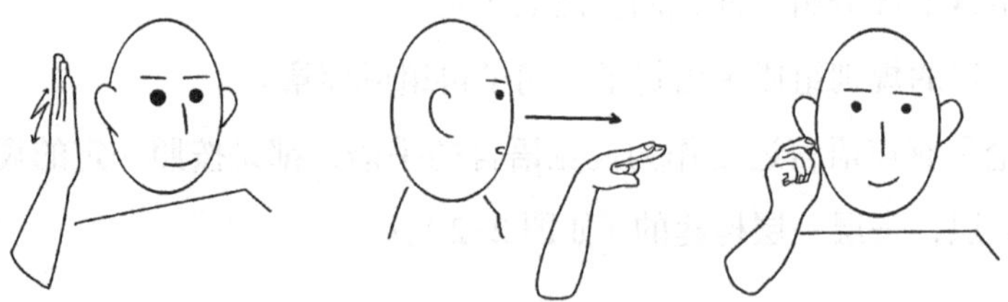

［**转写**］男　看　女

［**翻译**］男人看女人。

【例 2-12】

［**转写**］女　看　男

［**翻译**］女人看男人。

【例 2–13】

点头

[转写] 女$_{a}$　男$_{b}$　b看a

[翻译] 男人看女人。

【例 2–14】

点头

[转写] 男$_{a}$　女$_{b}$　b看a

[翻译] 女人看男人。

五、语言符号的递归性特征

递归性（Recursiveness）是指反复使用相同的规则来生成无穷的短语或句子的一种语法手段。递规性使语言可以使用有限的规则，说出无限的句子。在实际的语言学习中，我们也会发现，一种语言的语法规则是有限的，是可以反复使用的。

妈妈。

小花狗的妈妈。

张三家的小花狗的妈妈。

上面的句子就是相同的定中结构（定语 + 中心语）反复使用，构成的一个长句子。“小花狗的妈妈”“张三家的小花狗”“张三家的小花狗的妈妈”都是定中结构。

另外，镶嵌结构也体现了语言的递归性。比如带有关系从句的句子。

中国手语关系从句的情况如图 2-3、图 2-4 所示。相同结构的小句镶嵌进主句中。

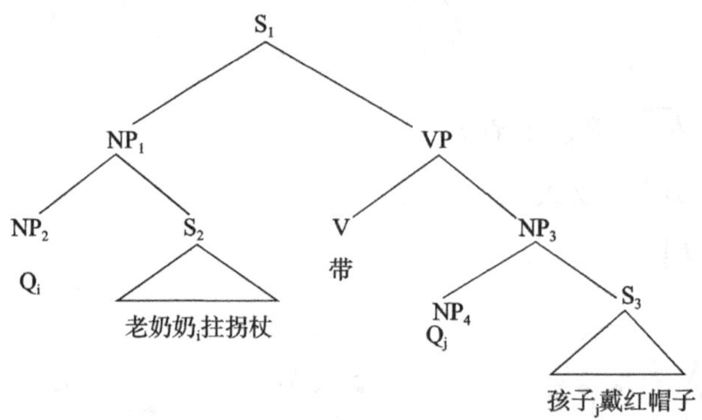

图 2-3　中国手语关系从句（1）

［**翻译**］拄拐杖的老奶奶带着戴红帽子的孩子。

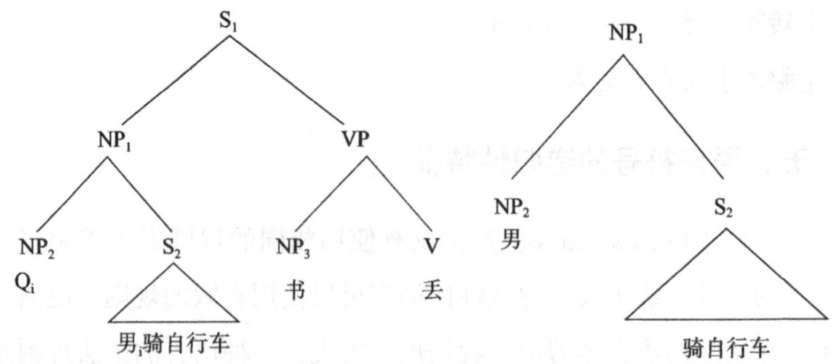

图 2-4　中国手语关系从句（2）

［**翻译**］骑自行车的男子把书丢了。　［**翻译**］骑自行车的男子

语言的二重性和递归性使语言变得具有无限变化的潜力。

六、语言符号的移位性特征

移位性（Displacement）是指语言使用者可以用语言来表达不在交际现

场（时间和空间上）的物体、事件及概念。

人类可以用语言谈论远古和未来。身在中国，我们也可以用语言谈论北极和南非。移位性赋予人类归纳及抽象的能力，这也是人类与动物的重要区别之一。

第三节　中国手语的相关问题

一、自然手语和手势汉语

自然手语（Natural Sign Language）是聋人使用的，有自己语法规则的一门真正的自然语言。它是听障人群的语言，其独立于主流有声语言，但受有声语言的影响。

手势汉语（Signed Chinese）是一种在口语语法的基础上加上手语以配合口语操作的人工语言。它除了没有自然手语的语法规律外，为了配合口语语言特征的要求，往往补充不少的人工手势语。其被称为文法手语，也有人称其为文字手语，即和汉字具有一一对应的关系，或者叫书面手语，和书面语相对应。

自然手语与手势汉语在构词及句法方面存在差异，如下各例。

【例 2-15】

手势汉语和自然手语构词方面的差异。

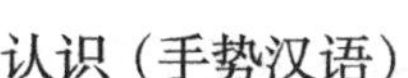

认识（手势汉语）

认识（自然手语）

【例 2-15】反映了手势汉语和自然手语构词方面的差异。

【例 2-16】

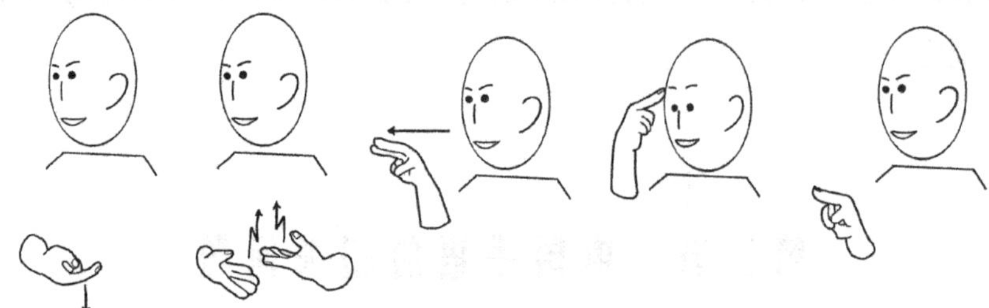

[**转写**] 很　高兴　认识　你（手势汉语）

[**翻译**] 很高兴认识你。

【例 2-17】

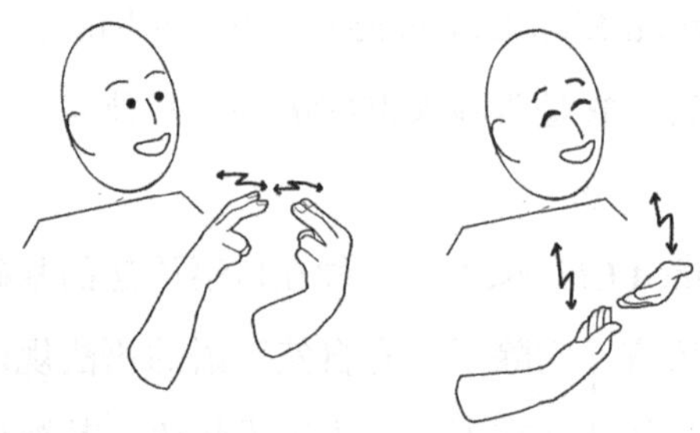

[**转写**] 认识　高兴（自然手语）

[**翻译**] 很高兴认识你。

【例 2-16】【例 2-17】反映了手势汉语和自然手语句法方面的差异。

二、自然手语和地方手语

地方手语，是手语的地方话，也就是手语的方言。

从目前中国手语的发展情况看，在地方手语中也存在着自然手语和手势汉语之分。如有人使用北京手语的词汇，按照现代汉语的语法规则来打手语，就是北京版的手势汉语。所以，地方手语也不一定就是自然手语。大体上，中国手语分为两个主要的方言区——南方方言区和北方方言区。在杨军辉等调查的 15 位成年聋人中，他们一般通晓南方手语和北方手语。中国手语方言的不同之处主要是同一概念有不同表达方式，而在句法方面大体一致。

【例 2–18】

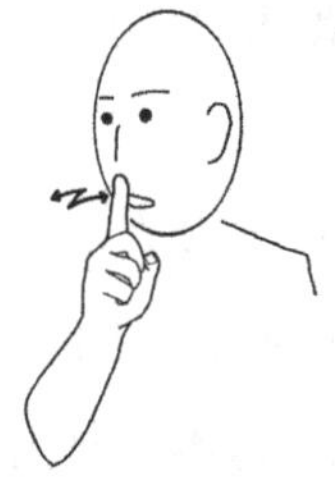

A. 妈妈（上海手语）

B. 妈妈（北京手语）

北京和上海老年聋人使用的“妈妈”手势的差别较大。目前，绝大多数聋人都在使用【例 2-18】A 的手势表达“妈妈”的意思。北京手语和上海手语中差别很大的词语只占很少一部分，大多手势相同或者只在手形、位置、朝向、非手控信息等某一项上有差异，如上海手语和北京手语的“监督”。

【例 2–19】

A. 监督（上海手语）

B. 监督（北京手语）

三、地方手语与通用手语

通用手语以前叫标准手语，现在改名为通用手语，是手语中的“普通话”。通用语是某个族群全体成员通用的语言，汉语普通话以北京语音为标准音，以北方话为基础方言，以典范的现代白话文著作为语法规范。

手语中通用手语的标准是什么呢？首要确定的是选择手势汉语通用还

是自然手语通用的问题。通用手语也好，标准手语也罢，应选择规范的自然手语。自然手语作为一种独立的自然语言，存在着音系规则、构词规则和语法规则。自然手语中存在的规律，正等待着研究者去发现、挖掘、总结归纳。通用手语是手语的“普通话”，必须以聋人日常使用的语言，也就是自然手语为基础。

中国手语（Chinese Sign Language，CSL）指中国聋人使用的，有自己语法体系的一种自然语言，也就是在中国所通称的自然手语 (Nature Sign Language)。中国手语既不是《中国手语》这本书（这本书是由中国残疾人联合会组织编纂的手语 / 汉语对照的词典），也不是将汉语手势化的手势汉语（Signed Chinese）。

中国手语的内涵和外延应该等于自然手语。美国手语对应的是美国的自然手语。英国手语对应的是英国的自然手语。手势英语，手势汉语，是对某种有声语言的手势化。

参考文献

[1] 倪宝元 . 语言学与语文教育 [M]. 上海：上海教育出版社，2001.
[2] 爱德华 · 萨丕尔 . 语言论 [M]. 陆卓元，译 . 北京：商务印书馆，1985.
[3] 费尔迪南 · 德 · 索绪尔 . 语言论 [M]. 高名凯，译 . 北京：商务印书馆，2001.
[4] 布隆 · 菲尔德 . 语言论 [M]. 袁家骅，赵世开，甘世福，译 . 北京：商务印书馆，2008.
[5] 赵元任 . 语言问题 [M]. 北京：商务印书馆，1980.
[6] 弗罗姆金，罗德曼 . 语言引论 [M]. 王大惟，等，译 . 北京：北京大学出版社，2017.
[7] 戴目 . 现代汉语常用词手势图解 [M]. 上海：上海教育出版社，2011.
[8] 赵锡安 . 中国手语研究 [M]. 北京：华夏出版社，1999.
[9] 杨军辉，吴安安，郑璇，等 . 中国手语入门 [M]. 郑州：郑州大学出版社，2014.
[10] Sandler，Lillo Martin. Sign Language and Linguistic Universals [M].Cambridge University Press，2006.
[11] 史蒂芬 · 平可 . 语言本能 [M]. 欧阳明亮，译 . 杭州：浙江人民出版社，2015.

[12] R P Meier，K Cormier，D Quinto-Pozos, et al.Modality and Structure in Signed and Spoken Languages [M]. Cambridge: Cambridge University Press，2002.

[13] 苏以文，毕永峨 . 语言与认知 [C]. 台北：台大出版中心，2009.

[14] 国立中央研究院历史语言研究所 . 国立中央研究院历史语言研究所集刊 [M]. 江苏古籍出版社，2008.

[15] 伍丽琼 . 浅析语言与思维的关系 [J]. 福建论坛 . 人文社会科学版 2009 年专刊：126-128.

[16] 张积家 . 语言关联性理论——语言影响认知 [N]. 中国社会科学报，2015.11.03.

[17] 陈穗清，张积家 . 论手语对聋人认知的影响 [J]. 中国特殊教育，2016（7）：37-43.

[18] 张朋朋 . 语言和文字不属于同一类事物——论语言的自然属性和文字的人造属性 汉字文化 [J]. 2008（2）：61-64

[19] 游顺钊 . 视觉语言学概要 [M]. 北京：商务印书馆，2014.

[20] 赵锡安 . 中国手语研究 [M]. 北京：华夏出版社，1999.

[21] 赵元任 . 语言问题 [M]. 北京：商务印书馆，2003.

[22] 张天翼 . 大林和小林 [M]. 乌鲁木齐：新疆青少年出版社，2009.

[23] 刘润楠 . 试论手语词汇的任意性和理据性 [J]. 中国特殊教育，2007（5）：38-42.

[24][27] 吕会华，高立群 . 中国手语的关系从句 [J]. 当代语言学，2011（2）：116-123.

[25] Yang，Jun Hui, S D Fischer.Expressing negation in Chinese Sign Language[J]. Sign Language & inguistics，2002（5）：167-202

[26] 倪兰 . 中国手语动词研究 [M]. 上海：上海大学出版社 2015.

第三章　手语语言学研究方法探讨

第一节　语言学及手语语言学

一、语言学、手语语言学概述

语言学是研究语言的科学，是一套以系统性和科学化的方法分析人类语言的学科。为了了解语言的特质，语言学家通过对自然语言的分析，找出社群中所采用的语言的内部结构、历史、功能及儿童语言习得的过程，进而了解人脑的运作。

语言学从研究内容侧重点看，可分为理论语言学和应用语言学。

理论语言学的主要任务是研究语言的结构，包括语言的发音、组词、组句、含义（字面的含义及使用中的含义）。这些分别对应着语音学、音系学、形态学、句法学、语义学和理论语用学。除此之外，理论语言学中还涉及语言的历史演变（语音、词汇、结构等）及不同语言之间的关系，这部分被称为历史语言学。

应用语言学主要研究语言的习得过程和使用现象，包括语言在社会中的应用、语言与人脑的机能、学习语言时的各种现象、处理语言时的反应等，分别对应社会语言学、神经语言学、心理语言和语言习得、实验语用学。比如目前聋教育中提倡的双语教育，就涉及语言习得、心理语言学以及神经语言学等领域。

从研究的材料来说，语言学分为普通语言学和具体语言学。普通语言学也称理论语言学，以世界各种语言为对象，研究其共同规律和一般原理，所得出的结论也是世界各种语言的共同规律和一般原理。具体语言学是研究某种语言 / 某个语族的语言学，比如专门针对汉语的汉语语言学，针对中国手语的中国手语语言学。

手语具有和口语一样的语言性质，是语言学研究的一个重要分支，是以一套系统性和科学的方法分析手语的学科。

在手语语言学的研究中，和口语研究领域不一样的地方是，在很长的一段时间里，手语语言学研究的重点之一是研究手语和手势，以及和普通人使用的姿势的区别与联系，从而证明手语是一门独立的真正的自然语言。

二、手语语言学的发展历程

手语的研究，在过去的两三个世纪中历尽沧桑。1880 年，意大利米兰会议后，欧洲聋教育实施口语教授法，致使一度蓬勃发展的手语研究受累而停顿。然而，仍然有一些学者保持着对手语研究的热情。20 世纪 60 年代，在美国和欧洲相继发表了一些手语研究成果，使手语研究复苏。当然，这次手语研究的复兴应该说主要受惠于当时普通语言学的发展。1969 年，美国加罗德特聋人学院的威廉・斯多基（William C.Stokoe）教授刊发了长篇论文《手语的语法结构》（*Sign Language Structure*），又于 1965 年出版了与聋人合著的《美国手语辞典》（*Dictionary of American Sign Language*）。在这两部著作中，斯多基教授以美国手语论证聋人手语具有的形态和语法结构。之后，欧美手语语言学研究蓬勃发展，在手语语言学研究的各个层面都取得了丰硕成果。

三、威廉·斯多基

威廉·斯多基一生最大的贡献是为美国手语在语言学界奠定了合法地位。他通过科学的研究方法使聋人使用的手语与其他语种一样得到语言学界的认可和尊重。美国手语可以作为美国聋人的第一语言和他们学习英语（口语和书面语）的基础，也可以作为美国中学和大学的一门外语或第二语言。

斯多基教授1955年到美国加劳德特大学（世界第一个和最大的聋人大学，位于美国首都华盛顿）英语系执教时还不会手语，直到他1984年退休时手语使用还不够娴熟。但是，他对手语研究有极大的兴趣，用尽他的职业精力和业余时间钻研手语，分析总结手语的语法规律。

手语法在聋教育和教学应用中的地位低于口语法和唇读法。当时很多人包括一些教育家轻视聋人的手语。但是，斯多基教授对手语的看法与他们截然不同，他推崇聋人的语言和教育的权利。从1955年起，他观察聋人学生和聋人同事用手语进行交流，从而认识到美国手语是一种完全的符号化的人类语言，可以与任何口语语种相提并论。在他之前，手势被误认为是无法分析的整体且没有内在结构。

1960年，斯多基教授发表了第一篇美国手语研究专论：*Sign Language Structure*（《手语的语法结构》）。在这篇长论文里，他首次提出手势和口语中的单词一样能被分解成小的（音素级）单位进行分析。他还提出每个手势同时包含三个要素：①手的位置；②手形（指式）；③手的动作。后来，斯多基教授又补充了第四个要素：手掌的朝向。他创造了第一个描述手势动作的符号系统，被称为“斯多基系统”，一共55个记号。

1972年，斯多基教授在美国加劳德特大学创立了第一个（美国手语）语言研究实验室和第一家手语研究杂志《手语研究》（*Sign Language Studies*），威廉·斯多基成为公认的美国手语之父。

第二节 多角度研究手语

语言学研究有很多分支。因此，一种语言可以从不同的分支，从多个角度去考察。对中国手语的研究也是一样，可以在应用传统的语言学理论分析语言现象的基础上，借鉴新的理论，从多维度考察中国手语，这样可以使我们对手语的认识更加全面。

一、从语言类型学的视角看手语研究

刘丹青认为带着类型学的意识研究语言，并不是每一个课题都必须涉及众多的语言，重要的是要有语言共性和类型学的意识。语言类型学是当代语言学中的一门“显学”，在语言类型学的诸多含义中，刘丹青认为“都离不开一个‘跨’字，即它必须有一种跨语言（及跨方言、跨时代）的研究视角，才能称其为类型学研究。……而严格意义上的类型学，是具有自己研究范式的语言共性与语言类型研究”，“类型学特有的研究对象是人类语言间的共同点和差异点”。著名的语言类型学著作《语言共性和语言类型》中译本序言中写到，“不同的语言在一些对一般语法理论很重要的方面都有差异，而且任何一种语言，如果不能鉴别它在这些方面跟其他人类语言的异同，就不可能对它的结构有完整的认识，不管它是英语、汉语还是其他什么语言”。

在中国手语的研究中，引入语言类型学的观念是非常重要的。《语言共性与语言类型》一书有一个附录是“本书引证语言一览”。作者对美国手语的解释是“美国聋哑人的第一种语言”，在此将美国手语和其他几百种语言并列。

如果我们从类型学的角度考察中国手语，会给我们很多有益的启示。如在中国手语的研究中，包括手语的语序、类标记、否定词的位置及从汉语角度看所谓的动宾一体现象等诸多问题，都被冠以手语的特殊性。这些中国手语的特点在其他语言中是否存在呢？我们所强调的手语的特点，从更高层次去看，也许就是语言的共性，至少不是中国手语所特有的。这为我们正确看待手语提供了有益的帮助。

在中国手语的语序研究中，有一种观点认为中国手语的语序是颠倒的。不让聋人学习手语的原因之一是因为聋人学习汉语的时候会受到手语颠倒的语序的影响，从而写出语序颠倒的汉语。我们暂且不论两种语言相互影响的问题，我们现在关注的是中国手语真是“颠倒”的吗？

之所以会得出中国手语语序“颠倒”的结论，是只将中国手语和汉语比较的结果。而中外语法学研究的历史都表明，“对象语言对于语法研究中的理论见解和方法论都有很深远甚至很直接的影响，参照语言也会在很大程度上影响人们对对象语言语法的认识”。如果我们将中国手语放在语言类型学的背景下去研究，我们就会发现中国手语比汉语更符合世界语言语序的潮流。

语言类型学的研究者根据主语（S）、谓语（V）、宾语（O）的位置关系排列出人类语言可能会具有的六种类型，即SVO，SOV，OVS，OSV，VSO，VOS。之后，又对这六种类型进行归纳，根据谓语和宾语的关系，归纳出OV和VO两种类型，即动词在名词前还是在名词后。从世界语言的范围看，OV类型的比例高于VO类型。中国手语的优势语序恰恰就属于OV类型。

现在中国手语受汉语的影响很大，据顾定倩等的调查，38.6%聋校教师更愿意按照有声语言的语序打手语，49.9%的聋校教师同意两种方式（有声语言的语序、手语的语序）兼用。而据我们对北京联合大学特殊教育学院学生的调查，一个班14名会手语的学生中有8名的手语是到聋校以后跟老师学的。所以，中国手语在与汉语的接触中受到了汉语的影响，从而出现了SVO语序。据龚群虎介绍，美国手语是由SOV变为SVO语序的。日本手语却只有单纯的SOV语序。手语的变化有些是主流语言影响所致。可以想象，如果英语还是SOV语序，美国手语很可能保持SOV语序不变。

再看OSV的问题，实际上这种语序的深层结构还是SOV的。罗天华考察中国少数民族语言后得出结论，SOV最常见的替换性语序是OSV，其次是SVO。他认为，驱动OSV作为替换性语序的主要是语用因素，而SVO作为替换性语序主要是语义的作用。同样作为替换性语序，之所以OSV比SVO更常见，是因为在具体语境下，由于表达的需要如强调宾语而使语用因素压倒了语义因素，中国手语的情况也是这样的。

对美国手语和其他国家手语的研究也表明，手语有一个特别的特征，就是句法形态的时间性和同时性共存。

所以，如果我们从语言类型学的视角去观察中国手语的语序问题，就会发现，中国手语无论是从线性的角度和有声语言比较，还是从空间的角度和其他手语比较，它都是一门具有自己正常语序的、独立的语言，一点也不颠倒，不奇怪。

语言类型学特别强调不同语言之间的比较，在这里需要强调的是，中国手语的比照语言应该是汉语口语而非汉语书面语。一种语言一般分为口语形式和书面语形式，比如汉语、英语。有一些语言只有口语形式，而没有书面语形式，中国手语就只有口语形式，而没有书面语形式。

现有的中国手语的研究，基本上是将中国手语和汉语书面语作比较，这是非常不恰当的。这种比较的方式影响了人们对中国手语的认识。汉语的书面语和口语事实上分用着两种不同的语法。也就是说，书面语语法跟口语语法虽然有着千丝万缕的联系，但本质上则分属两种不同的体系。

二、从社会语言学的视角看手语研究

社会语言学产生于20世纪60年代，经过几十年的发展，它的研究对象逐渐明确，概括地讲，就是研究语言和社会的关系，有三方面的内容：语言变异的研究，语言变异的原因和规律；社会中的语言问题，如双语、双方言、语言的接触；人们怎样在实际环境中使用语言进行交际，以及不同的社会、社团使用语言的差异。

（一）手语和其他语言的语言接触问题

语言接触是指不同语言或方言相遇在一起，相互渗透，相互影响。在汉语和中国手语的关系中，由于汉语是强势的语言，而聋人手语是弱势的，使用人数少且使用者异常分散。所以，从语言接触引发语言变异的角度看，中国手语受汉语的影响是必然的，这点从周边少数民族语言受汉语影响在语言的各个层次发生变化的事实也可以证明，从英语对汉语的影响也可以看出。语言接触所引起的语言间的相互渗透和相互影响主要结果是借用，另外还有双语或多语现象、语法转换等。

中国手语对汉语的借用，表现在词汇方面，也表现在语法方面。

当前，新的概念每天都在产生，在新概念进入一种语言时，往往没有现成的词汇来表达和翻译它，经常采用的方式之一就是借用原语言的形式，这就是借词。

在两种语言的密切接触中，语言演变中变化最慢的语法也会发生变化。美国手语由于受到英语的影响，基本语序都发生了变化。中国手语语法也一样受到汉语语法的影响，如中国手语中的“动宾一体”现象，越来越多文化程度较高的聋人倾向于将名转动词中与表示行为的轻动词的组并转移到句法层面。用具有语音形式的轻动词来区别名词和动词，在“电话”“打电话”一类的手势中较为常见，除了用手表达具有实在意义的手势外，还存在非手控的功能语类，包括表情、口动、动作幅度等，这些是具有语音形式的轻动词，主要起句法作用。当然，在低龄聋童和文化程度比较低的老年聋人手语中，名转动词还是倾向于在词汇层面完成。

（二）手语的标准化问题

标准化是在原有的各种非标准语言（或方言）系统中选取一个标准语言或者在旧的非标准的基础上创造一个标准语言。

关于中国手语的标准化问题，沈玉林认为，“手语语言建设的任务远远超过编纂和推广《中国手语》书”。手语的标准化不只是编纂一本标准化的词典那么简单，编纂词典只是完成了词汇规范的主要工作。现代汉语普通话是现代汉族的共同语，是汉语的标准语，它有三项标准：以北京语音为标准音，以北方话为基础方言，以典范的现代白话文著作为语法规范。

根据社会语言学对语言规划工作过程的研究，我们认为，目前中国手语的标准化工作应该从以下几个方面着手。

首先，确立中国手语在法律上的地位。其次，建立中国手语的书面语系统。中国手语目前还是没有书写系统的语言，这会严重影响其标准化的进程，所以建立中国手语的书面语系统非常重要。语型规划的基本工作之一就是把没有书面语传统的语言变成有书面语的语言。再次，在语言的各个层面（语音、词汇、语法等）建立标准，并巩固和完善这个标准。最后，标准的试用与推广。

三、从语言习得的视角看手语研究

（一）聋人的汉语和手语的关系

从聋人汉语学习的角度看手语，我们遇到的第一个问题就是手语对汉语的影响问题。从使用频率的角度来看手语是聋人的第一语言。

下面是我们对聋人大学生手语汉语使用情况的调查（共调查 83 人，多项选择）。

和家人交流的主要方式：手语 4 人，口语 44 人，笔谈 19 人，口语笔谈 17 人，手语笔谈 7 人，手语口语 1 人，手语口语笔谈 5 人。

和同学交流的主要方式：手语 50 人，口语 8 人，笔谈 5 人，口语笔谈 2 人，手语笔谈 5 人，手语口语 16 人，口语手语笔谈 2 人，手语口语笔谈 8 人，1 人未填写。

聋生和家人交流最主要的方式是口语，和同学交流最主要的方式是手语。我们知道，在现行的教育体制下，聋人主要生活在学校中，所以我们可以说手语是聋人日常生活学习中最主要的语言。汉语从使用的频率上看，是聋人的第二语言。

（二）手语对聋人汉语学习的作用

说到两种语言，就会涉及语言的迁移问题。以前我们更多地关注手语对汉语学习的负面影响，也就是负迁移。实际上随着对语言共性研究的深入，语际共性导致的正迁移作用已经得到越来越多研究者的重视。手语和有声语言是相互影响的，手语对有声语言学习起促进作用的研究也有成果发表。Strong M 和 Prinz P. M 在 1997 年进行了一项关于美国手语和英语读写关系的研究，研究结果发现美国手语能力强的学生和一般的学生在英语读写能力方面优于美国手语能力弱的学生。聋孩子掌握了美国手语达到中等以上熟练程度，对他们学习英语读写有很大的益处。遗憾的是，目前中国还没有这方面的研究。20 世纪 80 年代，随着认知理论研究的深入，人们发现要想达到正迁移的效果，其中语言间的共性最能够影响迁移。这种语言上的共性，既包括形式上的，也包括觉察到的（心理上）的共性。语言上的共性应当是促进语言迁移的基本因素，然而语言共性本身并不能保证正迁移，至少在某种情况下，正迁移还依靠察觉到的共性。

聋人之所以将手语直接写为书面语，与其对两种语言距离的察觉有一定的关系。也许就是因为我们在教授学生的过程中使聋生觉得可以“我手写我手”，从而导致混乱的发生。如果告诉他们，手语是手语，汉语是汉语，两者不能混淆，也许可以减少混乱现象的发生。

第三节　手语的调查

Susan Fischer 在 *Sign Language Field Methods: Approaches*，*Techniques, and Concerns* 一文中提出，手语的田野调查和其他濒危语言的田野调查相

似，但是有三个问题需要特别注意，即学术伦理问题（ethical concerns），技术问题（technical issues）和诱导方法问题（elicitation techniques）。根据我们采集手语的经验，也确实如此。手语的调查工作和有声语言的调查有同有异。

一、调查对象的选择

尽管手语是聋人使用的语言，但并非所有聋人使用的手语都能成为研究的材料。手语研究的对象主要是作为聋人母语的自然手语，尤其是从小在手语环境中长大的聋人使用的手语。聋人中，父母也是聋人的只占5% ~ 10%，即使这样，这部分人也并非从小都能获得手语的输入。由于手语在社会中处于边缘地位，一些聋人父母尽管自己使用手语，却排斥使用手语与他们的聋人孩子交流，他们希望自己的聋人孩子接受口语训练，在正常的学校接受教育进入主流社会，因此，聋儿开始获得手语的时间有相当大的个体差异。另外，家庭背景、受教育程度、文化归属及口语、书面语等因素也影响手语者手语的产出。理想的被调查人应该是把手语作为母语习得并长期使用它的聋人，最好具有识别本族手语和非本族手语的能力。

表 3-1　根据 Berent（2004）提出的手语双语者分类方案

研究对象（根据听力情况）	语言	
	自然手语	口语
（A）聋人	（C）L1	（F）L1
（B）健听人	（D）L2：早期	（G）L1.5
	（E）L2：晚期	（H）L2

A：聋人　B：健听人　L1：母语　L2：继母语之后学习的第二语言。

表 3-1 将手语双语者分为以下 4 种情况。

ACH：出生于聋人家庭的聋人，父母从小用自然手语跟他沟通，在获得第一语言手语以后口语成为他的第二语言。

ADG：出生于听人家庭的聋人，早期接触手语，之后接触口语。

AEG：出生于听人家庭的聋人，晚期接触手语。

BCF：出生于聋人家庭的听人，早期从聋人父母处习得自然手语。

我们对不同语言背景的聋人使用关系从句情况的调查显示，不同语言背景的手语者在篇章中使用中国手语关系从句结构是有差异的。聋人家庭出身的聋人更多地使用空间形式存在的关系从句，内置中心语关系从句。另外，手语者习得手语的年龄与受教育背景也影响其能否习得纯正的聋人自然手语。

由此可以证明，最理想的语料提供者是ACH，即出生于聋人家庭的聋人，父母从小用自然手语跟他沟通，在获得第一语言手语以后，口语成为他的第二语言。其次是ADG，出生于听人家庭的聋人，早期接触手语，之后接触口语。所以在进行手语调查时，要以此为目标寻找语料提供者。

二、调查手语过程中的学术伦理问题

学术伦理的问题在手语的采集中特别突出。因为和有声语言不一样，手语是视觉模式的语言，展示这种语言的同时，手语者必须展示自己。Susan Fischer在调查手语的时候，采取了一些方法，比如跟手语提供者签订协议，因为有的手语提供者可能不识字，因此需要准备两个版本的协议，即文字版和手语版。

授权协议内容包括：询问语料提供者愿意署名还是匿名。根据经验，绝大多数的语料提供者愿意署名。其他问题是：我可以将视频给其他研究者看吗？我可以将视频给学生看吗？如果我发表多媒体的文章，可以剪辑语料的片段放入文章吗？可以将语料放入带有密码或者不带有密码的网站吗？可以放入视频网站吗？等等。如果语料提供者是儿童，则需要经过其家长的同意、授权。如果是在特殊教育学校的录像，则需要教师、校长、家长等同意。如果在录像中还涉及了其他学生，也要取得家长授权。如果一些语料提供者希望得到自己的录像，则拷贝给他们。

一旦与语料提供者签署了协议，研究者就要严格遵守。

三、语料收集的方法

语料收集的方法一般有内省法（Introspection Approach）、诱导法（Elicitation Approach）及自然语料的采集。

内省法是心理学基本研究方法之一，又称自我观察法。这种方法适合聋人手语研究者，对听人手语非母语者不太适合。内省法大多用于修正和识别误差，包括语法合法度判断、语义判断及其他判断任务等。

自然语料的采集是指采集聋人在日常交流中使用手语的情况，如聋人学生在课堂上参与课堂提问、讨论时的手语，聋人聚会时聊天的手语等。

诱导法是指通过实地或问卷调查来收集人们对实际使用的语言材料的看法和人们对语言材料的心理反应，通常采取控制变量的方法诱导受试者对句子或句子中某个成分的判断、句子的可理解程度及提供其他类似的数据和信息。

诱导法根据采集语料的特定性使用不同的诱导材料，比较常用的有以下五种方法。

自由话题。要求被调查人根据某个话题，自由地用手语表达。对用什么词语、用什么样的句子，都不做限制。此方法通过对所选话题的控制，可以调查到所需要的语法点。例如，如果想调查手语中如何表达过去时，可以请被调查人讲过去的事情。如果调查家庭成员的手语表达方式，可以请其谈论自己的家庭等。

角色扮演。要求被调查人扮演某个角色，通过角色之间的互动收集语料。例如，为了调查医院看病过程中手语的使用情况，可以请两三位被调查人，一位扮演病人，一位扮演医生，一位扮演陪同人员。通过角色扮演搜集到的手语也是在比较自然的状态中产生的。

交流游戏。交流游戏是指请被调查人玩需要语言沟通才能推进的游戏，从而记录其在此过程中使用手语的情况。如猜猜看他是谁，桌游等。

复述故事。包括对图片故事的复述、对电影故事的复述、对文字故事的复述及对手语故事复述等。图片故事主要选择一些无字书让调查对象阅读，然后用手语复述故事的内容，如广泛用于手语调查的《青蛙，你在哪里》。电影故事包括为语言调查特制的微型电影，如《梨子的故事》，就是专门为语言调查拍摄的 6 分钟的电影，已经广泛用于各种语言调查之中。也包括一些电影片段剪辑，如《三只小猪》动画片的片段也可以作为调查材料。文字故事复述是指给被调查人看一个文本，然后请其用手语复述这个故事。手语故事复述是指请被调查者观看其他手语者用手语讲述的故事，然后自己再将此故事讲一遍。

描述小视频或者图片的内容。给被调查者观看短小的视频或者图片，然后要求被调查人用手语描述短小视频或图片的内容。比如，请被调查人观看研究者自己制作的 Flash 短视频，请其描述视频内容。此外，描述图片任务也是手语研究者经常使用的方法，包括可用于描述的独立图片（如人、物、动作等）、描述一组事物的独立图片（如一组厨房用具等）及相关联的一系列图片（如找不同）等。

除了上文介绍的诱导方式以外，还有翻译、讨论及综合使用几种收集语料的方法。其中，翻译包括对有声语言（口语和书面语）的翻译，对手语的翻译等。

四、如何设计好图片调查材料

使用图片进行手语调查，图片设计是关键环节。实验图片的设计涉及艺术学、语言学和手语语言学等，设计者要具备这几个方面的理论知识和相应技能。

如在设计调查“一个男孩在开门”“一个男孩在关门”这个调查材料时，如图 3-1 所示。

第一步，解读所给句子。谁（男孩）/ 干什么（关门、开门），这里的动词是“开”和“关”，动作发出者是“男孩”（人）、动作接受者是“门”

(物)；数量关系是“一个”。

第二步，确定图片表达方式。这组句子可以用多种表达方式，可采用写实绘画、拍摄照片、手绘几种方法，可根据实验图片的整体需求进行选择。

第三步，思考图片表达形式。这组实验句子中没有出现和颜色相关的词，每句涉及一个简单动作，考虑到实验图片的表意效果，选择用黑白即无彩色单图的表达形式。

第四步，确定图片表达方法。就本组实验句子来说，可以是具象写生、创作或临摹，也可以简笔创意，后者比前者要简明，所以选择简笔创意的表达方式。

第五步，具体绘制。选择好定格动作和表现角度。这里的开门和关门两个动作其实是瞬间移动过程，需要考虑移动到哪一点时最有表现力，还要考虑关门和开门时人的身体动势、肢体形态的不同，以及考虑门的开合角度大小给人的视觉感受。最终绘制成图。

第六步，分类测试。用已完成的手绘图找聋人被试进行前测，从而找出图片存在的问题。

第七步，根据测试结果修改实验图片。

第八步，再次进行测试：形式与第六步相同。

第九步，最终定稿。

(a)

(b)

图 3-1　开门、关门

设计好的图片在测试中会发现不同的问题。

第一个问题，表意不清。

如图 3-2 所示。实验原句为：（表处所句）汽车旁边有一只狗。图（a）是初次绘制的图片，经过第一轮测试后发现被试者给出的手语表述是“汽车和狗”。研读句子发现是处所词没能表达清楚，这和物像的平面空间展示效果有关，于是改成了图（b）的样式，经第二轮测试后成功定稿。

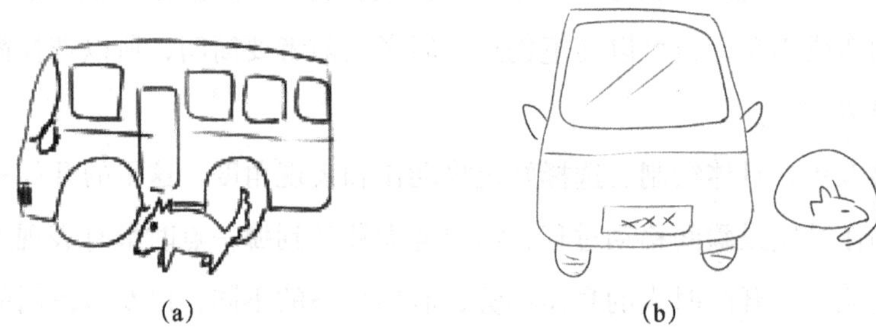

(a) (b)

图 3-2 汽车旁有一只狗

第二个问题，引起歧义。

如图 3-3中实验原句为：（表一致句）男孩抢了女孩的包。（a）是初次绘制的图片，经过第一轮测试后发现被试者给出的手语表述是“一个男的正要把一个书包还给一个女孩”。对照研读后发现，一方面画面男孩的表情选择不妥，本想表达抢后的得意却给被试者一种误导；另一方面是“抢”的方向性没表达出来，也给被试者造成了误读。这主要由于绘图者的表达方式出现问题，修改后如（b）所示，男孩表情与行为一致，再加上指示符号。经第二轮测试成功后定稿。

第三个问题，表达不到位。

实验原句为：一只猫爬上了树。初次绘制的图片，采用了平面静图的形式，用简笔画法来表现的，第一轮测试结果显示被试者表述都不完整，经过反复修改静图（改变猫的位置和姿态、添加指示符号等），再次测试结果逐渐接近实验原句，但对于空间动词的表述还是不到位。经过思考，最后改变了表达形式即由静图改为动图。最终 Flash 动画软件制作的测试用图收到了良好的效果。

(a)　　　　　　　　(b)

图 3-3　男孩抢了女孩的包

实验图片的设计是语言调查成功的第一步，需要审慎仔细完成。

第四节　手语的整理

一、标注手语的方法

根据 *Sign Language* 一书的介绍，目前标注手语的方法主要有 8 种。有两种是直接展示手语图，另外 6 种分为 3 类：第一类是书写系统（Writing systems），代表英文书写（English Written Word）和萨顿手语符号（Sutton Sign Writing Symbol），它们分别将美国手语的“”记作“Three”和“”。第二类是转写系统（Transerction Systems），代表国际音标（International Phonetic Alphabet）和汉堡大学转写系统（HamNoSys of Transcription

System)，分别将美国手语的“[手形]”记作“θri”“[符号]”。第三类是代码系统（Coding System)，代表数据库结构（Sign Typ)，它将美国手语的

“[手形]”记作“

Sign Id	Stage	Field Name	Detail Level 1	Detail Level 2	Detail Level 3
1	1	Location	Neutral Space	Lateral Dimension	Ipsilateral
1	1	Location	Neutral Space	Vertical Dimension	Chest Height
1	1	Handshape	Extended Finger Set	TIM	

”。

在中国，《中国手语的汉语转写方案》被广泛使用。方案分为两部分，一部分为转写表，一部分为说明。转写表规定了诸如普通词、词界、方向、类标记、区别性面部表情或体态等转写方法。

中国手语是一门视觉模式的语言，目前没有书面形式。科技的发展，为手语的保存、传播、研究提供了便利条件。因此，为了适应非视频形式的文本写作，需要将视频形式的手语转写为书面形式进行展示。这种用有声语言的文字转写手语的方法是目前各国手语研究中通行的用法，也形成了一些转写的规则和具体方法。但是由于汉字和其他国家文字有所不同，拼音文字有大小写之分，通行的做法是写有声语言的时候，使用正常的字母书写，转写部分使用大写字母表达。而汉字没有大小写之分别。

美国手语用英语大写字母对手势进行转写，比如“猫”写作 CAT。

词的边界问题也需要解决。美国手语可以转写为：CAT DOG CATCH，汉语如果写为“猫狗抓”体现不出词语的边界。

在中国，目前还没有手语的汉语转写规范标准出台。在龚群虎、杨军辉的方案中，采用汉字转写中国手语，解决上述问题的方法是在转写的文字中加斜线“/”，如猫/狗/抓。本书中为了方便，转写部分采用分词连写的形式，也就是说两个手语词的汉语转写中间加空格。比如“猫/狗/抓”写为“猫　狗　抓”。因为转写同时性结构的时候，采用画斜线的方法会比较乱。具体转写方法见编写说明。

另外，使用电子表格（Microsoft Excel）等工具也可以进行手语的整理、转写、标注。

进行转写的软件有 SignStream 及 ELAN（EUDICO Linguistic Annotator）等。ELAN 是由荷兰纽梅茵马克斯布朗克心理语言学研究所开发的一个跨平台的多媒体标注软件。从 2001 年起，已发布多个语种版本，包括中文版。在话语分析、手语研究、语言存档、手语、口语语料库建设等方面被广泛利用。ELAN 软件的特点是每位使用者都可用其处理多媒体数据，对视频和音频进行标注、分析和建档。

二、如何使用 ELAN 软件进行手语标注

软件下载地址及使用手册下载地址为 https://tla.mpi.nl/tools/tla-tools/elan/。在使用 ELAN 软件时，转写、标注以层为依托进行。层（Tier）是转写和标注的依托，不同的层有不同的标注内容。如注释层、词类层、翻译层等。转写（Transcription）指根据音频和视频录入文字或其他符号的操作。以手语为例，是借用汉字和其他字符按照手语顺序记录手语表达内容和方式，没有翻译加工，写出的是原始的手语句子，并非翻译的汉语句子。标注（Annotation）是针对音频或视频内容转写的文字、注释、翻译、国际音标等，标注包括转写。在 ELAN 中，标注也指时间段上的时间线，时间段内可以没有转写任何内容。

使用 ELAN 软件进行手语的标注，选择多少层进行标注，根据研究的需要及标注者的能力进行确定，如澳大利亚手语语料库的标注层高达 50 层。ELAN 软件中的层可以根据使用者的需求随时添加。下文只是对标注情况的简单举例，使用者可以根据自己的需求任意添加不同的层。

（一）手控部分

1. 主手层和辅手层

主手和辅手两层，将每个手势用汉字写出，汉字的意思与视频中手势的意思一一对应。线性手势都写在主手层即可。设置此层的目的，一是给

手势建立一个规范统一的示例，如“医院”“宿舍”“食堂”等词语的最后一个手势都是“家”的手势，在主手层统一将此手势标注为“家”。二是为了方便标注同时性结构，如类标记结构。具体标注方式见本书“转写”部分。

2. 转写层

转写层和上一个主手和辅手层一样，都是 gloss 层，暂且命名为“转写”。和上一组的作用有所不同，转写层转写的不是单个手势，如果说上一组转写的是语素，那这一层转写的是词。

3. 词语翻译层

将手语词翻译成汉语，一个手语词语对应一个或多个汉语词语进行翻译。

需要注意的是，如出现几个手语词语翻译为一个汉语词语的情况，以 word 层为基准切分。如果出现一个手语词语翻译为一个汉语短语的情况，同样以 word 层为基准切分。翻译为小句的情况和翻译为短语的情况一样。

4. 手语句子转写

按照手语句子的规则切分句子并将句义转写为汉语。

5. 句子翻译

将手语句子翻译为汉语。这时可能会出现将两个手语句子翻译为一个汉语句子或者将一个手语句子翻译为两个汉语句子的情况。此层将手语翻译为汉语，并以翻译的标准进行操作。

(二) 非手控信息部分

非手控部分根据需要可以分为六层，也可以根据自己的需要删减。

1. 眉

包括：扬眉　皱眉等

2. 眼

包括：瞪眼　眯眼　向上看　向下看　向左看　向右看等

3. 嘴

包括：张嘴　鼓腮　嘴唇鼓起　嘴唇延展　吐舌等

4. 身体

包括：前倾　后仰　向左倾斜　向右倾斜　向左转身　向右转身　耸肩等

5. 头

包括：点头　低头　抬头　摇头　头转向左　头转向右等

6. 眨眼

三、基于 ELAN 软件的手语语料库建设

ELAN 内嵌 hyperSql 数据库引擎，hyperSql 是用 Java 语言编写的一款免费开源的 SQL 关系数据库引擎，也是嵌入式数据库，理论上最高支持达 64T 的数据量。该数据库的检索效率非常高，几百万字的语料只要几秒钟就可以检索到，而且每一个检索结果都和音频视频一一对应，可以点击进行播放。

第一，首先将文件按照图 3–4 文件夹分级分类。

第二，建立搜索范围。在 ELAN 软件中的“搜索”菜单下，使用者可以定义搜索范围。定义范围的设定非常方便，可以随时根据自己的需要来建立子库。只要在上一步的文件夹分级分类中确定好文件夹即可建立。如，我们可以自定义建立北京地区聋人家庭出身的聋人手语的子库。

第三，语料的检索和数据筛查。定义搜索范围以后就可以在搜索范围内进行检索了。检索可以使用关键词检索，也可以使用“正则表达式”“条件敏感”等方式进行检索。检索完毕以后，按输出按钮，即可将搜索结果输出备查。

第四，分词和词性标注。如果研究中需要进行词类或者词性搭配的统

计，可以将转写层文本输出以后，使用通用的分词及词性标注软件完成此项工作。

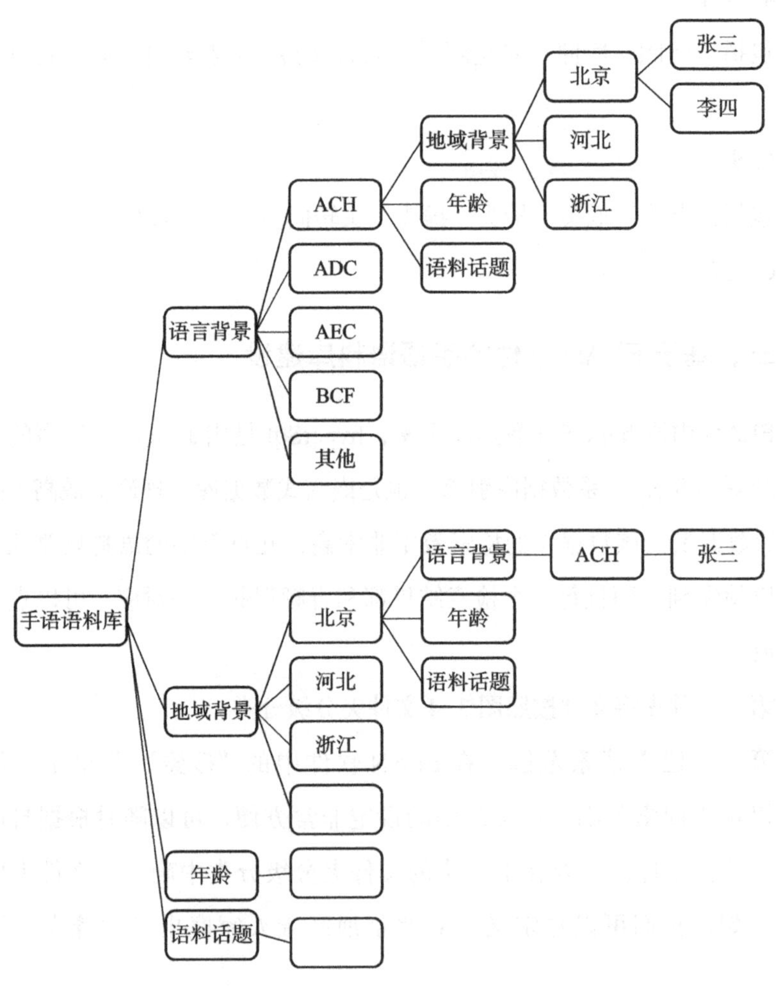

图 3-4　手语语料库文件夹结构图

ELAN 软件是开放的、动态的，可以在具有专门用途的语料库的基础上，添加标注内容和语料数量，建成通用型语料库。这也是我们今后努力的方向，即对语料从词汇、句法、语义、语用等多个方面进行标注，建设一个具有多重用途的中国手语语料库。

参考文献

[1] 游顺钊 . 手势创造与语言起源 [M]. 北京：语文出版社，2013.

[2] 杨军辉 . 美国手语之父——威廉 C. 斯多基 [J]. 厦门特教，2003（1）：46.

[3] 吕会华 . 中国手语的多角度研究 [R]. 许家成 . 首都特殊教育实践创新 . 天津：天津教育出版社 2011：34-42.

[4] 刘丹青 . 语言类型学与汉语研究 [J]. 世界汉语教学，2003（4）：5-12.

[5] 伯纳德・科姆里 . 语言共性和语言类型 [M]. 沈家煊，罗天华，译 . 北京：北京大学出版社，2010.

[6] 刘丹青 . 语法研究的对象语言与参照语言——为《马氏文通》出版一百周年而作 [A]. 语法研究与探索（十）. 北京：商务印书馆，2000.

[7] 顾定倩，刘杨，冬雪，等 . 关于中国手语推广与研究情况的调查分析 [J] 中国特殊教育，2005（4）：3-9.

[8] 龚群虎 . 试答：手语语序及语言接触对语序的影响 [EB/OL]. (2004-01-03). http://www.eastling.org/discuz/showtopic-1037-1.aspx.

[9] 罗天华 . SOV 语言的宾格标记问题 [J]. 民族语文，2007（4）：21-29.

[10] 冯胜利，胡文泽 . 对外汉语书面语教学与研究的最新发展 [M] 北京：北京语言大学出版社，2005.

[11] 徐大明，陶红印，谢天蔚 . 当代社会语言学 [M]. 当代语言学理论丛书，北京：中国社会科学出版社，1998.

[12] 佐伊基 . 社会语言学演讲录 [M]. 北京：北京语言学院出版社 .1998.

[13] 石定栩，朱志瑜，王灿龙 . 香港书面汉语中的英语句法迁移 [J]. 外语教学与研究，2003（1）：4-12.

[14] 吕会华 . 中国手语名转动词现象研究 [J]. 中国听力语言康复科学杂志，2009（5）：46-49.

[15] 沈玉林 . 手语多样性、标准化及手语语言建设的问题与思考——从荷兰 CLSLR2 会议看中国手语规范化工作 [J]. 中国特殊教育，2008（6）：34-40.

[16] Strong M，Prinz P M . A Study of the Relationship Between American Sign Language and English Literacy[J]. Journal of Deaf Studies & Deaf Education，1997，2（1）：37.

[17] 俞理明 . 语言迁移与二语习得：回顾反思和研究 [M]. 上海：上海外语教育出版社，2004.

[18] Susan Fischer. Sign Language Field Methods：Approaches，Techniques，and Concerns[A]. Taiwan Sign Language and Beyond，2009.

[19] 邓慧兰，姚勤敏，林慧思，等 . 手语双语研究对聋教育的启示 [J]. 当代语言学，2011（2）：175-187.

[20] Susan Fischer. Sign Language Field Methods:Approaches, Techniques, and Concerns[J]. Taiwan Sign Language and Beyond，2009.

[21] 吕会华，刘辉 . 基于 ELAN 软件的中国手语语料库建设研究与实践 [J]. 中国听力语言康复科学杂志，2014（4）：298-301.

[22] 龚群虎，杨军辉 . 中国手语的汉语转写方案 [EB/OL]. (2016-04-29). http://blog.sina.com.cn/s/blog_c2db12fb0102vzau.html.

[23] Penny Boyes Braem. Sign language text transcription and analyses using " Microsoft Excel" [J]. Sign Language & Linguistics，2001，4（1-2）.

第四章　手势的构成

第一节　手语的音系

一、主手和辅手

打手语的时候，有单手手势和双手手势。双手打手语的时候，有时候两手的手形、动作、位置等参数一样，有时不一样。有时两只手是对称的，有时又是交替对称的。两手分工不同，有时一只手为主，另一只手为辅。人有右利手和左利手之分，右利手的人右手为主，左利手的人左手为主。因此，在手语中不叫“左手”“右手”，而叫“主手（Dominant Hand)”“辅手（Non dominant Hand)”。

如【例 4–1】中国手语的“坐”。表示人坐的六手形的手，是主动的，是主手。另一只五手形平伸的手是辅助的，是被动的，是辅手。

【例 4–1】

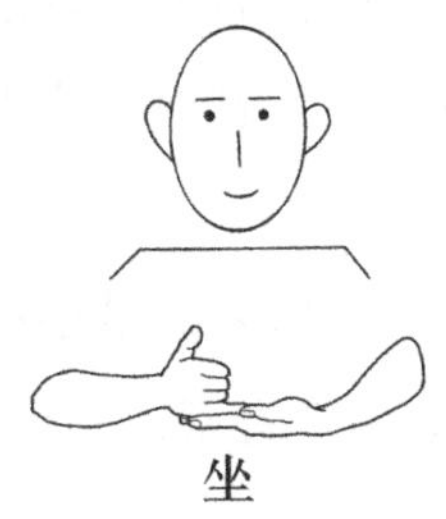

坐

二、音素　音位　语音学　音系学

有人会问，手语没有声音，可以说它有语音吗？手语是视觉模式的语言，它不是通过语音，而是通过手势表达概念的。在此用“语音”的概念，是借用普通语言学的表达方式。

在有声语言的语音学和音系学的研究中，有几个概念需要在此作简单介绍。

语音和其他声音一样，有四个要素，即音高、音强、音长、音质。

音高：指声音的高低，它取决于发音体振动的快慢。振动的快则音高高，反之则音高低。物体振动快慢由发音体的形状决定，其表现如下：

大的、粗的、厚的、长的、松的物体，振动慢，音高低。

小的、细的、薄的、短的、紧的物体，振动快，音高高。

一般说来，儿童和女性的声带比较小，比较薄，所以发音比较高；而成年男性的声带比较大，比较厚，所以发音比较低。

音强：指声音的强弱，它取决于发音体振动的幅度大小。幅度越大则声音越强，反之则越弱。声音的强弱由发音时用力大小所决定，用力大，则振幅大，音强就强，用力小，则振幅小，音强就弱。

音长：指声音的长短，它由发音时物体振动持续时间的长短所决定。发音体振动时间长，则音长长，反之则短。汉语中一般不用音长作为主要区别意义的手段，但音长作为发音中的一个自然属性，经常以伴随性的特征出现。

音质：音质也叫音色，是声音的本质特征，是一个音与其它音进行区别的最根本的特征。它取决于发音时的音波形式，音波不同，音质就不同。

音素：指从音质的角度划分出来的最小的语音单位。音素分为元音和辅音两类。比如汉语 ma 有两个音素，一个辅音 m，一个元音 a。英语

mother[mʌðə] 有四个音素，两个辅音 [m][ð]，两个元音 [ʌ][ə]。

所有语言的所有音素共 200 多个，每种语言可选择其中的部分使用。比如，英语使用 46 个，汉语（普通话）使用 32 个，法语使用 37 个。

音位：指从某一语言（或方言）的语音线性结构中分离出来的具有区别意义功能的最小语音单位。对某一具体语言而言，有区别词的语音形式作用的最小的语音单位。音位除了有音质音位，还有非音质音位，如汉语的声调。音位和音素的一个重要区别在于音位是针对一种语言（或方言）的，如在汉语普通话中，[n] 和 [l] 是两个不同的音位的音，“南”和“蓝”是有区别的。但是在我国南方一些地区，这两个音属于同一音位，没有区别意义的作用。

再比如，[p][p’] 分别对应着汉语的 b 和 p，在汉语中，[piɑu][p’iɑu] 分别是“标”和“飘”。在汉语中 [p][p’] 这两个音素有区别意义的作用，是对立关系，因此在汉语中，这两个音素属于两个音位。而在英语中，[p][p’] 不是对立关系，也就是说它们在英语里没有区别意义的作用，彼此处于一种互补分布的关系中，是一个音位。因此，每一种语言的语音都自成系统，简称音系。研究这个系统的叫音系学。音系学研究的是语言的语音结构，语音学研究的是语言的声音。

三、手语语音和音系问题

语音是负载语言信息的，是约定俗成的、可切分的、可组织的。自然界的声音是连续性的，没有结构和组织。手语中的手势，在很长的一段时间内被认为是不可分割的，混沌的一片。美国手语语言学之父威廉·斯多基的一个重要贡献在于他证明了手语是可切分的，打手语不是在空气中画画。一个手势由五部分构成：手形（Handshape DEZ）、位置（Location TAB）、运动（Movement SIG）、手掌或手指的朝向（Orientation）、非手控信息（Non manual）。

【例 4–2】

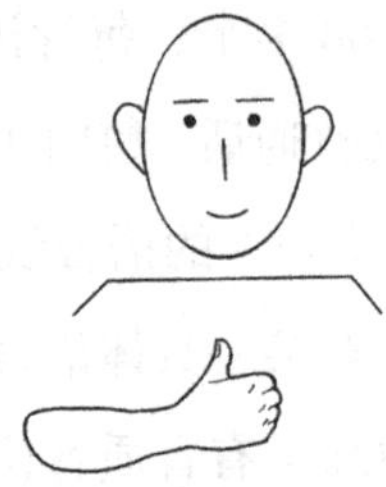

好　手形：好手形

位置：胸前

朝向：朝向自己

运动：由下向上逆时针弧线运动

非手控：称赞的表情

前四项是构成手语的基本要素，类似有声语言的元音和辅音是构成语音的最基本要素。这五个要素的组合构成了一个个的手势（音节）。所以说手语是有自己音系系统的。

第二节　手势构成的五要素

一、手形

(一) 手形

手形（hand shape）：也称作指式，是指打手语时单手或双手手指呈现的形状。

【例 4–3】

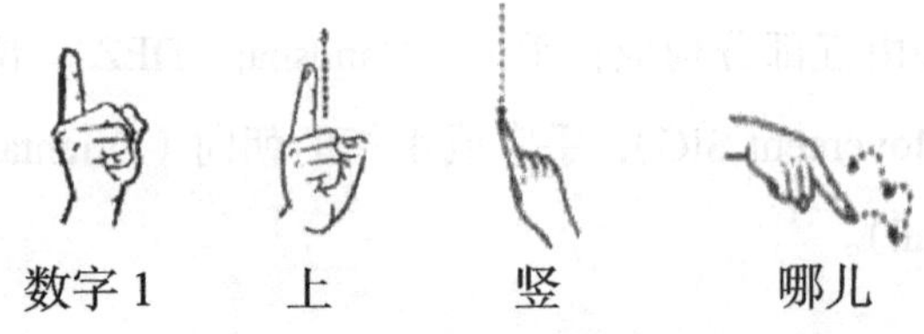

数字 1　　上　　竖　　哪儿

从【例 4-3】我们可以看出，一手形，指尖的朝向不同，运动的方式不同，表达的意思不同。但是它们是同一个手形：一手形。辨识手形的时候，不考虑其他因素，只考虑手的形状这一个要素。所以在【例 4-4】中，A 组的 A1，A2 是一个手形。B 组的 B1，B2 是一个手形。这个标准在辨识和计算手形的时候要注意掌握。

【例 4-4】

A.（A1，A2）　　B.（B1，B2）

单一的手形没有意义。只有和运动、位置、朝向等要素结合才能表达意义。手形也被认为是音系中最主要的音质音位。

【例 4-5】

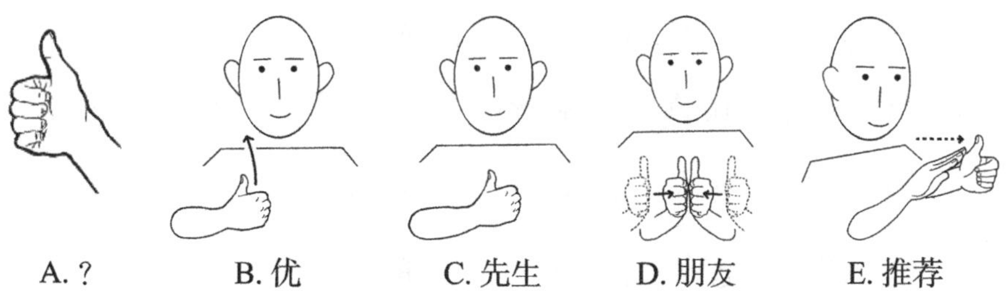

A. ?　B. 优　C. 先生　D. 朋友　E. 推荐

【例 4-5】中，A 图难以判断其所表达的意思，而后使用相同的手形，与运动、位置、其他手形相结合。这时，我们可以判断出这些组合所表达的意义。手形和其他要素结合之后，变成了可以表达意义的成分。

和有声语言的音位一样，不同的手语，手形也存在差异。有的手形在 A 手语中存在，有的手形在 B 手语中存在。但是不同手语的手形大多是一样的，这也和不同的有声语言的音素具有共同性一样。

（二）中国手语的手形

中国手语有多少个手形的问题，到现在还没有定论。骆维维在其硕士论文中分析了《中国手语》书中的5056个词目手势，归纳了60个手形。衣玉敏在其博士论文中，通过分析上海地方手语，辨认了69个不同的手形。吴铃在《中国聋人手语500例》中，总结了中国手语有60个不同的手形（图4–1）。

手形索引

S 29	8̄ 41	V̇ 45	Wc 49	5 57
O 30	8̊ 41	V̈ 45	F 49	5̈ 59
A 32	I 41	V⃛ 45	F̂ 50	5̇ 61
Ȧ 32	Ï 41	V̈ 45	Fo 50	5̄ 61
Â 33	U 41	K 46	4 50	
Ãx 33	U̇ 42	Y 46	B 50	
1 34	Û 42	Y 47	Ḃ 51	
i 38	Ux 42	Ẏ 48	B̂ 55	
Ï 39	R 42	Ŷ 48	B̂ 55	
İ 40	G̈ 43	W 48	B̄ 56	
i' 40	Ĝ 43	Ẅ 48	B 57	
人 40	Ḡ 43	Wns 48	C 57	
ɤ 40	Ĝ 43	Wtp 49	Ċ 57	
8̂ 40	V 44	3 49	E 57	

图4–1 《中国聋人手语500例》所归纳的手形

为了便于认读，利于教学，我们在吴铃总结的手形的基础上，对手形进行了整理和汉语命名（图 4–2）。

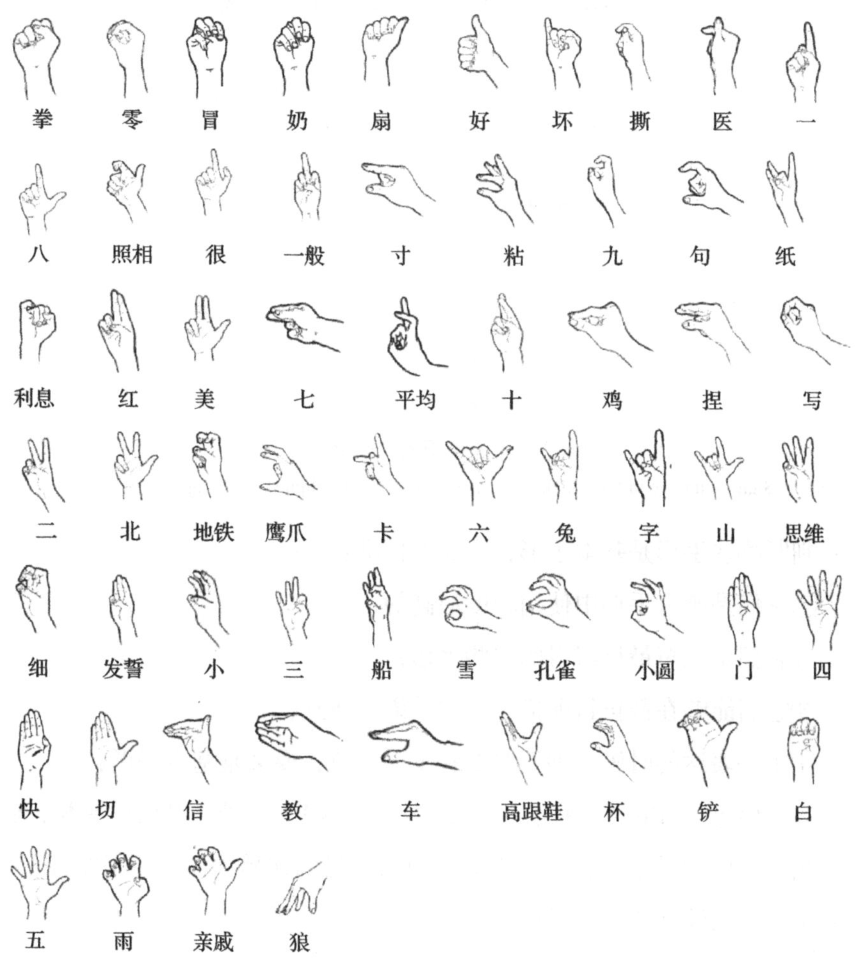

图 4–2　手形整理及汉语命名

（三）基本手形

基本手形（Basic Handshapes）又名无标记手形（Unmarked Handshapes）、中性的手形（Neutral Handshapes）。有标记（Marked）、无标记（Unmarked）是指某一语言特征存在还是不存在，如英语中大多数名词有形式特征标记：复数。因此复数是“有标记的”，单数是“无标记的”。

在音系学理论中，标记性具有特别重要的地位。特征的无标记值是相关发音器官的正常或中性状态。比如 [a] 就是最大程度的无标记的元音。

在美国手语的研究中，总结出 7 个基本手形，如图 4-3 所示。

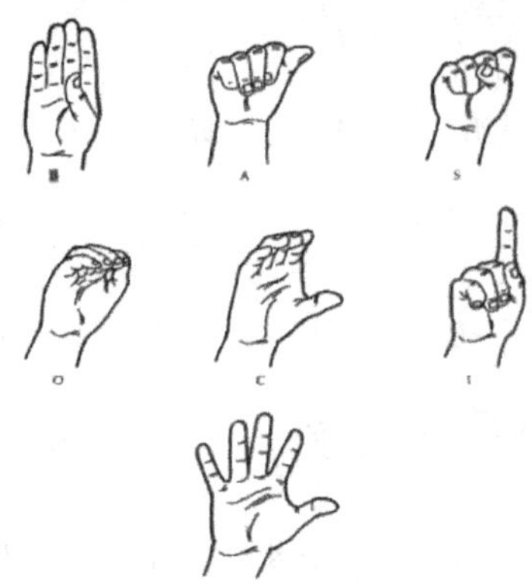

图 4-3　美国手语的 7 个基本手形

（源自 Sign Language in Indo-Pakistan—A Description of a Signed Language）

判断哪些手形是基本手形，有 5 个标准：

①它们是所有手形中使用频度最高的；

②它们是儿童最早习得的那些手形；

③它们能够在截止目前描写过的手语中找到；

④主手表达的时候，副手要么和主手一致，要么是基本手形；

⑤手形变化的单语素手势，要么开始是基本手形，要么结束是基本手形。

我们对中国手语斯瓦迪士 100 词中的手势的初始手形进行了统计，得到使用频度比较高的五个手形如下：

二、运动

运动是指单手或双手的动作和状态，也包括手指的细微动作。手势的运动可以分为两大类：路径运动（Path Movement）和手内运动（Handinternal Movement)。

路径运动是指肩关节或肘关节变化引起手势在空间或身体部位上画出轨迹的运动。移动会从某一个位置移动到另一个位置，包括所有导致整个上臂在空间移动的动作。路径运动有不同的运动轨迹或运动方式。直线运动是最常见的运动，是运动的缺省特征，一般无须赋值。此外，还有弧线运动、圆周运动、双向运动等。

【例 4–6】直线运动

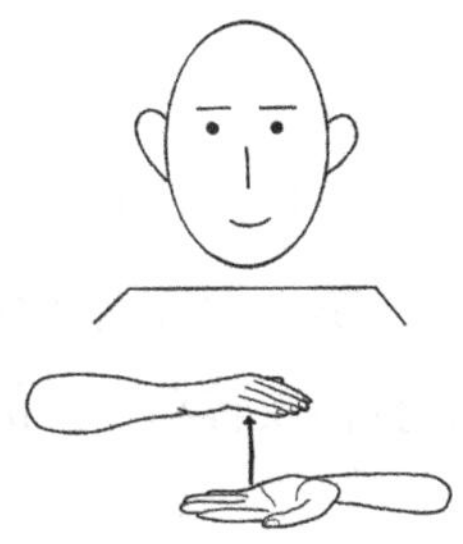

[翻译]积累

【例 4–7】直线运动　折线运动

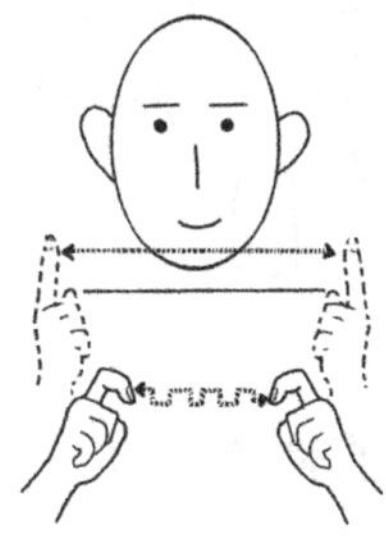

[翻译]长城

【例 4–8】曲线运动

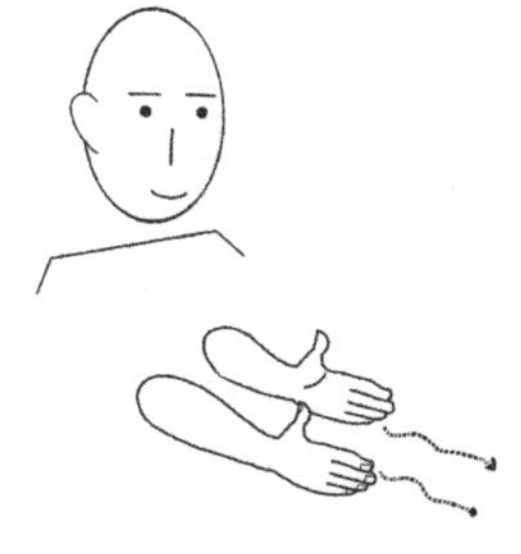

［翻译］河

【例 4-9】圆周运动

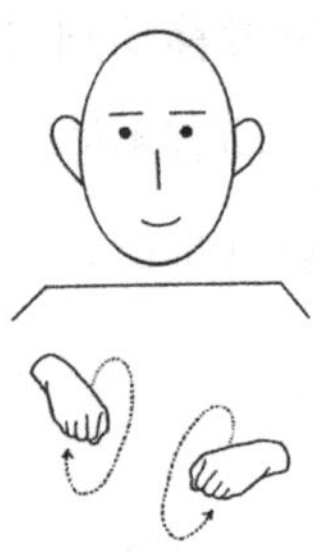

［翻译］自行车

手内运动，也叫区域性运动（Local Movement），是指在一个固定的位置做手指的弯曲、手指摆动及手掌晃动之类的动作。手内运动有两种：

一种是手腕关节的屈折、直伸及转动产生的。

【例 4-10】腕关节转动

［翻译］欺骗

一种是手指关节的屈折及直伸产生的。

【例 4-11】指关节曲折

［翻译］谢谢

【例 4-12】手指展开

[**翻译**] 花

运动是手势的一个重要组成要素。在其他要素相同的情况下，只要运动方式发生变化，所表达的意义也随之变化。

【例 4-13】

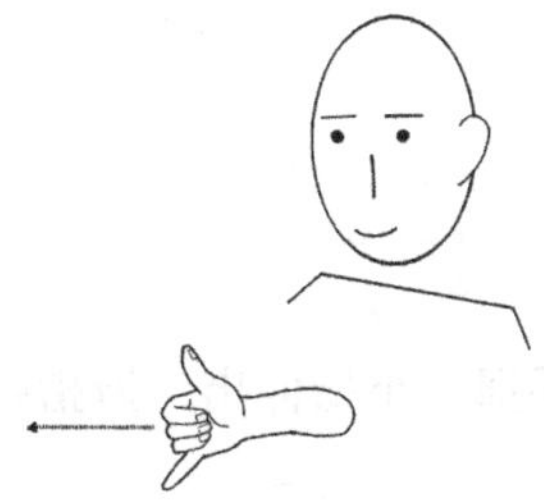

A. [**翻译**] 去（一手拇、小指伸直，由内向外移动）

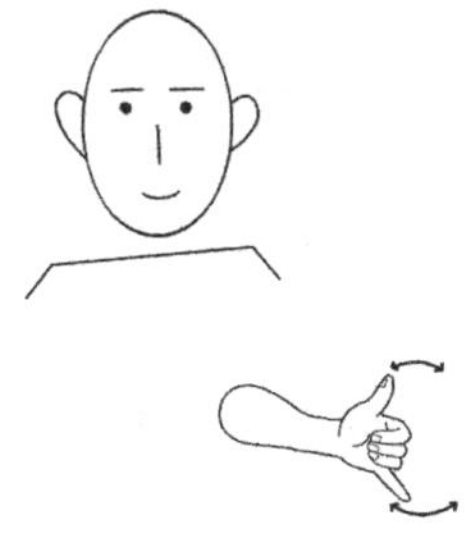

B. [**翻译**] 刘（一手拇、小指伸出，指尖朝前，并晃动一下）

C.［**翻译**］进（一手拇、小指伸直，在另一掌心上向前移动）

D.［**翻译**］退（一手拇、小指伸直，在另一掌心上由前往后移动）

E.［**翻译**］徘徊（一手拇、小指伸出，拇指朝上，左右慢慢移动几下）

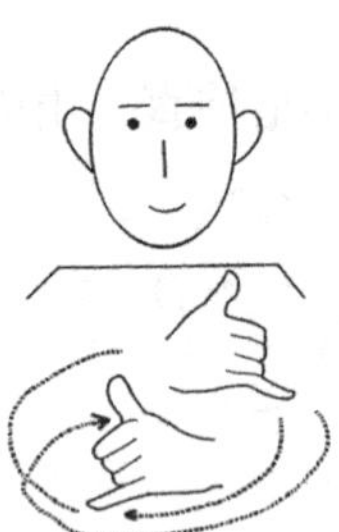

F.［**翻译**］游戏（玩）(双手伸出拇、小指，交替转动）

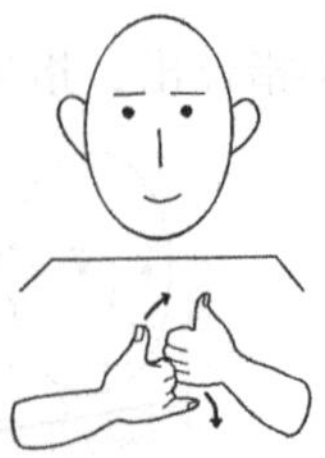

G.［**翻译**］交往（双手伸出拇、小指，相对竖立，一前一后，交替来回移动）

【例 4-13】中的手势，手形和位置相同，但是运动的路径不同，所代表的意思不同。单独的运动是无意义的，运动至少需要与手形结合才能表达意义。“无运动，不手语”，也说明了运动在手语中的重要性。

三、位置、朝向及非手控信息

（一）位置

位置是指打手语的时候，手形所在的位置。位置也是一个重要的要素。手势一般产生于特定身体部位。

位置是单手或双手接触或靠近自己身体的具体位置，包括从头顶到下身的各个部位，以及在自己身体前面空间所占据的位置。位置大多集中在头、眼、脸、嘴和胸前空间。相同的手形、运动甚至朝向，只要位置不同，就表示不同意义。

【例 4-14】

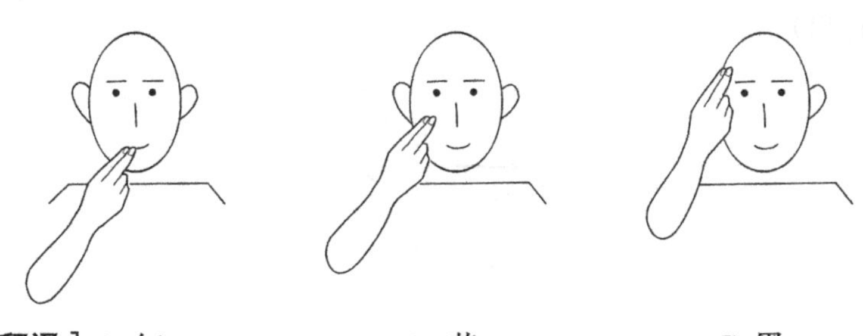

［翻译］ A. 红　　B. 黄　　C. 黑

【例 4-14】中国手语的“红”“黄”“黑”，手形和运动方式完全一样，但手放在身体的不同位置，表达的意思不同。

位置要素经常被忽略。如手语“老师”“好”两个词语，手形相同，位置不同，表意不同。再如表达某处瘙痒的意思，“抓脸”“抓脑门”“抓胳膊”“抓手”“抓肩膀”，“抓”这个动作，位置不同，表达不同的瘙痒的位置。

（二）朝向

朝向是指手掌或手指尖的方向。

从打手语的人的角度说明掌心朝着哪个方向，有时也考虑手指伸出时所朝的方向。

【例 4–15】

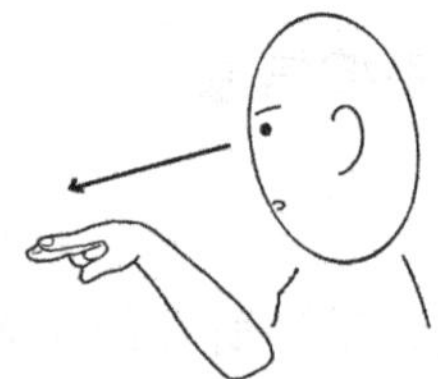

A. [**翻译**] 俯视（身体前倾，低头，一手食指、中指从眼前向下伸）

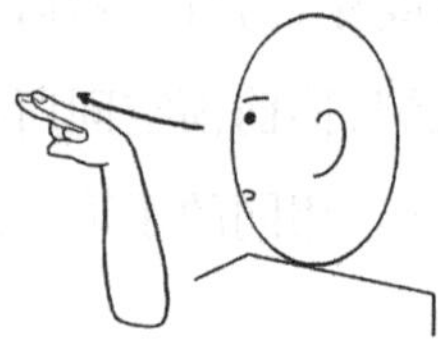

B. [**翻译**] 仰望（头仰起，一手食指、中指指尖朝前，置于眼前，向斜上方伸出）

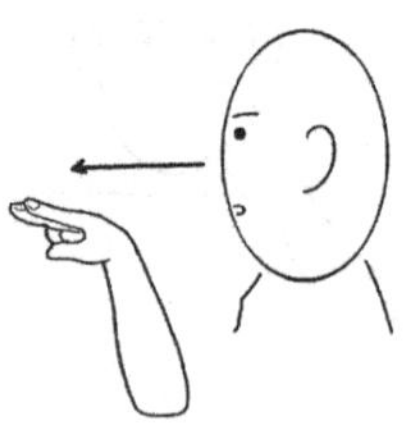

C. [**翻译**] 看（一手伸食指、中指，从眼部向前微伸一下）

【例 4–15】“俯视”“仰望”“看”三个词语的手形、位置、运动、手掌朝向一样，但是指尖的朝向不同，表达的意思就不同。

【例 4–16】

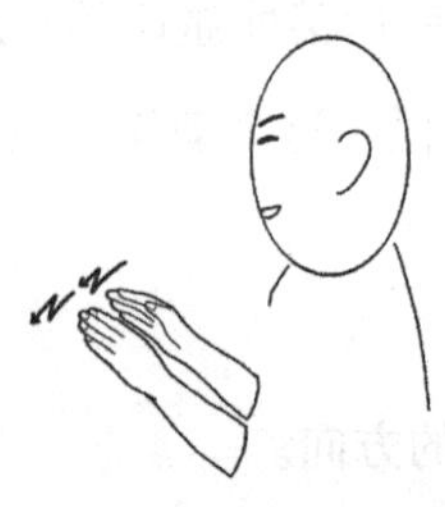

［**翻译**］我－帮助－你

［**翻译**］你－帮助－我

“帮助”，手掌的朝向不同，“帮助”的对象不同。

在图4-4这个关系图里，固定空间位置以后，通过观察手的朝向可以看出事件的主语和宾语。我看你；你看我；我看他；他看我；他看你；你看他。手形指尖的朝向不同。

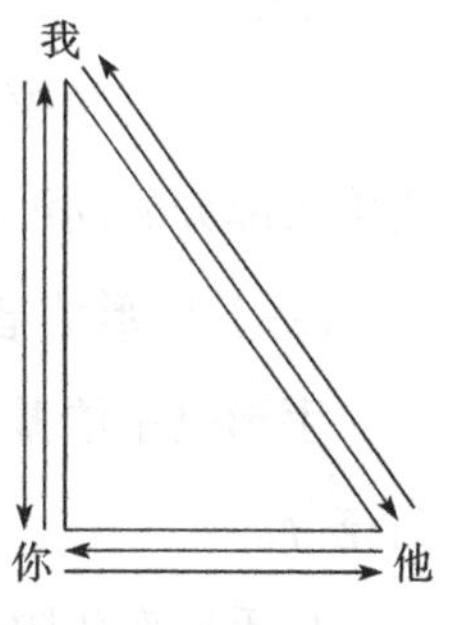

图4-4　空间关系图

（三）非手控信息

手语以手的动作为主，不是用手来表达的信息为非手控信息。

非手控信息包括点头、摇头、扭头、抬头、低头、扬眉、皱眉、睁眼、眨眼、闭眼、词语口动、努嘴、张嘴、抿嘴、鼓腮、耸肩、肩膀侧转、下垂、挺胸、弯腰等。

非手控信息在构词、造句等诸多层面都起到重要的作用。如害怕、难过等表达情感变化的词语，必须配合相应的表情才能让人领会。

“害羞”：一手五指撮合，指尖朝上，贴于脸颊，边缓慢上移边张开五指。同时，头微低，面露害羞的表情。

“难受”：一手虚握，贴于胸部，转动一圈，头向前微低，面露难受的表情。

“高兴”：双手横伸，掌心向上，在胸前同时向上移动两下，面露笑容。“非常高兴”“特别高兴”，通过动作的幅度变化和面部表情的变化来表达。

非手控信息除了在构词方面起到一定的作用外，在句法和篇章构成中，非手控信息同样具有一定的作用。如点头，可能是话题标记。扬眉、皱眉是疑问的标记。在篇章中，肩膀侧转，代表角色的变化。

四、手语共通的音系规范

为了分析手语词汇是否遵守手语共通的音系规范，研究者从文献资料中整理出相关的语法规范，以下将依序介绍与手形（Handshape）、位置（Place）、运动（Movement）、描述观点（Perspective）有关的音系规范。需注意这些语言学家分析出的音系规范并不是绝对不可违反的规则，而是手语中大部分的词汇都会遵守的音系规范。

（一）手形的音系规范

手形是手语基本成分中最复杂的一个成分，文献上对手形的分析也最为充分。

1. 手形变化限制

如果手语有手形变化时，只有手指的弯曲状态改变，而不能改变手指的选择。

2. 对称规范

如果双手是独立动作时，双手的手形（位置、动作）应该一样。

3. 主从规范

如果双手手形不同时，一手（主手）动，一手（辅手）不动，且辅手的手形只局限于某些容易的手形。

（二）位置的音系规范

每个手语只能有一个主要位置（头、身体、手臂、辅手）等。

（三）动作的音系规范

手语以单一动作为主，最多不超过两个动作，且两个动作的组合很有限。

（四）描述者观点的音系规范

虽然手语并无特别区分左右手，但研究发现听障者偏好以自身描述的观点来表达手语句子的空间关系，因此在描述“桌子在左边”这一句子时，会从自身观点将桌子放在自己左手边，而不是从观察者观点，将桌子放在自己右手边。此一规范与手语如何表达模拟中文字外形的“文字手语”有关。

第三节　手语的音节

一、音节

音节是语音的基本结构单位，是能够自然感知的最小语音单位。汉语的音节是由元音、辅音和声调组成的。汉语的音节比较容易分辨，除了像“花儿（huar)”这样的儿化词中的“儿”之外，汉语的音节和汉字是一致的，一个音节通常是用一个汉字来书写，一个汉字记录一个音节。汉语的音节划分比其他语言相对容易。为了彻底弄清音节的问题，我们有必要从发音的角度来看音节。

从发音的角度看，发音器官的肌肉紧张一次形成的语音片段就是一个音节。语流中有几次这样的紧张过程就有几个音节。xi'ɑn（西安）肌肉紧张两次，是两个音节。xiān（先），肌肉紧张一次，是一个音节。发音的时候，发音器官的紧张包括三个阶段：渐强、强峰、渐弱。这是肌肉由松弛到紧张，再恢复到松弛的过程。紧张度最强的地方是音节的高峰（音峰），紧张度最弱的地方是音节的分界处——音谷（图 4–5）。

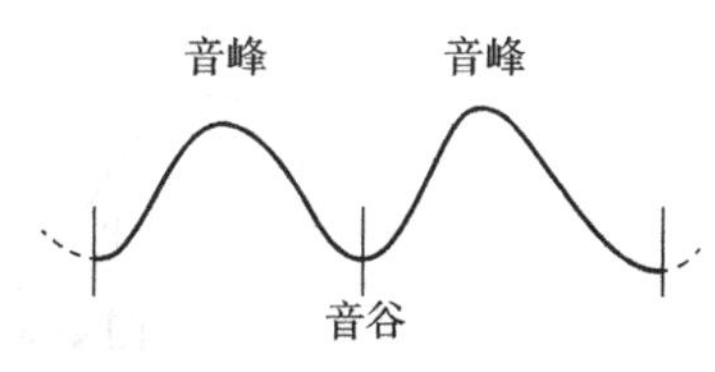

图 4–5　音节的音峰和音谷

一般来说，发元音时肌肉比较紧张，也比较响亮。

音系中有响度次序假设（Sonority Sequencing Hypothesis），一个音节就是一个响度高峰（Sonority Peak）为中心的韵律单位。高峰两边的音，其响度递减。如 pat 这个音节中，元音 a 的响度最高，前边和后边的辅音 p，t 的响度低。从听觉的角度看，响度高峰时听觉上的显著性（Prominence）最高。以高峰为核心所形成的单位就是音节。

二、手语的响度等级

响度次序假设在手语中称为视觉响度（Visual Sonority）。手语是视觉语言，所以手语的显著度表现在空间。在手语的几个要素中，在视觉上较为明显的是移动。所以有学者主张，移动（M）可以是视觉语言中感知的高峰，也就是说，移动是手语音节的核心，类似于口语中的元音。移动（M）再加上摇动之类的区域性移动（Local Movement，+）被称为 M+。M+ 可以视为最高等级的视觉显著性。

固定在一般位置的“位置”（P），则是视觉显著度较低的元素，类似于口语中的辅音。另外，如果固定在某一个位置，但是有摇动之类的区域性移动，它的视觉显著性会比单纯的位置（P）高，可以将其称之为“位置 + 区域性移动”（P+），即类似音节性的辅音（Syllabic Consonant）。因此，根据视觉显著性，视觉响度等级（Sonority Hierarchy）是：

{M，M+}>P+>P

手语中的响度等级有 PMP、PM+、P。

手语音节中的响度等级如图 4-6 所示。

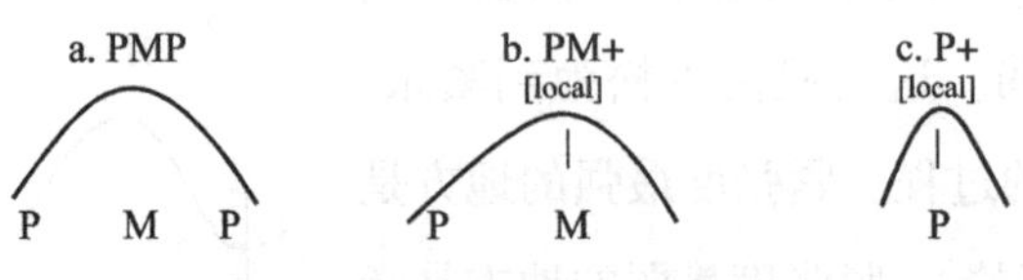

图 4-6　手语音节中的响度等级

参考文献

[1] 不同语言使用音素的数量 [EB/OL]. (2011-04-19). http://news.163.com/11/0419/15/720TCIUJ00014AED.html.

[2] 杨峰，张吉生 . 上海手语的音节结构 [J]. 中国特殊教育，2011（10）：32-37.

[3] 杨军辉，吴安安，郑璇，等 . 中国手语入门 [M]. 郑州：郑州大学出版社，2014.

[4] 吴铃 . 中国聋人手语 500 例 [M]. 南昌：江西高校出版社，2014.

[5][6] Ulrike Zeshan. Sign Language in Indo-Pakistan—A Description of a Signed Language[M]. John Benjamins Publishing Company，2014

[7] 李信哲 . 比较台湾手语与文法手语的音韵系统 [D]. 台湾中正大学博士论文，2016.

[8] 戴浩一，蔡素娟 . 手语的本质：以台湾手语为例 [C]. 台北：台大出版中心，2009.

第五章　中国手语的形态与构词

第一节　形态

现代语言学意义上的“形态（morphology）”是相辅相成的两个概念。一个是语言的形态特点和形态变化，也就是词的内部结构、组成方式及在实际使用时发生的变化。另一个是形态学，也就是对这一特定语言现象进行的研究。本章所说的“形态”是指第一种，词语的形态变化包括曲折变化和派生变化。

一、语素

形态分析中最基本的单位是语素（Morpheme）和词（Lexeme）。语素是语言中具有意义的最小单位。

一个语言单位是不是一个语素，不是由这个语言单位的长短决定的，而是看它是不是这个语言中音（手势）义结合的最小单位。

大多数情况下，汉语中一个音节就是一个语素，如 shān 山。但是也有多音节的语素，如 tǎn tè 忐忑，是两个音节，是一个语素。

相对汉语而言，英语是有形态变化的语言，词缀和词尾的作用比较大。如，work 为一个语素；worker，work -er 为两个语素；man 为一个语素，men 由两个语素构成，一个语素表达 man 的意思，另外一个语素由词语的内部曲折变化承担，表达复数的概念。

手语的语素根据手势和意义结合的最小单位来确定。手语是单音节语言，即绝大多数手势是一个音节。

自由语素：和有声语言一样，有些手语语素可以构成一个手语词。比如红、山、水、猫、狗。这样的词叫单纯词。同时手语中也存在多语素（Poly Morphemic）的单纯词。

【例 5-1】

［翻译］A. 我 – 帮助 – 你　　　　B. 你 – 帮助 – 我

在【例 5-1】中，“帮助”是一个多语素的词，除了手形和运动以外，手掌的朝向包含不同的信息。

同理，如“给”，包括运动语素“给”；手形代表给不同的东西；手指的朝向表示给的对象。

二、词根　词缀　词尾

根据语素在词中的作用不同，语素可以分为词根语素和附加语素，附加语素又包括词缀和词尾。

词根是词的词汇意义的主要体现。如，汉语“画儿”中的“画”，英语“rebuild”（重建）中的“build”，手语“走了”中的“走”等。

词根可以单独构成词。汉语中“山”“水”“一”是词根，是一个语素，可以单独成词，是成词语素。它们也可以彼此组合成词。“山”“水”组成词语“山水”。手语中，“结婚”是一个词根，是一个单独的词语，是成词语素。“男”是一个词根，也是一个词语，是成词语素。“结婚+男”两个词根组合，构成了一个新的词语“丈夫”。手语中词根单独成词的情况也很多。

词根加词根构成新词，是汉语主要的构词法之一，也是手语的主要构词法之一。词根和词根组合而成的词语叫复合式合成词。

词缀不同于词根，它们只能黏附在词根上，主要作用是构成新词，它们自己不能独立构成词，只能缀挂在词根上才能发挥作用。词缀是黏附于词根的语素，一般没有什么实际的词汇意义，位置固定，有时有类化作用。它一般是用来给词根增加附加性的词汇意义，或者表达某种语法意义。根据位置的不同，一般把词缀分为前缀、中缀、后缀三种。前缀黏附于词根的前面，如“老乡、阿爸、第一”等中的“老”“阿”“第”。中缀：位于词的中间，比较少见，有人认为汉语“糊里糊涂、啰里啰嗦、肮里肮脏”中间的成分“里”是中缀。后缀黏附在词根的后面，如“记者、读者、西化、年头、鼓手、凳子”等中的“者”“化”“头”“手”“子”。

词缀的构词能力相当强，同一个词缀，可以同许多词根结合构成新词，英语中许多词都是由词根黏附词缀构成的，这一点与汉语不同。从它们所表示的意义看，词根往往都有比较实在的意义，而词缀往往虚化了，只表示比较抽象的概括的意义，如汉语单词“老鹰、老虎、老鼠、老师”，其中的“鹰、鼠、虎、师”意义比较实在，而其中的语素“老”的意义就非常虚，实际上已经没有意义，成为汉语词语双音节化的一种手段。这几个词在古代汉语中就是单音节的，没有词缀。

在手语中，手形“一、二、三、四、五、六、七”作为词根，和位置语素（词缀）组合构成了新词：星期一、星期二、星期三。

词尾是附加在词的后面，表示词形变化的语素。与词缀和词根组合可以构成新词的特点不同，词尾并不能构成新词，只是改变词的语法功能，如，like 后边加上 s，likes 表示前面的主语是第三人称单数。

三、黏着语素与自由语素

根据语素的构词能力分为两种，黏着语素和自由语素。

黏着语素（Bound Morpheme）指不能单独成词的语素，也叫不成词语素。在很多语言中，黏着语素的主要功能是充当词缀，附加到词根上去，形成复合词。附加在词根前面的是前缀，附着在后面的是后缀，插在词根当中的是中缀。词根可以是由几个语素构成的复合词（Compound），也可以是完全不带任何词缀的词根（Root）。

手语“星期一”主手一手形是一个语素，位置也是一个语素，手形和位置结合构成一个词语。位置是黏着语素，自己不能单独成词，必须和其他语素附加才可以构成词语。

【例 5-2】

［**翻译**］走了

“走了”，“走”加上扬的动作。“走”是自由语素，可以单独成词。“上扬的动作”是词缀，单独使用没有意义，必须和其他语素黏着在一起方可构成新词。

自由语素（Free Morpheme）指能单独构词的语素，也叫成词语素。可以在句子里独立发挥作用，如现代汉语中的“猫、山、天、快、少、跑、打”等。手语中“好、男、女”等。

四、屈折变化与派生变化

屈折变化和屈折词不同，屈折变化（Inflection）表示词的屈折变化的过程，屈折词（Inflectional）表示词屈折变化的结果。

屈折变化不会改变词的基本意义与句法地位，如为了表示事件的发生时间、所处状态及说话人对于事件的评价等，也就是为了表示时态、体貌、语态、语气等句法范畴，综合语的动词在各种句法过程中往往会带有不同的屈折标记。又如，为了显示句子成分之间的句法关系，综合语句子中有关联的成分往往带有一致关系（Agreement）标记，也就是采用表示性、数、格等句法范畴的屈折标记，标明相关成分之间的照应关系。在带上了屈折形态标记之后，同一个词会以不同的表面形式出现在各种句子里，但是这些不同形式在本质上仍然是原来的那个词。形态学通常用词位（Lexeme）这个抽象概念来表示原来的那个词，或者说词典中所引用的那个基本形式；用词形（Word-form）来表示这些具体的表面形式，如英语动词的时态变化“go, going, went”等，名词复数的变化“girl, girls, boy, boys, foot, feet, man, men”等，形容词的变化，“good, better, best”等。

【例 5-3】

[翻译] 写

以“写”为基本语素，通过屈折变化，形成了不同表面形式的词形。而其基本形式还是“写”。如：用毛笔写（握着笔写）；捏着笔写（用铅笔、圆珠笔或者钢笔写）；写了很多；写得很快；一气呵成地写完了；吃力地写；一笔一画地写；只写了一个横；只写了一个“0”；写一会儿停一会儿；写啊写；刚要写，还没落笔；写了一半就卡住了（被打断了，被迫中断暂停下来）等。在这些词语中，词缀是由手形以外的其他要素承担的，或是动作的幅度，或是动作的路径，或是表情，也有一些有手形的变化，但是这些变化不会改变该语素的意义和功能，所以通常将这些表面形式称为同一个语素的变体。

在手语中有些动词具有方向性。方向性也是一种屈折变化。

【例 5-4】

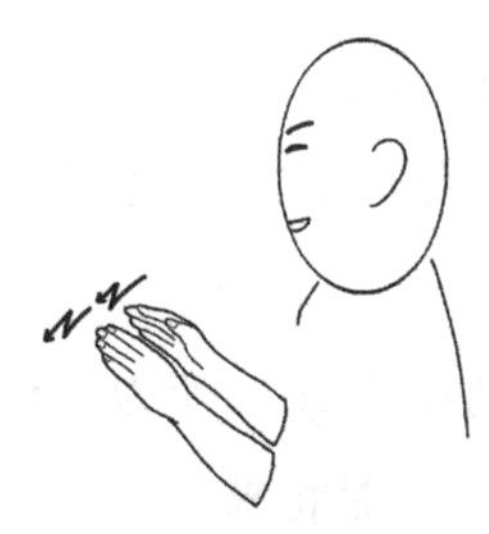

［翻译］A. 我 – 帮助 – 你　　B. 你 – 帮助 – 我

派生变化（Derivation）会形成意义不同或句法地位相异的新词。派生过程形成的是新的词。派生过程可以只改变词的句法地位，如英语的 act 加上后缀 -tion 之后形成名词 action，但“行动”这一基本意义却没有改变。派生过程也可以只改变词的意义，表示“愉快”的“ happy”加上前缀 un 之后变成了“不愉快”，但这两个都仍然是形容词。当然，有些派生过程既改变词的句法地位，又改变词的意义。表示“工作”的动词“ work”附加了后缀 er，得到了一个基本意义和句法地位都不同的名词 worker（工人）。

手语“相信”“不相信”，“不相信”是“相信”的派生词。类似的还有“关系”“没关系”等。

第二节　时体态数

一、时

时（Tense）是表示行为动作的时间与参照时间（一般是说话时间）的时序关系的，一般分为过去时、现在时和将来时。

汉语：昨天我去了西单。

英语：Yesterday I went to XIDAN.

手语：昨天　西单　我　去　完了。

汉语中，时间词"昨天"，动词"去"，加上动态助词"了"，表达动作已经完成了。汉语中，"着""了""过"被称为动态助词，就是说，他们跟动词表示的时间有关系。

英语中，加入时间词 yesterday，再通过动词" go"变为" went"的形态变化来表达事件发生在过去，不是现在，也不是将来。

中国手语中用时间词"昨天"，手势"完了"表示"去"这个动作已经完成了。"完了"在手语中是一个标记，表示事件的完成。

在手语中，有几种方法可以用来表示"时"这一语法范畴。

（一）用时间名词或者时间副词表明动作发生的时间

【例 5–5】

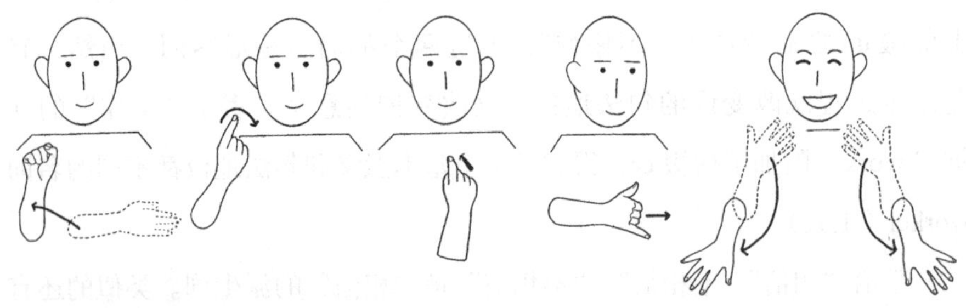

［**转写**］西单　昨天　我　去　完了

［**翻译**］昨天我去了西单。

【**例 5–6**】

［**转写**］东单　明天　我　去

［**翻译**］明天我去东单。

【**例 5–7**】

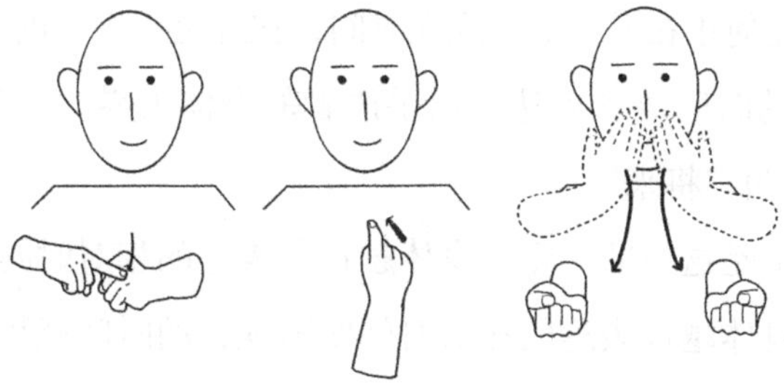

［**转写**］秋天　我　毕业

［**翻译**］秋天我就毕业了。

【**例 5–8**】

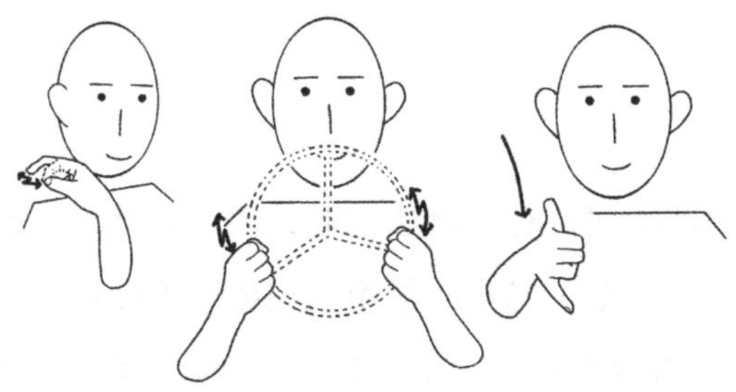

［**转写**］刚刚　汽车　到

［**翻译**］刚刚汽车来过了。

上例中，“昨天”“明天”“秋天”“刚刚”等时间名词或者时间副词表明了事件发生的时间。

（二）时间线

手语中很少用动词时态或用以表达时态的动词屈折变化，它是利用空间维度连同用来表达特定时间概念的词汇一起创造出它所特有的语法表达机制来表达时间框架。

时间在此基础上可被划分为三个相对的时间类型：

交际本身发生的时间——现在时间框架；

交际发生之前的时间——过去时间框架；

交际发生之后的时间——将来时间框架。

交际发生的时间本身建立起一个时间参照点，在此之前发生的事情都是过去时间，任何正在发生的是现在时间，在此之后发生的就是将来时间。

美国手语的时间概念表达是以手语者的身体为界，近为“现在”，后为“过去”，前为“将来”。

中国手语也是这样的。距离身体越近所表达的相对时间距离现在的时间越近，距离身体越远表达的相对时间距离现在的时间就越远。手语者身后的空间表示“过去”的时间概念，从中性空间向前延伸出去的空间表示“将来”的时间概念。也就是说，一只手或两只手在中性空间之外的运动指示现在时间之外的时间概念：向前运动表示将来，向后运动表示过去。

二、体

（一）体

体（Aspect）是动词特有的语法范畴，表示动作行为进行的情况、方式，可以表示动作的开始、持续、结束、完成等多种意义。

体表示动作行为的各种阶段和状态，最常见的有一般体、完成体和未完成体（或持续体、进行体）。此外还有起始体、断续体、中断体、反复体、短时体等。

英语有普通体、进行体、完成体。动词加 ing 表示动作的持续，动词“have”加动词的过去分词表示完成体。

汉语的体的分类有不同的说法，如认为“了”表示完成体，“过”表示经历体，“着”表示进行体，重叠表示尝试体，如看看、摸摸、拍拍、捏捏等。

“他吃了米饭。”“她吃过米饭。”“他吃着米饭。”“平时都吃馒头，今天她吃吃米饭。”动词“吃”和“了”“过”“着”结合，表达的意义有所不同。

杨军辉等认为，在中国手语中存在起始体、正在进行体、中断体、长持续体、短持续体、完成体、与别的动词同时进行体（表 5–1）。

表 5–1　中国手语的体（引自《中国手语入门》）

体	飞机飞	挥臂跑	刷牙
起始体	手抬起来但是没有往前移动，表示正要飞	胳膊抬起来，预备跑的姿势	手放在嘴处不懂，还没开始刷，正要开始刷牙
正在进行体	手往前移动	双臂交替挥动，多次重复	重复刷牙动作
中断体	飞的动作中途停止	双臂突然停止摆动	突然中止刷牙动作
持续很长时间（长持续体）	飞的动作缓慢，持续时间稍长	挥动双臂缓慢拖沓，持续时间稍长	刷牙的动作缓慢，持续时间长
持续时间不长（短持续体）	飞的动作少快，持续时间短	挥动双臂的动作稍快，持续时间短	刷牙的动作稍快，持续时间短
完成体	飞到终点	双臂挥动一下放下，松拳甩手（表示“完了”的意思）	用牙刷刷一下，然后甩手放下
与别的动词同时进行体	一只手在上面做“飞机飞”的动作，一只手在下面做“看”的状态	一边跑一边擦汗，一只手保留挥臂的动作，一只手做擦汗的动作	一只手刷牙，同时一只手做镜子的动作

（二）体标记

体标记是表达动作或事件的完成、进行、起始、重复、惯常等不同意义时，动词所采用的形态、词汇或其他语言手段。手语中常用的体标记有三种。

第一种，在表示动作或事件完成结束时，手语者在动词后添加一个由实义动词弱化而来的附缀性的手势“完成”。

【例 5–9】

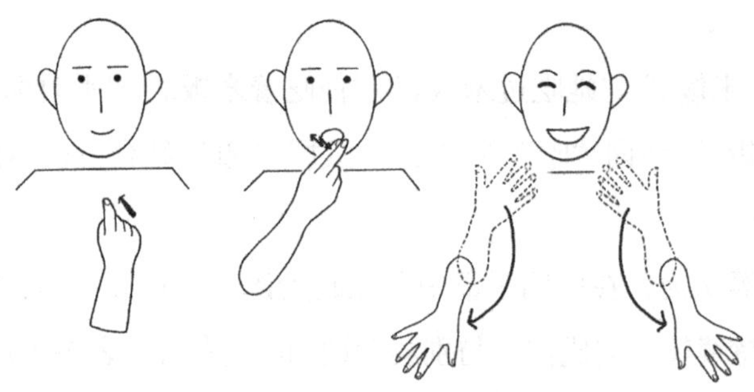

[转写] 我　吃饭　完了

[翻译] 我吃完饭了。

【例 5–10】

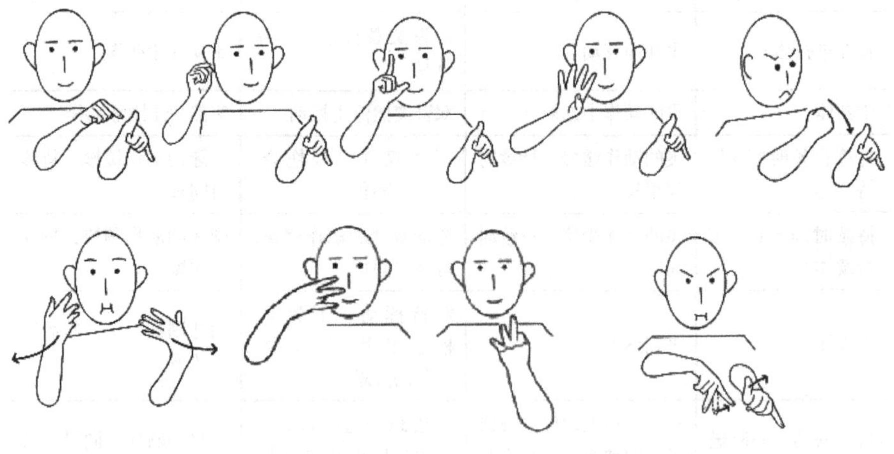

[转写]

主手	指这	女孩	李四
辅手	类标记六：女孩	在－类标记六：女孩	类标记六：女孩
主手	打	完了　张三	踢
辅手	类标记六：女孩		类标记六：女孩

［**翻译**］张三踢李四打过的女孩。

体标记词语“完了”，翻译成汉语可以翻译为“了”“过”。

【**例 5-11**】

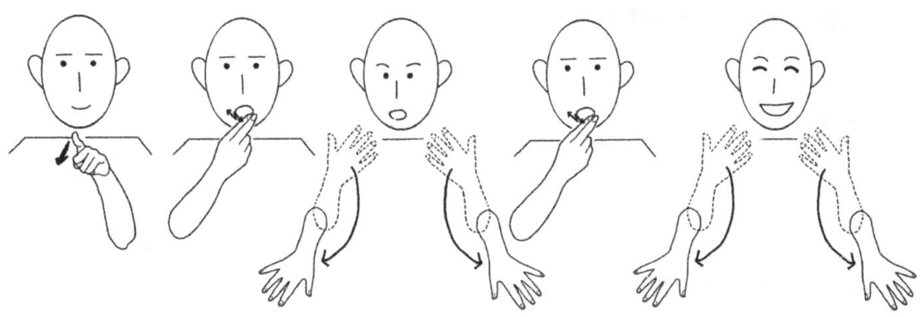

扬眉

［**转写**］你　吃饭　完了　吃　完了

［**翻译**］你吃饭了吗？吃了。

第二种，延长的停顿、重复、目光的注视等。

比如“刷牙”的持续体的表达，动作缓慢，持续时间稍长。

第三种，借用汉语的时间副词。常常、刚刚、将等。

【**例 5-12**】

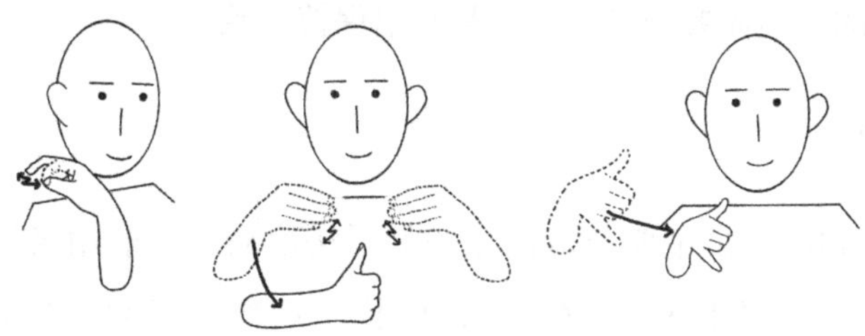

［**转写**］刚刚　老师　来

［**翻译**］刚才老师来了。

三、态

态（voice）又称语态，是表示主语与动词的语义关系的语法范畴。一般通过动词的形态变化来区分主动态和被动态。主动态表示主语是动词的施事，即行为动作的主体，被动态表示主语是动词的受事，即行为动作的对象。

英语：

George beats John.

John was beaten by George.

汉语：

李四打张三。

张三被李四打了。

中国手语：

A：李四　打　张三

B：张三 a　李四 b　b 打 a

C：张三 点头 李四　打

D：**主手**　张三　　　　　　　　李四　　打

　辅手　　　在－类标记六：张三　　　类标记六：张三

比较上述例句我们发现，在英语中，主动态和被动态的动词形态不一样，被动态有一个标志性的词语“by”。在汉语中，主动态和被动态的动词形态一样，但是被动态有一个标志性的词语“被”。在中国手语中，被动态的动词的方向需要与受事，即与宾语保持一致。

四、数

数（Number）是主要与名词相关的语法范畴，一般用名词（或代词）的词形变化区别单数和复数，或是单数、双数和复数（大于二的数）。有些语言中动词、形容词或冠词也有数的形态变化，与名词的数在形式上保持一致。

在有声语言中，数的变化一般通过名词的屈折变化来表达。如英语：He is a student. They are students. 由于主语的单复数不同，名词“student”有变化。当主语是复数的时候，名词“student”后边加了词尾 -s。加词尾后，没有构成新词，但是改变了这个词语的语法功能。在上述英语句子中，不仅名词和主语的人称保持一致，动词也和主语的人称保持一致。

英语：

He likes eating apples.

They like eating apples.

汉语：

他是一个学生。

他们是学生。

他喜欢吃苹果。

他们喜欢吃苹果。

中国手语：

【例 5-13】

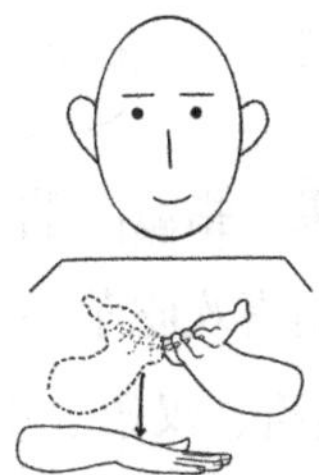

[**转写**] 他　学生

[**翻译**] 他是学生。

【例 5-14】

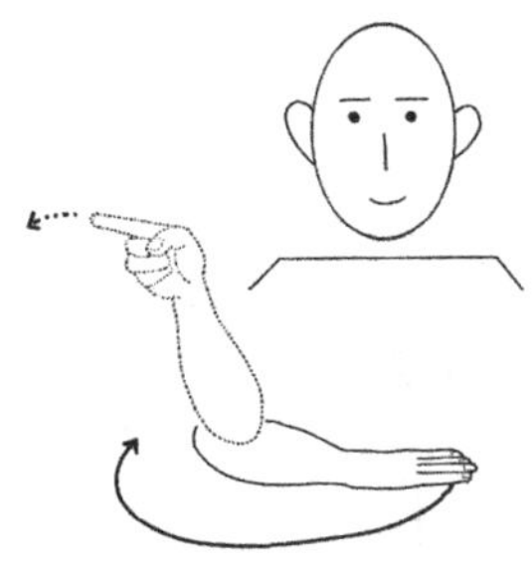

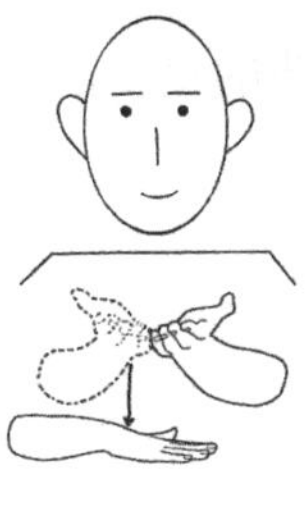

[**转写**] 他们　学生

[**翻译**] 他们是学生。

【例 5-15】

［转写］苹果　指$_{人3}$　喜欢　吃

［翻译］他喜欢吃苹果。

【例 5-16】

［转写］苹果　指$_{他们}$　喜欢　吃

［翻译］他们喜欢吃苹果。

比较上述英语、汉语、中国手语的句子，英语的动词需要随主语的单复数发生变化。汉语和中国手语不需要。

(一) 名词性词语数范畴的表达

在手语中，名词性词语有数的变化，中国手语名词数范畴的表达一般有以下几种情况。

第一种，手势的重复。

【例 5-17】

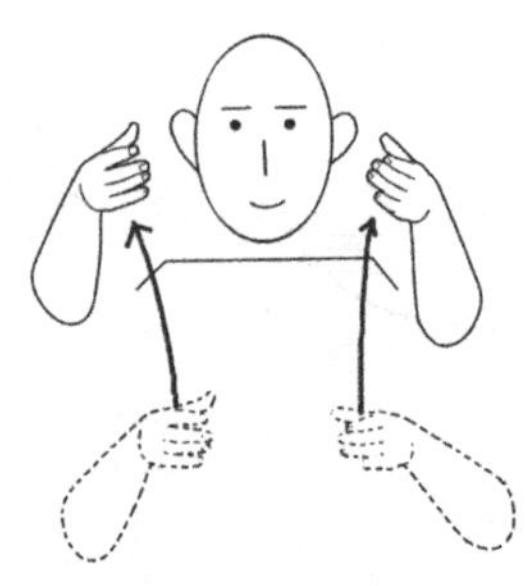

［转写］树

［翻译］一棵树

【例 5–18】

［转写］树　树

［翻译］两棵树

【例 5–19】

［转写］树　树　树

［翻译］很多树

【例 5–20】

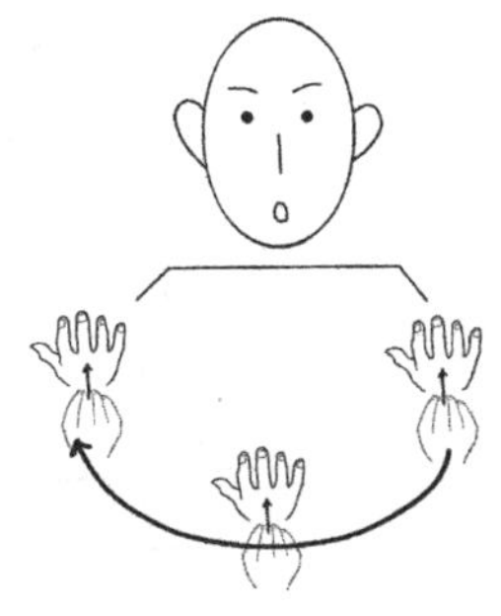

［转写］花　花　花（圆形）

［翻译］很多花。

第二种，名词前后加数词或者表达数量的词语。

【例 5-21】

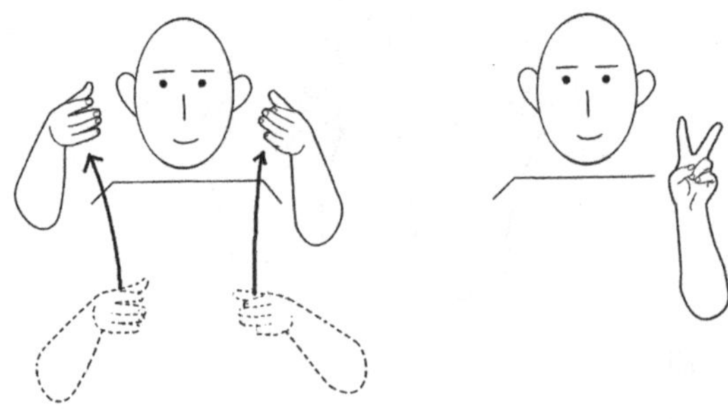

［转写］树　2

［翻译］两棵树

【例 5-22】

［转写］人　10

［翻译］十个人

【例 5-23】

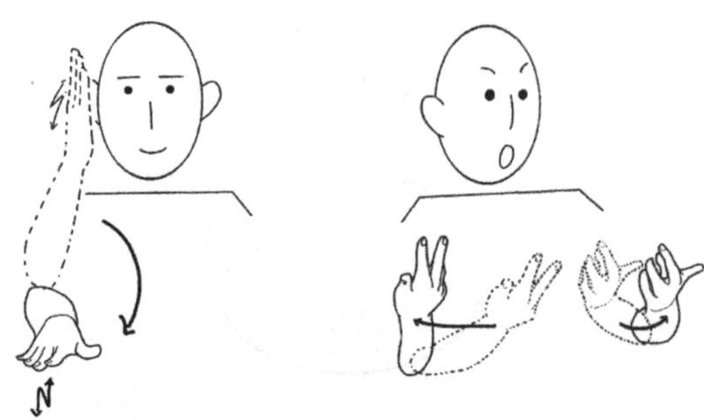

［**转写**］男孩　多

［**翻译**］很多男孩

第三种，类标记手形的变化表示数量。

选用不同的类标记手形表达同一名词的单复数。

【例 5–24】

［**转写**］追－类标记六：马蜂

［**翻译**］一只马蜂追 ××

【例 5–25】

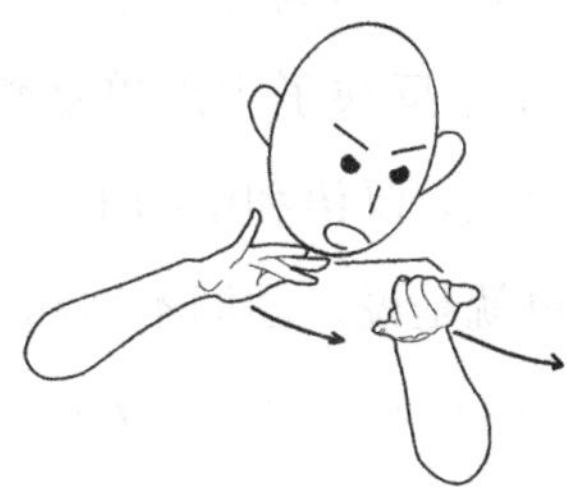

［**转写**］追－类标记五：马蜂

［**翻译**］一群马蜂追 ××

【例 5–26】

［**转写**］男　在－类标记六：男

［**翻译**］有一个男人

【例 5-27】

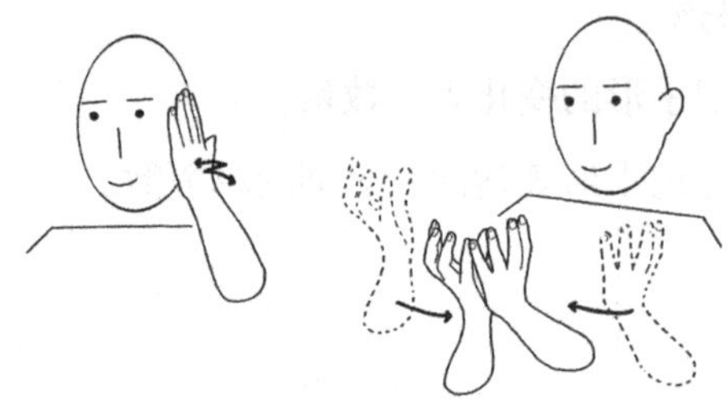

[转写] 男　合拢 - 类标记五：男

[翻译] 一群男人

这里，类标记起到的是量词的作用。一个人，一群人，人数不同，所用量词不同。

第四种：附加词缀"们"。

我　我们　你　你们　她　他们

（二）动词和类标记动词的一致与数量表达

动词的数是指动词的变化反映了主语单复数的变化。英语的动词需要随着主语的单复数发生变化。汉语和中国手语，无论主语是单数还是复数，动词没有形态变化。也就是说，动词不用和主语的数保持一致。在手语中，数的变化以动词的同时性屈折变化来表达。

中国手语的动词大多与宾语保持一致。

动词和宾语的数量保持一致，通过动词的重复来表达数量的变化。

1. 动词重复

【例 5-28】

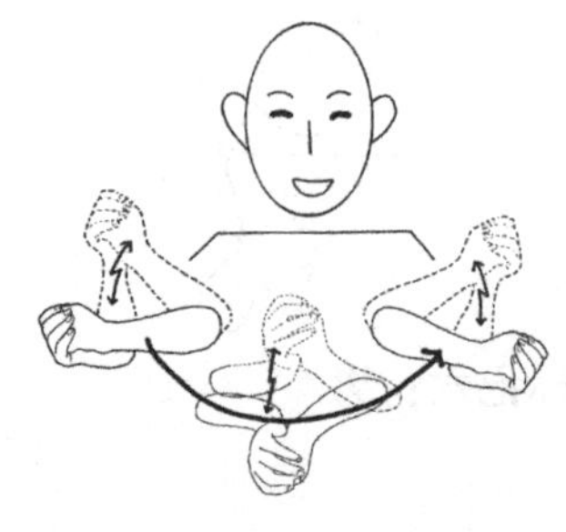

［**转写**］祝　祝　祝（弧形）

［**翻译**］祝大家

2. 类标记动词重复

【例 5-29】

［**转写**］我　苹果　给

［**翻译**］我给他苹果。

【例 5-30】

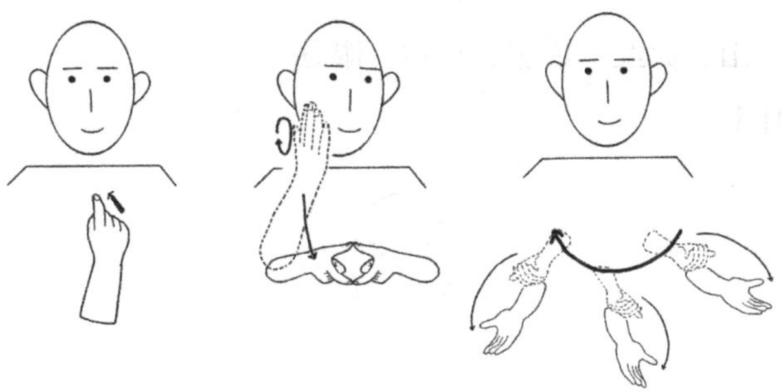

［**转写**］我　苹果　给（弧形）

［**翻译**］我给大家苹果。

第三节　手语的构词

词由语素构成，是比语素高一级的语言单位。词可以由一个成词语素构成，这样的词叫单纯词。词也可以由两个以上的语素构成，这样的词叫合成词。

一、单纯词

单纯词是由一个表意的手势构成的词。如：

猫　狗　山　水　妈妈　明天　下　什么　家　自己　技术　单位　颜色　飞　看　听　相见　走路　怕　怀疑　想　新　近　闷　奇怪　可怜　甜　红　白　黑　差不多

二、复合式合成词

合成词是由两个或两个以上的语素构成的词。根据合成词是由词根语素和词根语素构成还是词根语素与词缀语素构成来分析，可以分为复合式、附加式和重叠式，对应名称为复合词、派生词和重叠词。

复合式是指由两个或者两个以上不同的词根组成词的方式，由复合式构成的合成词叫复合词。如，英语中的"blackbird"，汉语中的富强、聪明、国家、高山、火红、说服、扫地、眼熟。

【例 5-31】

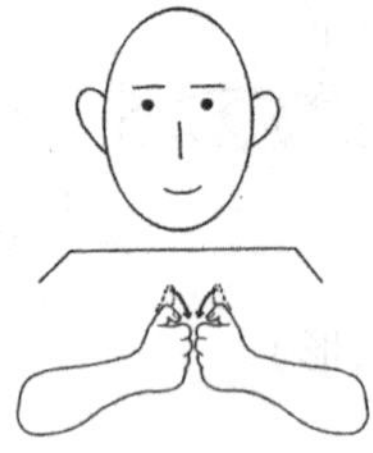

［翻译］结婚

手语"结婚"是一个语素，一个词根，一个自由语素。

【例 5-32】

[**翻译**] 男

“男”是一个语素，一个词根，一个自由语素。

【例 5-33】

[**翻译**] 女

“女”是一个语素，一个词根，一个自由语素。

【例 5-34】

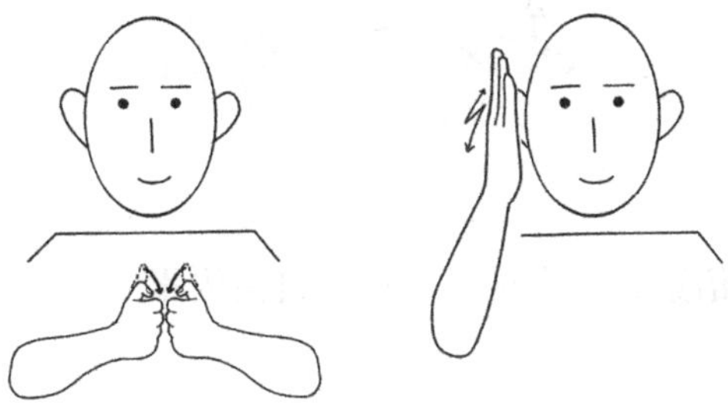

[**翻译**] 丈夫

“丈夫”是一个合成词，由两个成词语素“结婚”“男”组合而成。

【例 5-35】

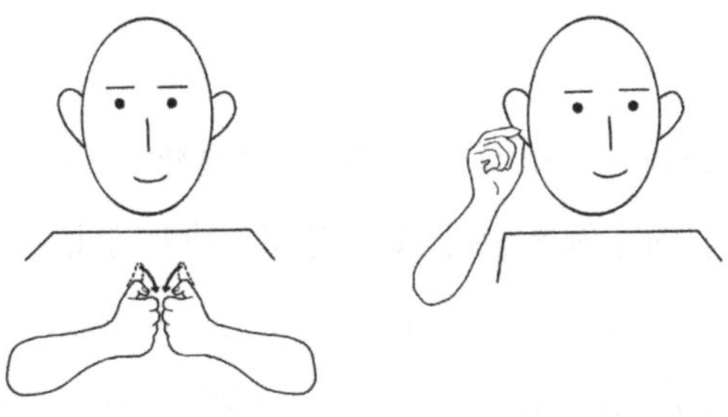

[**翻译**] 妻子

“妻子”是一个合成词，由两个成词语素“结婚”“女”组合而成。

【例 5-36】

[翻译]鸟喙

“鸟喙”是一个语素，一个词根，一个自由语素。

【例 5-37】

[翻译]飞

“飞”是一个语素，一个词根，一个自由语素。

【例 5-38】

[翻译]鸟

“鸟”是一个合成词，由两个成词语素“鸟喙”“飞”组合而成。

从【例 5-36】到【例 5-38】我们发现，中国手语的词和汉语的词的构成不是一一对应的关系。“鸟”在汉语中是一个语素，一个词根，也是一个可以独立成词的成词语素，是一个单纯词。而在中国手语中，是由两个语素构成的合成词。

在手语中，由词根和词根构成的合成词，大多是序列性的。

序列性也称为时间性、线性，指的是在构词的时候，两个或者两个以上的语素按照线性顺序，先后呈现。如，丈夫：先打“结婚”的手势，之后打“男”的手势。“丈夫”这个词语包含的两个语素是按照先后顺序出现的。在手语中，这种方式构成的手语词很多。

【例 5-39】

［翻译］风格

【例 5-40】

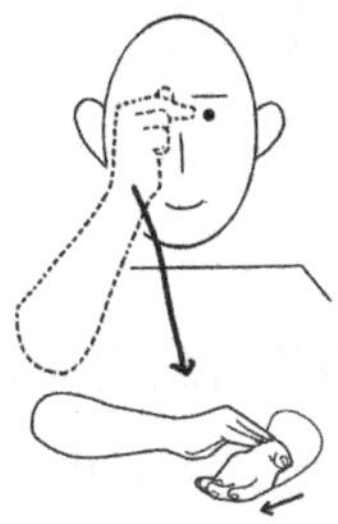
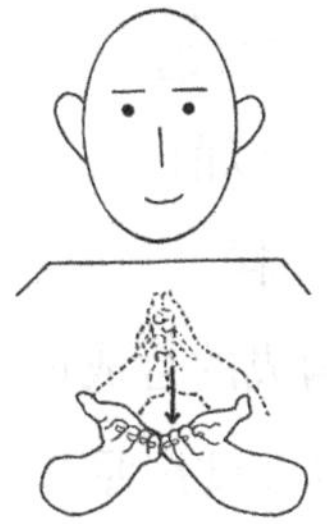

［翻译］医疗手册

【例 5-41】

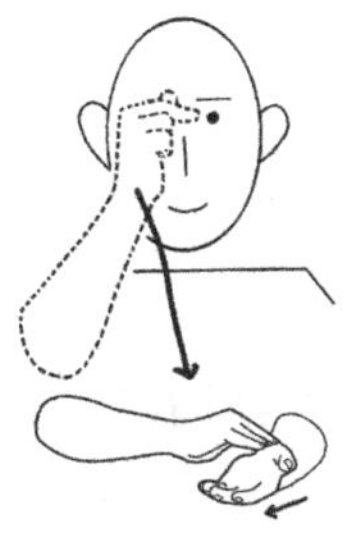

［翻译］医疗检查

【例 5-42】

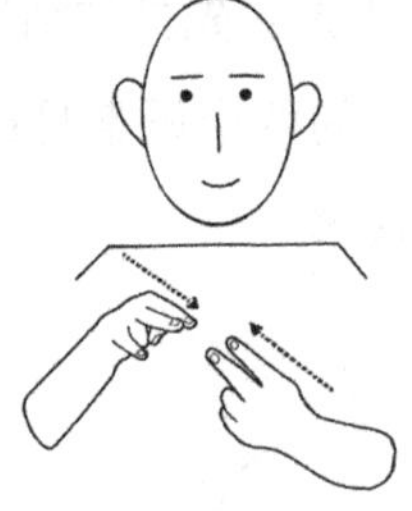
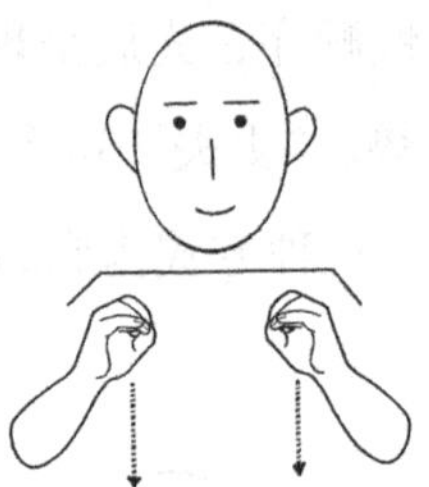

[转写] 相见　很久没有

[翻译] 很久不见

【例 5-43】

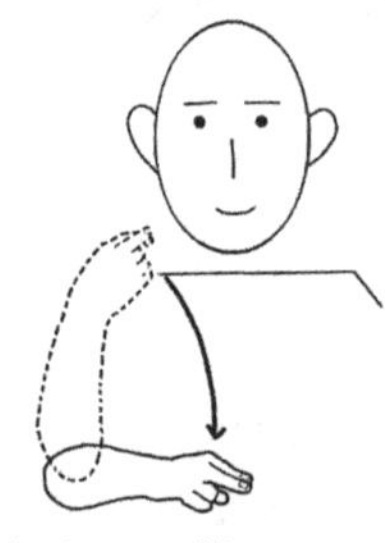

[转写] 老样子　以前

[翻译] 和以前一样

按照线性顺序构成的合成词，和有声语言的构词有相同之处。两个语素之间的关系也可以尝试按照有声语言的方式去分析。

有声语言的复合式合成词，主要可以分为：

联合式，如“美好”“寒冷”。

偏正式，如“冰箱”“雪亮”。

补充式，如“说服”“房间”。

动宾式，如“站岗”“失业”。

主谓式，如“地震”“年轻”。

刘润楠认为中国手语中多手势手语词的结构可以分为四类。

偏正式

北京手语的“狮”。这个手语词由两个手势构成。第一个手势“双手置于头顶左、右，五指张开并弯曲，掌心相对，模仿狮子的鬃毛从头顶顺着头发拉到肩部”，手势的意义为“长的波浪式的头发”。第二个手势，“双手五指伸出并弯曲，成爪状，置于胸前，掌心向下，掌的前端朝前，向前挠动两下”，手势的意义为“野兽”。两个手势表示“狮”的两个特征：第一个手势具体描述具有何种外形特征的“野兽”；第二个手势表示“狮”所属的大类别——野兽。类似的手势还有“哥哥”（长＋男），“姐姐”（长＋女），“弟弟”（幼＋男），“妹妹”（幼＋女）。

并列式

北京手语的“熊”。第一个手势表示熊的两个大鼻孔，第二个手势表示像熊一样笨拙地走。两个手势表示的是熊的两个特征，因此是并列式。

陈述式

北京手语“幼稚”。第一个手势表达的意思是头脑，第二个手势表达的意思是简单。第一个手势表示描述的对象，第二个手势表示对象的情况。

支配式

上海手语“烫发”。第一个手势是烫发的动作，第二个手势表示动作支配的对象。

三、附加式合成词

附加式合成词指由词根和词缀组成的合成词。分为两种情况。

第一种，前缀＋词根。词缀在前，词根在后。例如汉语的“老师”“阿姨”“老虎”“老百姓”“阿哥”“阿妹”“第一”“第二”“初一”“初二”等。

手语中星期的表达，位置语素类似于词缀，单独不表达意义，和表达数量的手势结合以后，构成新词。

第二种，词根＋后缀。词根在前，词缀在后。例如汉语的“扣子”“桌子”“现代化”“甜头”“作者”“自觉性”“风儿”“突然”“忽然”“邮递员”“酸溜溜”“黑乎乎”等。

手语中“家”的手势，在“学校”“食堂”“医院”等各种词语中使用，实际上已经词缀化，变成了代表一类事物的词缀，表示某个地方。

【例 5-44】

［转写］学习　家

［翻译］学校

【例 5-45】

［转写］吃饭　家

［翻译］食堂

【例 5-46】

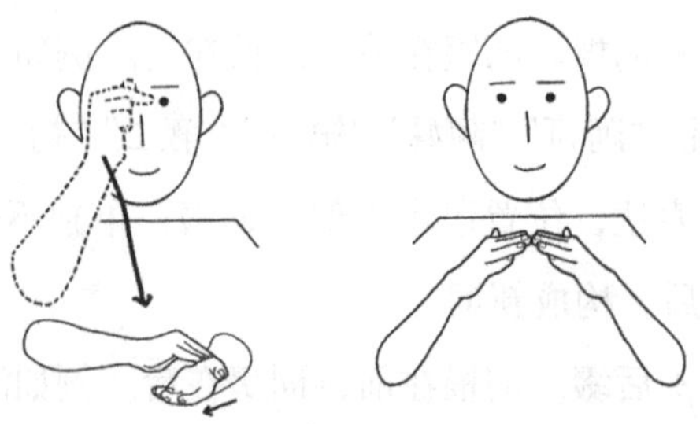

［转写］医　家

［翻译］医院

【例 5-47】

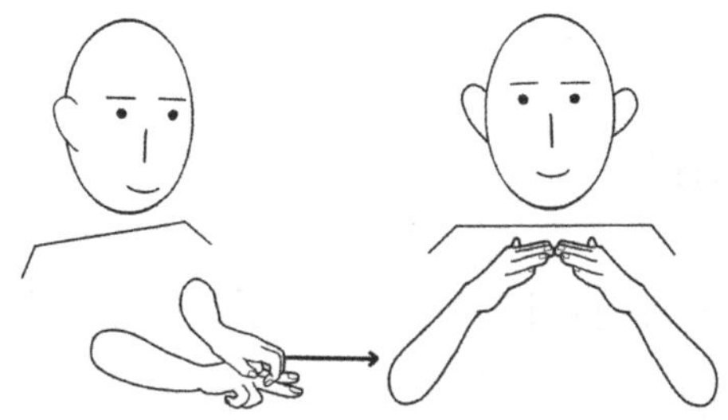

[**转写**] 火车　家

[**翻译**] 火车站

【例 5-48】

[**转写**] 警察　家

[**翻译**] 警察局

【例 5-49】

[**转写**] 睡觉　家

[**翻译**] 宿舍

"家"这个表示处所的语素，在翻译为汉语时，根据上一个语素的语义进行调整。

四、同时性构词

手语的发音器官和有声语言不一样，手语除了双手是发音器官以外，非手控包括面部表情、身体姿态等都是发音器官，这些因素决定了手语具有同时性的特点。实际上，同时性构词包含在复合词和派生词之中，在此为了强调单独拿出来进行说明。

【例 5-50】

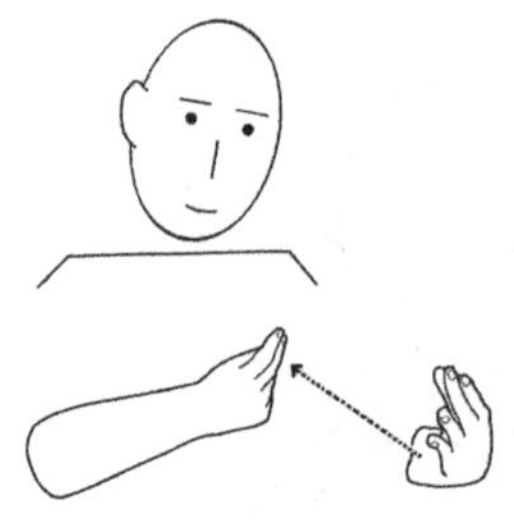

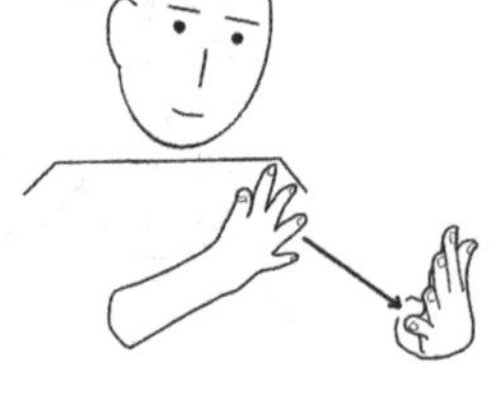

[翻译] 三七开 五五开

【例 5-50】为同时性复合词。

【例 5-51】

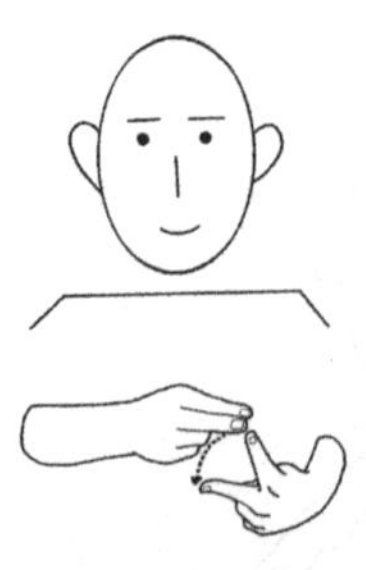

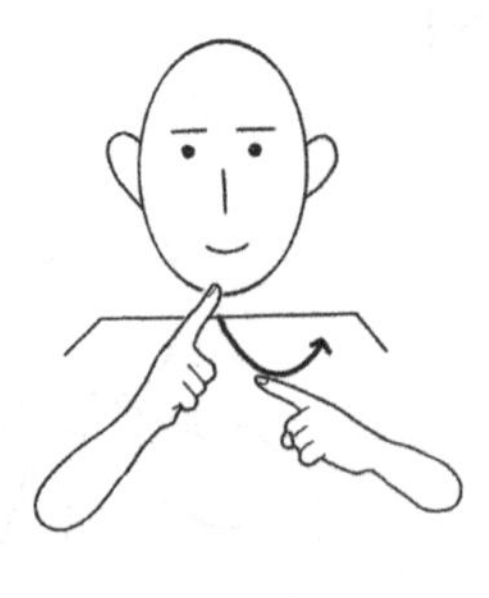

[翻译] 两星期 一月

【例 5-51】为同时性派生词。

在手语中有一类词语，是将原来可区分的语言单位合在一起（会聚）。

【例 5-52】

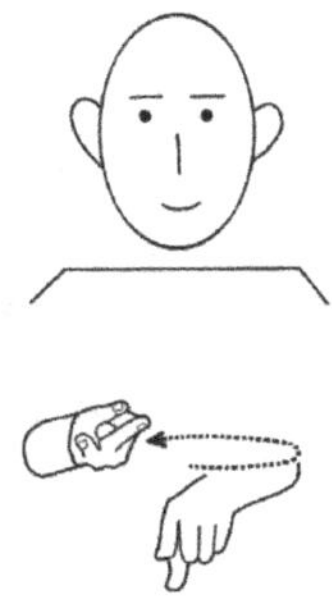

［翻译］两个小时

这种语素合并的情况，有数量表达中“数”和“量”的合并，如“一元”“两张”“四级”。表示星期时，数量与“星期”的合并，如“星期一”“星期二”。表示月份时，数量与“月”的合并，如“一月”“二月”等。这也是一种同时性表达，是手形、运动和位置的组合。位置，作为一个语素，在此起到了词缀的作用。手形是词根，位置是词缀。

五、仿字、书空、借词

（一）仿字手势是指双手手指搭成汉字字形的手势

【例 5-53】

［翻译］人

【例 5-54】

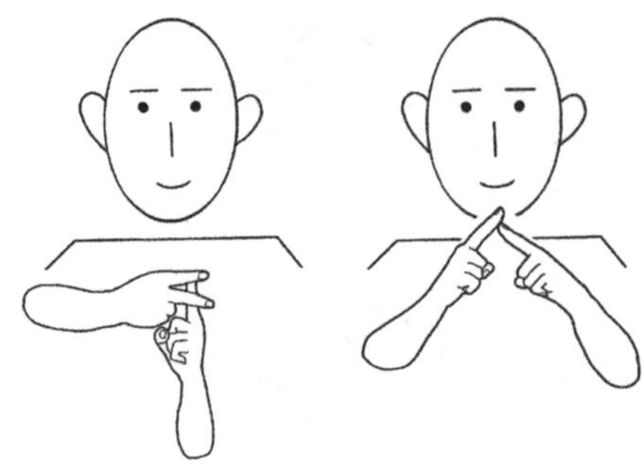

［翻译］工人

【例 5-55】

［翻译］业

【例 5-56】

［翻译］介绍

【例 5-57】

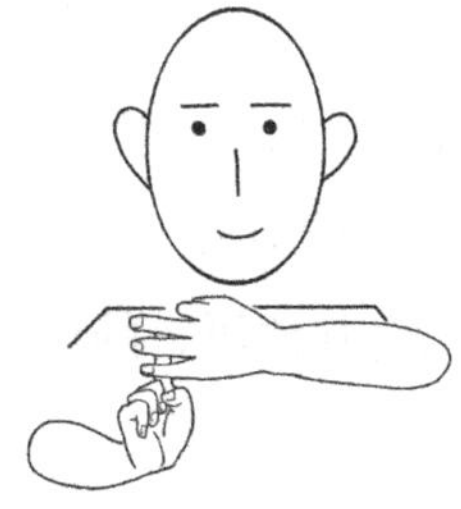

［翻译］王

（二）书空是指用手指在空中虚划字形

【例 5-58】

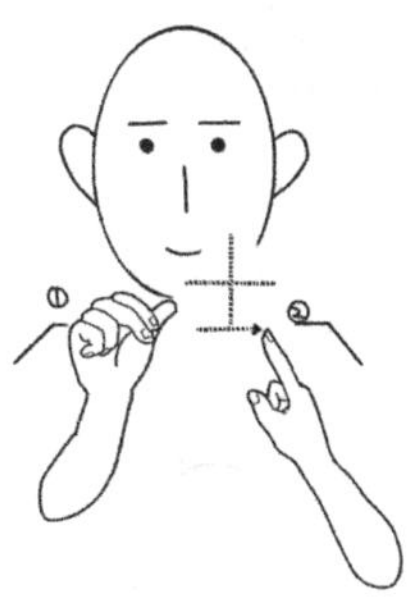

［翻译］硕士

【例 5-59】

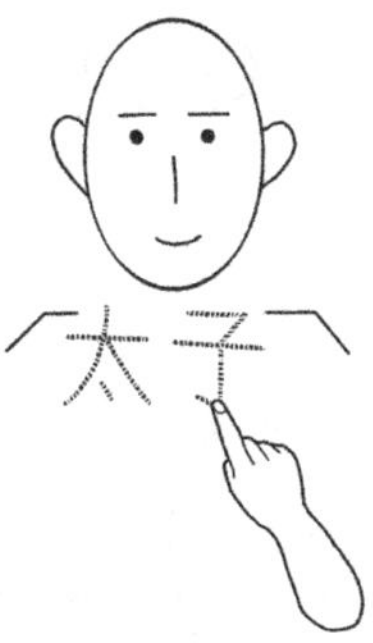

［翻译］太子

（三）借用

借用是指别的手语的手势或者有声语言进入自己的手语词汇中。不同语言之间互相借词，是一种语言普遍现象。

在汉语目前普遍使用的词语中，有一些来源于不同的语言。如，来源于英语的“沙发”（Sofa)、“扑克”（Poker)、“咖喱”（Curry)、“雷达”(Radar)、“拷贝”(Copy)；来源于俄语的“苏维埃”“伏特加”等。

在中国手语中同样存在来自其他语言的词语。

【例 5-60】

[**翻译**] 许愿

【例 5-61】

[**翻译**] 美国

【例 5-62】

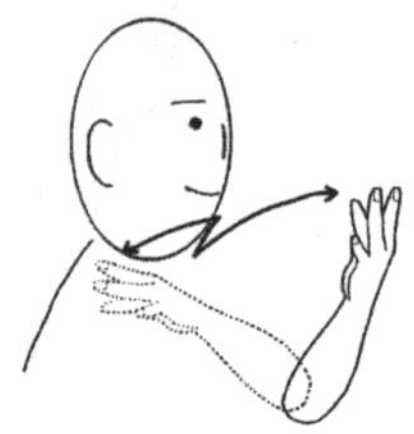

[**翻译**] 华盛顿

【例 5-63】

［翻译］纽约

以上【例 5-60】到【例 5-63】是来自美国手语的词汇，目前已进入中国手语的语言系统，成为中国手语的一部分。此外，还有来自有声语言汉语、英语等语言的词语。

【例 5-64】

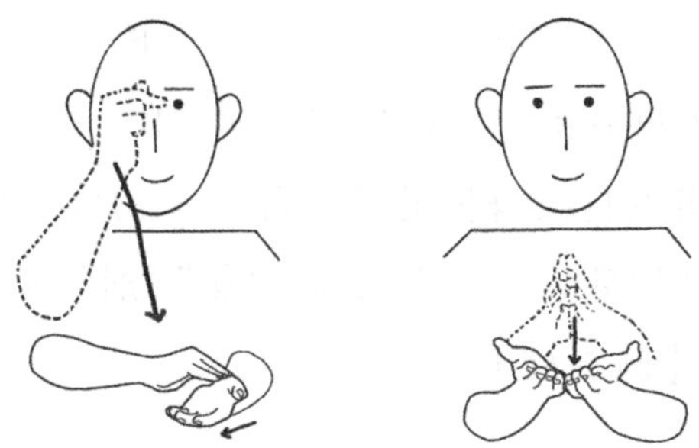

［翻译］医疗手册

【例 5-64】来自汉语。“WC”“OK”等来自英语。这些也都已经成为中国手语词汇的一部分。

六、指点手势与手语构词

手语是视觉语言且没有书面形式，手语者必须面对面方可进行交流（即使现在使用社交软件或者网络视频用手语进行交流也一样需要面对面）。

这一特点也对手语的构词方式产生了影响，如“指点”手势，在构词中起到了一定的作用。

(一)“指点”的手势直接构词

在中国手语中，有几个词语是由“指点”的手势直接构成的。如“这”“那”“这里”“那里”“你”“我”“他”“我的”“你的”“他的”，以及【例 5-65】中“上”“下”的手势。

【例 5-65】

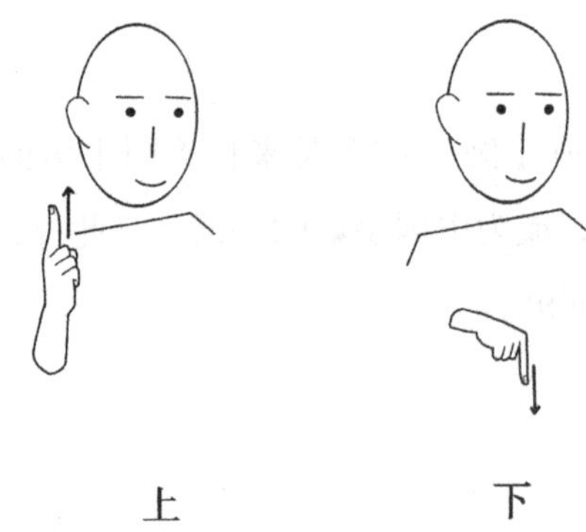

[**翻译**]　上　下

(二) 指点手势和手语者身体部位配合构词

手语者通过指点自己身体的某个部位来构成词语。第一种，如，“头”“眼”“耳”“鼻”“舌”“牙齿”“喉咙”“腰”“肘”等，直接指点身体的相应部位表意。如【例 5-66】【例 5-67】所示。

【例 5-66】

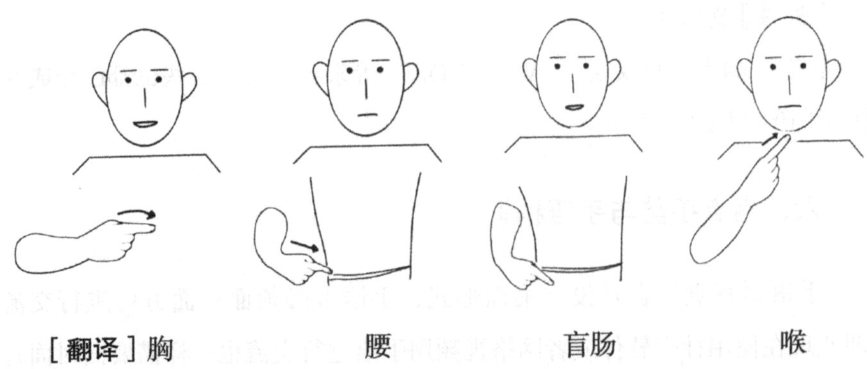

[**翻译**] 胸　腰　盲肠　喉

【例 5-67】

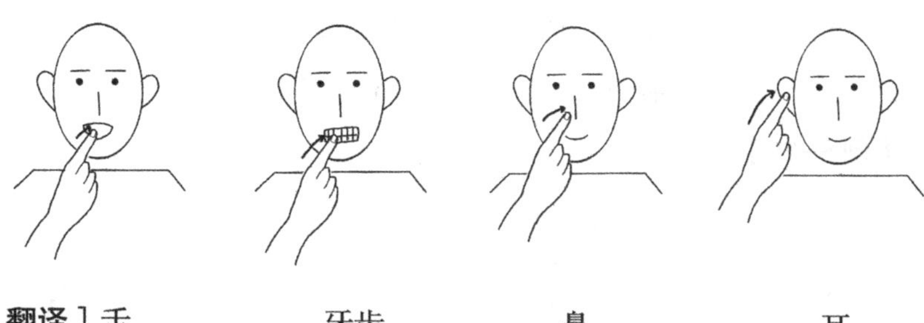

［翻译］舌　　　　牙齿　　　　鼻　　　　耳

第二种，虽然也是指点身体的相应部位，但不是指称身体的相应部位，而是指称另外的对象。如“糖”指点的是面部，但不是“脸”的意思，实际是在指点脸部的突起部位，是“糖”的意思。如【例 5-68】所示。

【例 5-68】

［翻译］　　　　糖　　　　吉祥点

第三种，把身体作为坐标点，和指点手势组合，表达方位。如【例 5-69】所示。

【例 5-69】

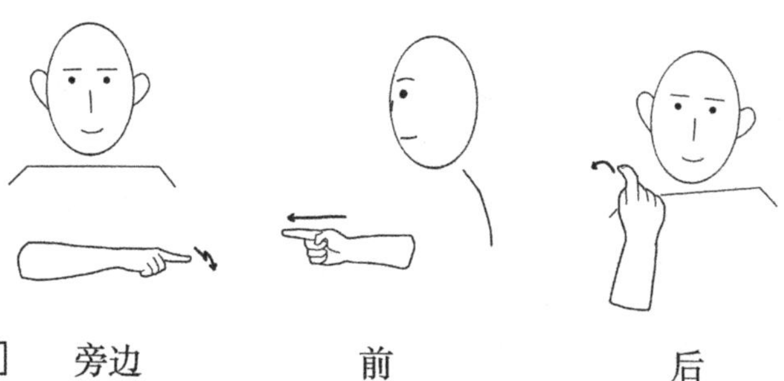

［翻译］　旁边　　　　前　　　　后

（三）指点手势和辅手配合构词

手语者的主手“指点”辅手的某个部位构成新词语，类似于汉字中的指示字的构成方式。辅手大多是可作类标记的手形。

【例 5-70】

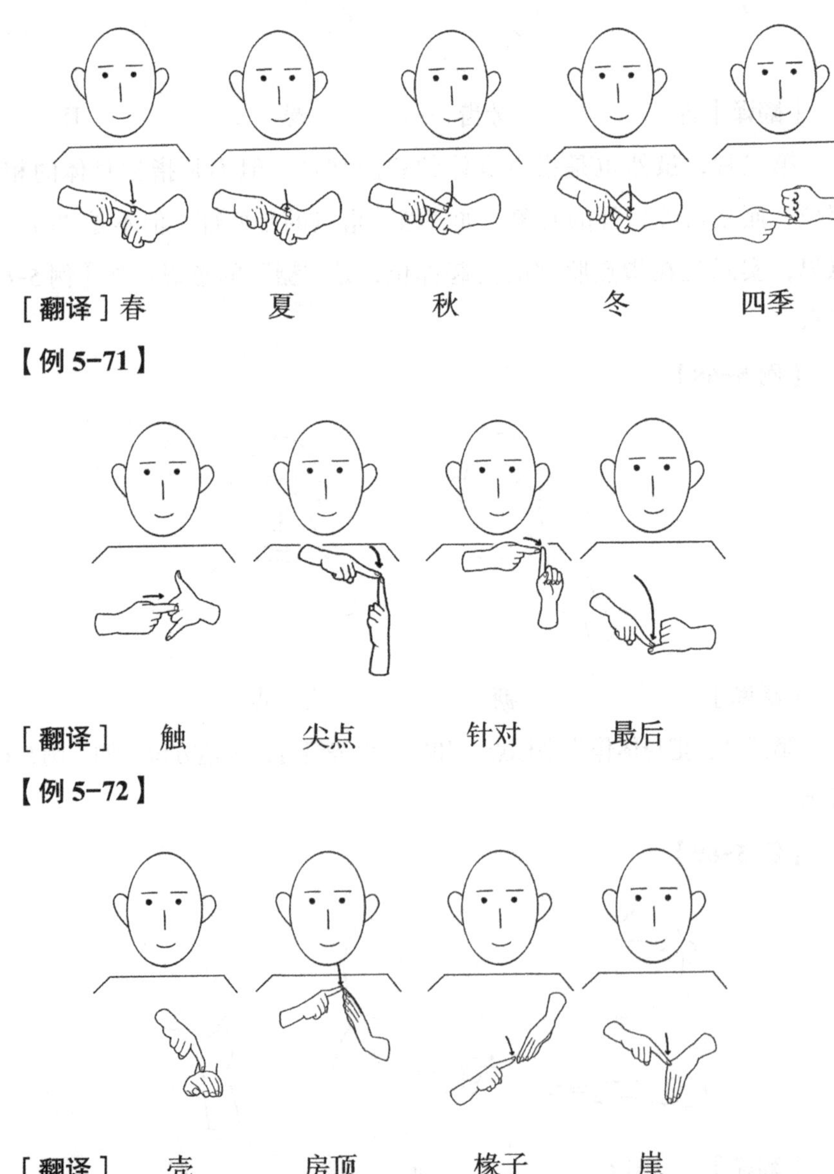

[翻译] 春　夏　秋　冬　四季

【例 5-71】

[翻译] 触　尖点　针对　最后

【例 5-72】

[翻译] 壳　房顶　椽子　崖

【例 5-73】

［翻译］　潜　　　　底　　　　反面　　　　正面

【例 5-70】中，左手拳手形突出的四个骨关节代表一年四季，四个关节分别代表“春”“夏”“秋”“冬”，指点的手势指点某处，代表一个季节。全部指点四个骨关节，代表一年四季。

【例 5-71】中在可以做类标记的手形上加上了提示性的符号——“指点”手势，类似于汉字“刃”的构造原理。

第四节　中国手语名词和动词的关系问题

一、动宾一体

在中国手语中有这样一种语言现象，同一个手势，既可以做名词，也可以做动词，还可以作为一个动宾短语或者介词短语，甚至可以作主谓短语使用。

【例 5-74】

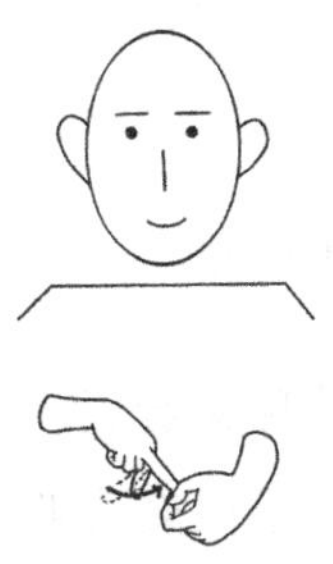

［翻译］足球（踢足球）

【例 5-75】

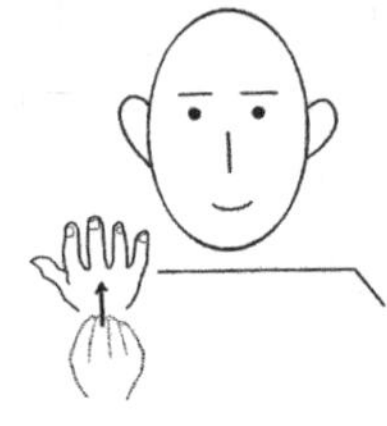

［翻译］花（花开　开花）

【例 5-76】

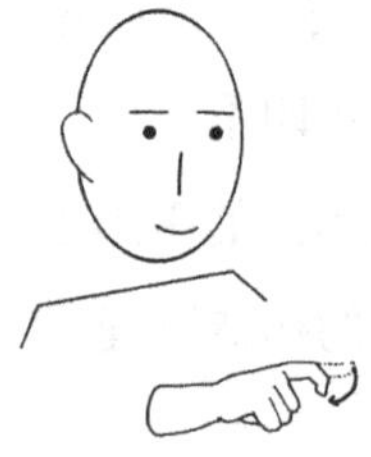

［翻译］虫（虫爬　像虫一样蠕动）

【例 5-74】既可以表达“足球”的意思，也可以表达“踢足球”的意思；【例 5-75】可表达“花”“花开”“开花”等意思；【例 5-76】可表达“虫”“虫爬”“像虫一样蠕动”等意思。类似的手势还有很多组，如“篮球”“打篮球”；“信”“寄信”；“牙刷”“刷牙”；“自行车”“骑自行车”等。

龚群虎称这种现象为“动宾一体”，他认为所谓“动宾一体”是从汉语来看的，手语就是这个规律。辽宁省聋人协会编写的《手语你我他》称这种现象为“名词代动词现象”。吴铃、谭京生等认为这种现象是中国手语语法的特点。

二、有声语言和手语的研究

（一）有声语言中的名转动现象研究

名词转动词是指通过构词手段转类将名词直接用作动词的一类词。

在对此类英语词的研究中，最著名的是斯坦福大学的Eve V. Clark和Herbert H. Clark。他们联名发表的论文*When Nouns Surface as Verbs*是这一研究领域的重要文献。他们的研究深入探讨了名词转动词的本质，以及名词转动词与原生名词的关系等。国内对这一问题的研究包括两方面，一是对英语名词转动词及英汉名词转动词对比的研究；二是对古汉语和现代汉语名词转动词现象的研究。

对有声语言的研究表明，无论是英语还是古汉语、现代汉语，名词转动词都是一种普遍存在的语言现象。

（二）手语中名词与动词关系的研究

名词和动词的关系是手语研究者所关注的问题。在美国手语的早期研究中，研究者认为名词和动词在形式上是完全相同的。随着研究的深入，研究者发现名词转动词和原生名词有不同之处。名词和动词的区分是通过同各种手势相关的运动方式实现的。名词动词手势组配，具有共同的基础参数，但是为了把动词和名词区分开来，打手语的人在打名词的时候动作幅度相对小，打动词的时候相对幅度大。尽管一个名词的动作度比较适度，但它常常是重复地做。如，在“驾驶”和“汽车”这一组动词名词组配中，每个手势都包括相同的基础参数。名词“汽车”和动词“驾驶”的手势不同，“汽车”动作节制且重复。而“驾驶”的手势相对来说运动的幅度较大，而且也不重复。美国手语的研究认为名词是由动词转化而来的。

由名词转化的动词或者说由动词转化的名词，二者在语义上是有相关性的，一般称其为语义相关的名词和动词。关于语义相关的一组名词和动词如何表述的问题，SuPalla和Newport假定了三种可能的方式：第一种是只列出名词，动词从名词中引申出来；第二种是只列出动词，名词从动词中引申出来；第三种就是假设这两者都是从共同的潜在形式引申而来。其中前两种都要另列词表予以表示。第三种情况最为经济。美国手语采用了SuPalla和Newport所假设的第二种方式，即列出动词，名词由动词中引申出来的方法。

三、中国手语名转动现象

中国手语"动宾一体"现象包括两方面，一种是名词与动宾类短语的一体，一种是动词与动宾类短语的一体。首先看名转动词的情况。

（一）中国手语的表述方式是名转动词

从中国手语的实际情况看，中国手语倾向于采用 SuPalla 和 Newport 所假设的第一种表述方式，即动词是由名词引申出来的。在《中国手语》中有两个词能够给我们一些启示。

【例 5-77】

［**翻译**］风（刮风）

【例 5-78】

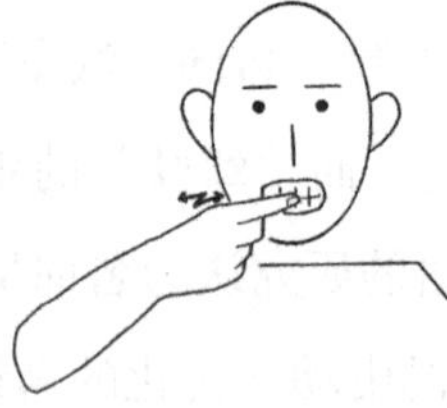

［**翻译**］牙刷（刷牙）

【例 5-77】《中国手语》中的注释是：风（刮风）；【例 5-78】的注释是：牙刷（刷牙）。由此可以推断，《中国手语》采用了第一种方式，即只列名词，动词从名词中引申出来的方法。在儿童语言获得研究中，有一种理论叫名词优势，即名词较动词更早且更多出现在儿童早期词汇中。

（二）中国手语名转动词中名词的特点

中国手语中名词转动词的比例是比较高的，但也不是所有的名词都可以转化为动词，即使是可以转化的，不同种类的名词的转用概率也是不同的。我们对《中国手语》进行了详尽分析，根据《中国手语》对手势的描述，筛选出225个单一手势名转动词，并对这些手势进行分析。分析的角度是根据原生名词的意义进行分类，这个角度与《中国手语》的编排一致，更容易为人们所理解和接受。

1. 与日常生活相关的词语转换概率高

《中国手语》这本书是根据词语的语义特点进行分类的。根据这一标准将所选词语进行了分析（表5-2）。

表5-2　中国手语名词转动词词汇分类

词汇分类	动物	工业建筑	国防	交通通讯	教育	农业养殖业	身体	生活用品	食品	体育	天文	卫生	文化	物理	衣物	植物	自然地理
类别数	24	15	3	18	6	19	1	48	20	14	9	7	21	2	9	1	8

从表5-2可以看出，和日常生活相关的词语转换的概率最高。《中国手语》的出版对规范和统一全国手语，促进聋人参与社会生活，提高文化素质，特别是普及听力残疾儿童义务教育，以及开展中外手语的交流活动起到积极的作用，初步满足了广大聋人生活、学习和工作的需要。从以上论述可以看出，《中国手语》收词的初衷就是为了初步满足广大聋人生活、学习和工作的需要。所以，其中与日常生活相关的手势收取的多，名转动词的概率也较高。相关学者对英语研究得出的结论也是类似的，各种名词转用概率大小与其对人们的成功和工作效率的重要性有关。

2. 动态名词转换概率高

从静态性和动态性角度看名词和动词，名词基本上是静态的，动词基本上是动态的。在典型的静态名词和典型的动态动词这两个对立的范畴之间存在着中间状态的名词、动词。所以，有一部分名词的语义内涵具有动态性，也就是说名词的语义特征中隐含有表动作的语义成分。如果用义素分析的方法，即将词语分析成若干义素进行分析就会发现，动态名词所包含的义素中有动词性的义素存在。在中国手语中这种表现是很充分的，如牙刷（刷牙），《中国手语》的说明是“手伸食指在口边来回移动，如刷牙动作”。风（刮风），《中国手语》的说明是“一手五指分开微曲，指尖向上，左右来回扇动，象征空气流动（即刮风）”。“牙刷”的语义中包含“刷牙”，“风”的语义中包含“刮风”，这是它们得以转用的基础。因此，在中国手语中，名词的语义特征中隐含有动词性成分的手势更容易转化为动词使用。有声语言的研究也是相同的。徐盛桓提出了“名动互含假说”，认为名词之所以可以转用作动词是因为名词的语义内容含有若干表动作的语义成分。

（三）中国手语名转动词的过程分析

中国手语的名转动词，是在名词转为动词的过程中，与表示某种行为的轻动词在词汇层面上组合的结果。轻动词是一个非常复杂的概念，相关的研究也很多。我们认同轻动词是事件形态的谓词的说法。在句法上，它们是动词，既可以有语音表征，也可以没有。其中轻动词在名转动词中的表现是这样的，如，在英语中为了使“phone”由名词变动词，用上了没有语音形式的轻动词。在汉语中，为了使“电话”成为动词性的成分，也用上了轻动词。不过，汉语的轻动词是具有语音形式的“打”。

中国手语中的轻动词也是没有语音形式的，所以虽然发生了组并，在形态上并没有变化，因此从形态的角度来看是同一个手势。现代汉语的情况和中国手语相反，它的名词转动词的过程没有在词汇层面完成，而是进入句法层面完成，又因为汉语的轻动词是有语音形式的，所以在中国手语和现代汉语的转译过程中，就要把中国手语中没有语音形式的轻动词表达出来。从这个角度看，中国手语和英语、古汉语是一致的，它们都是在词汇层面完成名转动词的。

受现代汉语的影响，越来越多文化程度较高的聋人倾向于将名词转动词中与表示行为的轻动词的组并转移到句法层面。用具有语音形式的轻动词来区别名词和动词，在“电话”“打电话”一类的手势中，除了用手表达具有实在意义的手势外，还存在非手控的功能语类，包括表情、口动、动作幅度等，这些是具有语音形式的轻动词，主要起句法作用。在低龄聋童和文化程度比较低的老年聋人手语中，名词转动词还是倾向于在词汇层面完成。

四、动词和动宾类短语

这种名动互含的情况，除了名词转为动词使用以外，还有一种情况就是动词加上类标记手形之后构成的类标记结构。虽然其本质上是动词性的，但是手形语素包含着名词的信息。

以“包子　女孩　吃”为例，“吃”这个手形中包含着“包子”的语义成分。实际上此句表达的意思可以转写为“包子　女孩　吃包子”。这种情况和类标记结构有关。一般认为，类标记谓语由两部分组成，运动语素和类标记手形语素，类标记手形语素可以作为一个名词性语素存在于句子中。

【例 5-79】

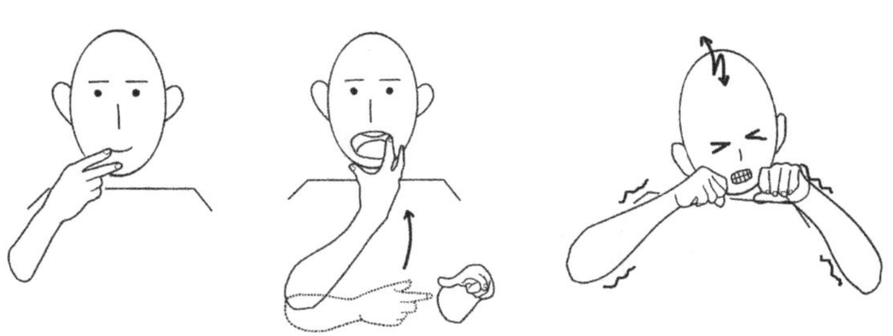

［**翻译**］A. 吃（词语）　　B. 吃包子　　C. 吃胡萝卜

【例 5-79】A 在《中国手语基本手势》中作为词汇的“吃”，模仿用筷子吃饭状，和在句子中带有类标记手形的吃不一样。B 和 C 两个表达吃这个语义的手势，动词词根“吃”和所吃物品的类标记手形语素结合在一起了。

第五节 类标记

一、类标记

【例 5-80】

[转写] 主手 类标记山：青蛙 狗 到 - 类标记六：狗

辅手 类标记杯：罐子 类标记杯：罐子

[翻译] 青蛙在罐子里，狗到罐子边上看青蛙。

【例 5-81】

[转写] 主手 男孩 床 躺 - 类标记六：男孩

辅手 类标记床：床

[翻译] 男孩躺在床上睡觉。

【例 5-82】

［转写］主手　狗　　2　　躺-类标记六：狗

　　　　辅手　在-类标记六：男孩　类标记六：男孩　类标记六：男孩

［翻译］狗和男孩两个一起躺在床上睡觉。

【例 5-83】

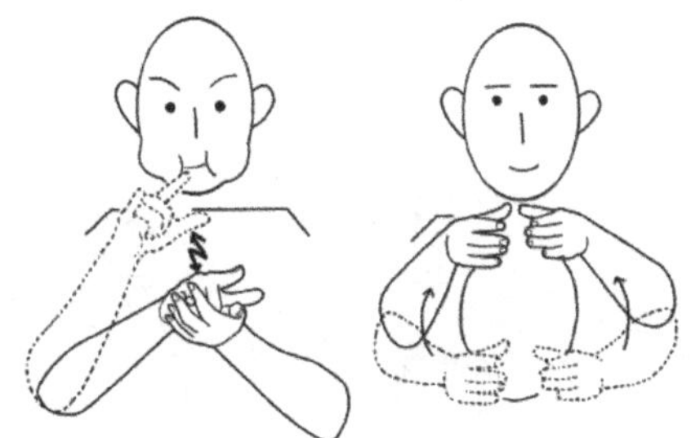

［转写］主手　青蛙　　罐子　　放-类标记六：青蛙

　　　　辅手　　　　　　　　　类标记杯：罐子

［翻译］青蛙被放到罐子里。

在上例中，六手形，可以代表狗、青蛙和男孩。

【例 5-84】

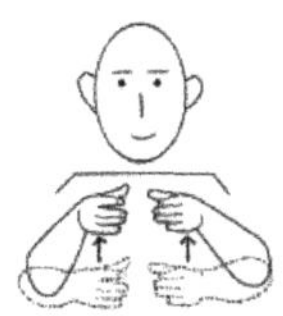

［转写］主手　罐子　狗　倒霉　卡脖子　转-类标记好：狗

　　　　辅手　　　　　　　　　　　　类标记零：罐子

［翻译］倒霉狗的头被罐子卡住了，拼命挣扎。

【例 5-85】

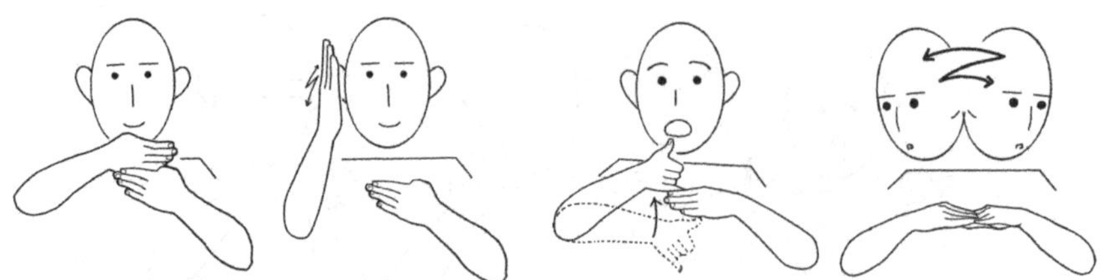

[转写] 主手　窗户　男　　　　　　　　　　到 - 类标记六：男　寻找

　　　辅手　　　　　在 - 类标记门：窗户　类标记门：窗户

[翻译] 男孩到窗边，探出头寻找。

手语者身体的全部或部分可以代表前文中出现过的人物或事物，比如狗，比如男孩。

【例 5-86】

[转写] 主手　马蜂　飞 - 类标记五：马蜂　狗　跑 - 类标记六：狗

　　　辅手　　　　飞 - 类标记五：马蜂　　　追 - 类标记五：马蜂

[翻译] 马蜂飞出来追狗。

五手形，代表的不是一只马蜂在追狗，代表的是一群马蜂在追狗。

【例 5-87】

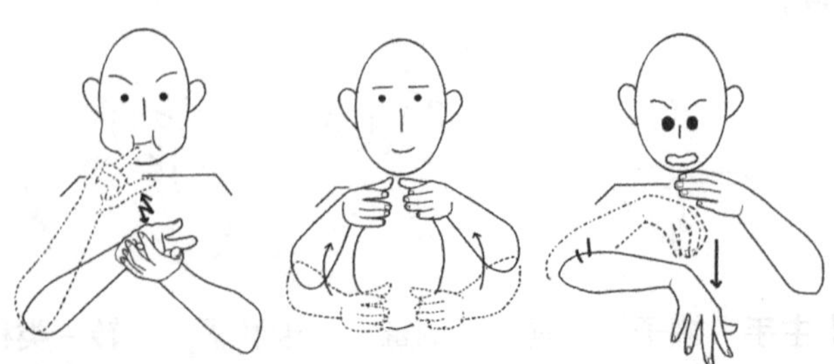

[转写] 主手　青蛙　　　罐子　　　放 - 类标记教：青蛙

　　　辅手　　　　　　　　　　　类标记杯：罐子

［**翻译**］把青蛙放进罐子里。

看上面的例句，我们发现，在不同的句子中结合上下文语境，可以代替句子前面出现过的好几个名词，比如青蛙、狗、男孩，都可以用这个手形代替。同样，我们也发现，同样是青蛙，有时用代替，有时用代替。也就是说同样的事物，可以用不同的手形来指称。

六手形是一类具有共同特征的对象的代表，六手形可以表示有生命的物体。这个六手形就是类标记。

同样，可以代表句子前面出现过的名词“罐子”。代表床。可以代表窗户。代表一群马蜂。而手语者的身体，既可以代表

狗，也可以代表男孩。

这些都是类标记，代表具有相同特征的一类事物的手形。

类标记是用来表示事物的一般类别或“类”的手形。它们可以用来描述对象（或人）的大小和形状；可以用来表示对象本身：对象移动或与其他对象（或人）相关的方式。

类标记手形和手形既有联系又有区别。所有的类标记手形都是手形，但是这句话不能反过来说，因为不是所有的手形都能变成类标记手形。类标记手形和手形，从外在的形状上看，有时是一样的。如：

【**例 5-88**】

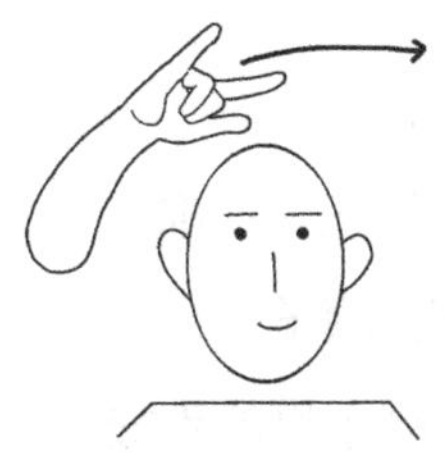

［翻译］天上有一架飞机。

在【例 5-88】中，飞机 是一个实体词汇，表示“飞机”。

在句子“飞机在空中盘旋”中，山手形做俯冲，拉高等动作。山手形 是一个类标记，这个手形加上了运动，表示了飞机如何移动。

【例 5-89】

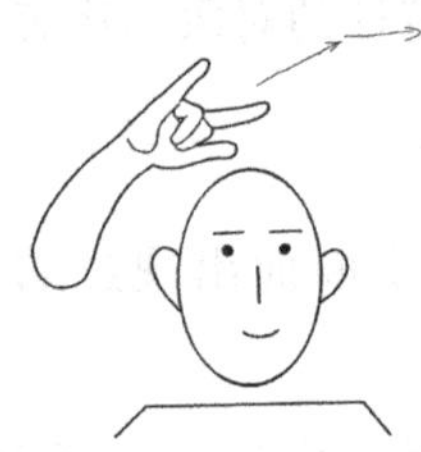

［翻译］飞机起飞。

二、中国手语中的类标记手形举例

（一） 六手形

在中国手语中，六手形是在类标记结构中使用比较广泛的手形。一般代表人或者动物。

【例 5-90】

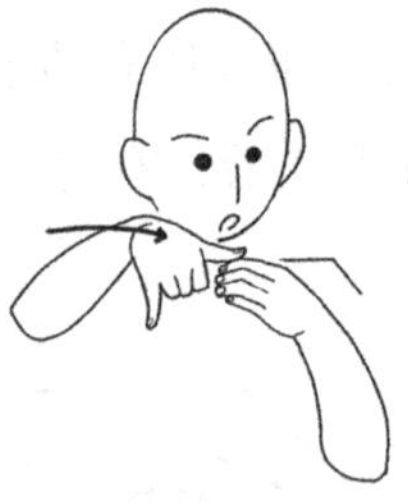

［转写］**主手**　走到－类标记六：狗

　　　　辅手　类标记杯：罐子

［翻译］狗走到罐子边看罐子里的青蛙。

【例 5–91】

［转写］主手　到－类标记六：男孩

辅手　类标记床：床

［翻译］男孩上床睡觉。

【例 5–92】

［转写］主手　鹿　男　掉－类标记六：男

辅手　掉－类标记六：鹿

［翻译］鹿和男孩一起落下来。

（二）二手形

代表双腿或双眼。

【例 5–93】

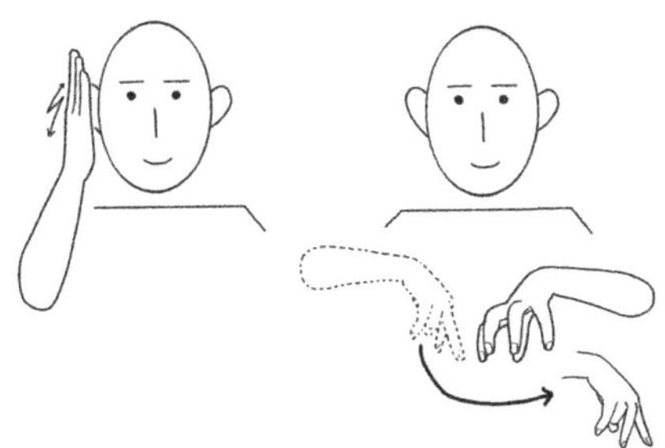

［转写］主手　男　走－类标记二：腿

在－类标记雨：树

［翻译］男孩走过树旁。

【例 5–94】

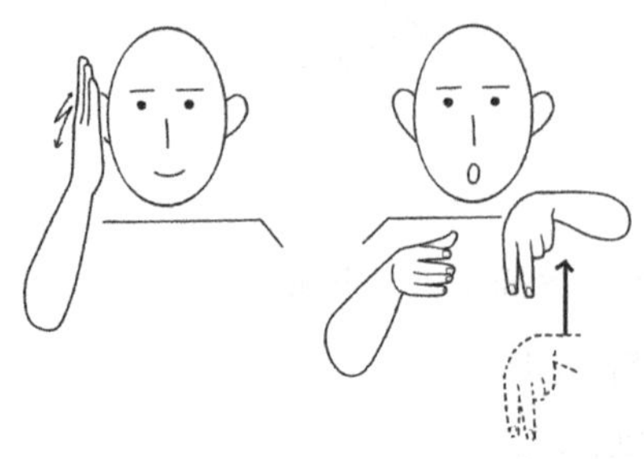

［转写］主手　男　跳 – 类标记二：腿

　　　　辅手　　　在 – 类标记杯：树

［翻译］男孩跳上树。

【例 5–95】

［转写］主手　男　　站 – 类标记二：腿

　　　　辅手　　　　类标记五：某平面物

［翻译］男孩站到某物上面。

【例 5–96】

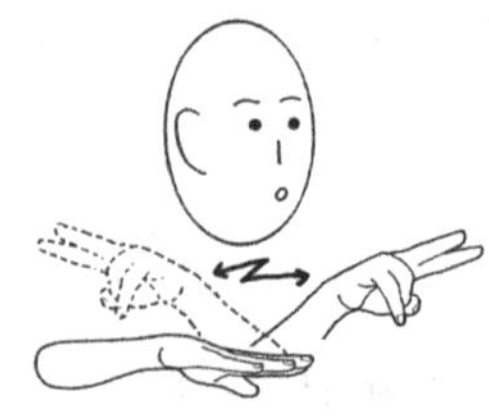

［翻译］环顾四周。

【例 5-97】

［转写］青蛙　看－类标记二：眼睛

［翻译］青蛙目送男孩走了。

（三）拳手形

【例 5-98】

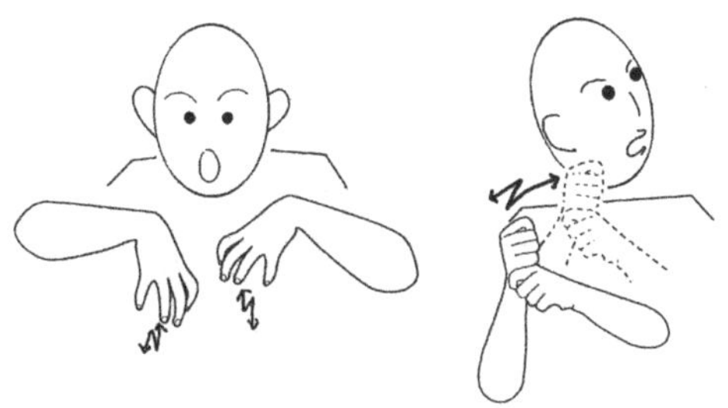

［转写］狗　摇－类标记拳：树

［翻译］狗摇树。

【例 5-99】

［转写］鹿　抓－类标记拳：鹿角

［翻译］抓住鹿角向四周看。

(四)高跟鞋手形

【例 5-100】

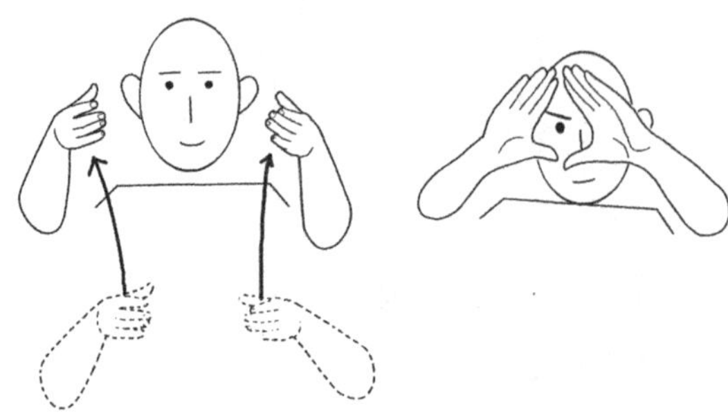

[转写] 树　看－类标记高跟鞋：树洞

[翻译] 从树洞边上往里看。

【例 5-101】

[翻译] 狗头被罐子卡住了。

(五)雨手形

【例 5-102】

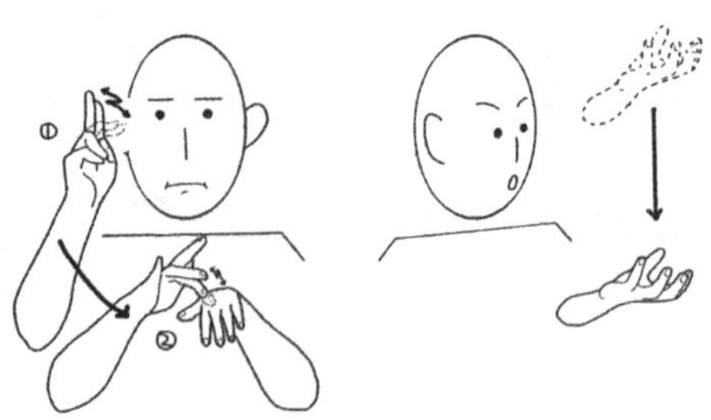

[转写] 马蜂　落－类标记雨：蜂窝

[翻译] 马蜂窝落下来。

(六) 教手形

【例 5-103】

[转写] 主手　冒 – 类标记教：老鼠

　　　辅手　在 – 类标记杯：洞

[翻译] 老鼠从洞里冒出来。

(七)  门手形

【例 5-104】

[转写] 主手　跳 – 类标记六：某

　　　辅手　在 – 类标记门：窗户

[翻译] 某跳出窗户。

(八) 五手形

【例 5-105】

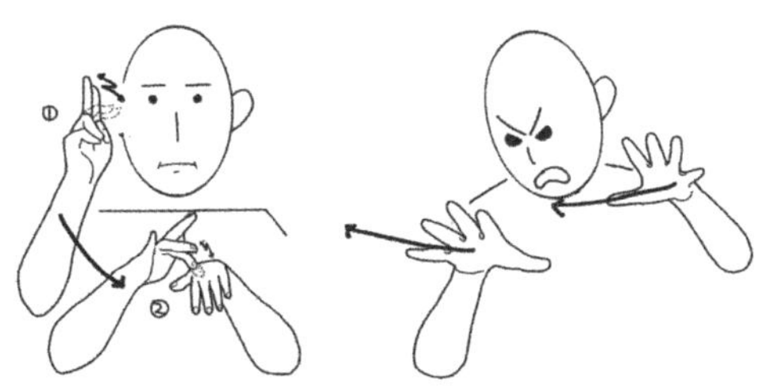

[转写] 主手　马蜂　飞 – 类标记五：蜂群

　　　辅手　　　　飞 – 类标记五：蜂群

[**翻译**] 蜂群飞。

【例 5-106】

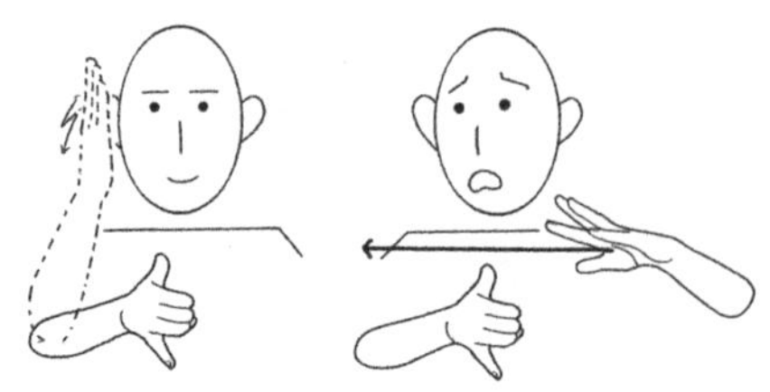

[**转写**] **主手**　男　在 - 类标记六：男　跑 - 类标记六：男

　　　　辅手　　　　　　　　　　　　追 - 类标记五：蜂群

[**翻译**] 男孩被蜂群追。

（九）好手形

【例 5-107】

[**转写**] **主手**　拔 - 类标记好：狗头

　　　　辅手　类标记零：罐子

[**翻译**] 狗头拔不出来。

（十）杯手形

【例 5-108】

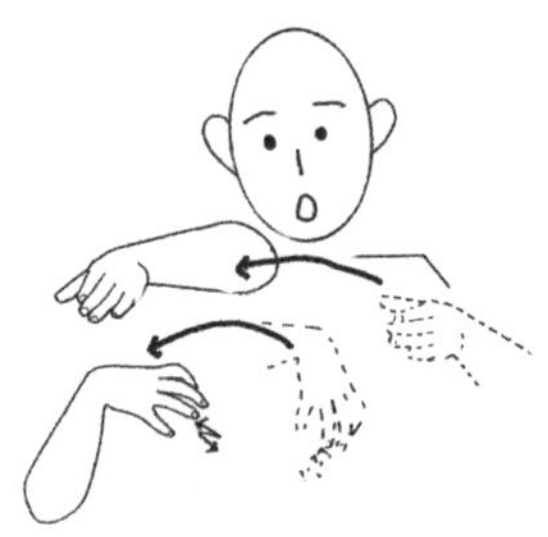

[**转写**] **主手**　掉 - 类标记雨：狗

　　　　辅手　掉 - 类标记杯：罐子

[**翻译**] 狗和罐子一起掉下。

（十一）手语者身体做类标记

【例 5-109】

[翻译] 狗头被罐子卡住。

【例 5-110】

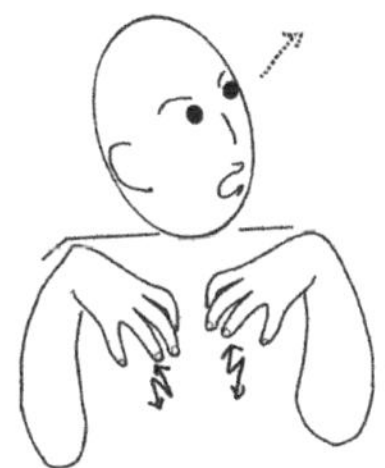

[翻译] 狗抬头看。

【例 5-111】

[翻译] 男孩趴窗台上左瞧右看。

【例 5-112】

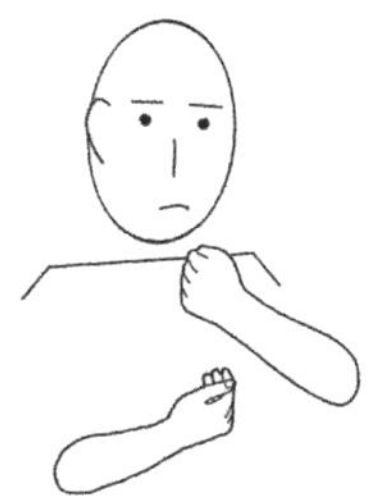

[翻译] 男孩抱着狗。

【例 5-113】

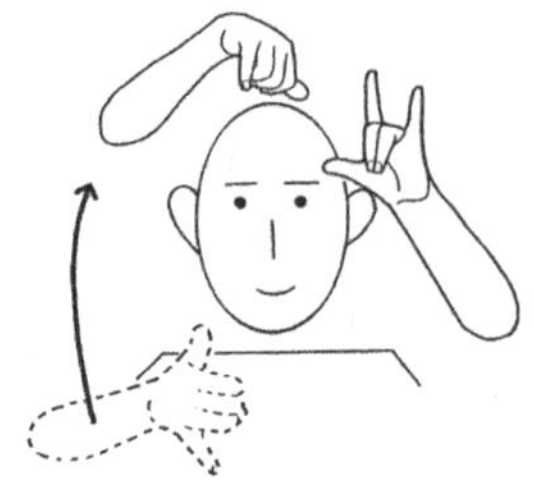

[**翻译**] 男孩趴在鹿头上。

三、类标记的分类

关于类标记可以分为几类的问题，学界一直存在着不同的声音。

《香港手语辞典》将香港手语的类标记手形分为六类（香港手语研究者将 Classifier 翻译为量词，在本书中使用类标记将香港手语研究中所说的量词改为内地通行的用法“类标记”）。

语义类标记（SEM）：这类手形标记指称物体的基本意义，如车辆、动物、人类和昆虫。Valli and Lucas 称它们为“全实体语素”（Whole Entity Morphemes）。

状标类标记（SPSS）：这类手形代表指称物体的视觉集合特征，如大小、形状及微量等资料。

描摹类标记（TRACE）：这类手形描摹指称物体的微量规模，亦即物体的视觉集合特征。

操作类标记（HANDLE）：这类手形使人联想到人类的手怎样操作不同形状、大小的物体。

触碰类标记（TOUCH）：这类手形描述人类的手怎样触碰被指称的物体。

身体类标记（BODY）：手语者全身及身体其中一部分成为独立的语素以作为物体的指称对象。

杨军辉等在《中国手语入门》一书中将类标记手形分为三类，即整体实体类标记（Whole Entity classifiers）、操作类标记（Handling Classifiers）、说

明尺寸与形状的类标记（SASS，Size-and-shape Specifiers）

（一）代表人或事物整体的类标记

类标记手形“六”代表人或者动物的身体，模拟“出去”“躺”“相遇”“来”“去”“追赶”“摔倒”“游荡”“摇晃身体”等。

二手形，可以代表双腿，模拟“出走”“跳”“蹲下”“下跪”“踢足球”等，还可以代表“双眼”表示各种“看”，如“俯视”“鸟瞰”“上下打量”“巡视”“环顾”“阅读”“观察”等。

这些类标记的特点是其主语无论是施事还是非施事，类标记结构都是不及物的。

主语是施事，如下：

【例 5–114】

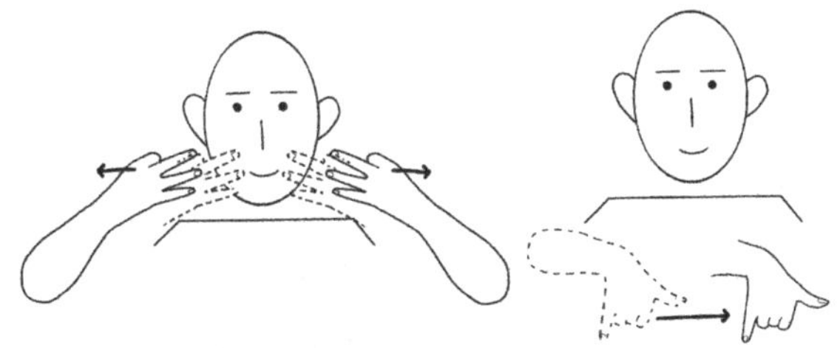

[转写] 猫　走－类标记二：猫

[翻译] 猫从右边走到左边。

【例 5–115】

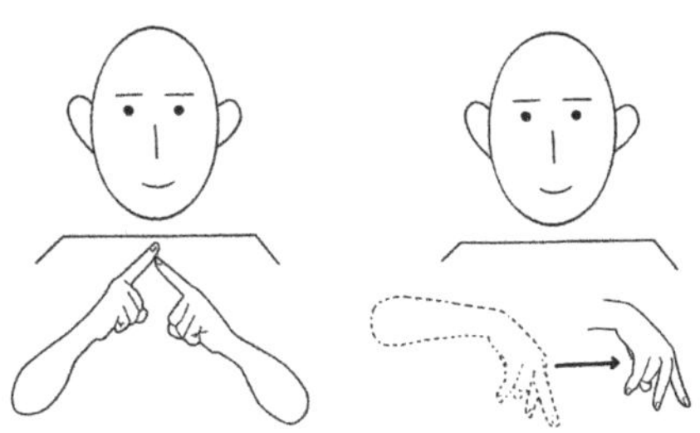

[转写] 人　走－类标记二：人

[翻译] 人从右边走到左边。

主语是非施事，如下：

【例 5–116】

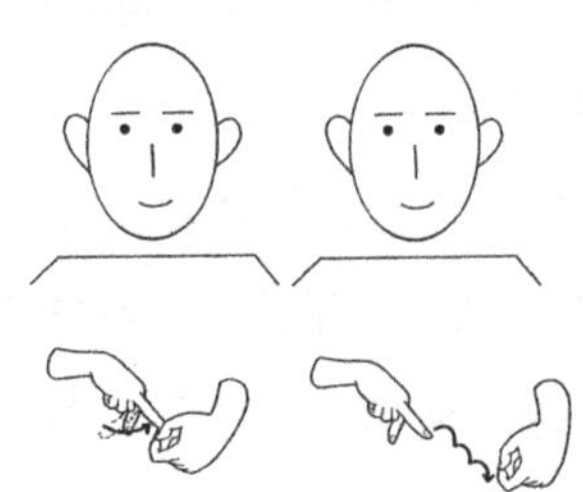

［转写］足球　滚－类标记写：足球

［翻译］足球滚走了。

【例 5–117】

［转写］树　倒－类标记雨：树

［翻译］树倒了。

（二）表示用手操作和使用工具的类标记手形

杯手形，单手手势表示拿杯子，用杯子喝水。双手手势表示用碗喝；搬动圆筒或者圆柱形状的物体。拳手形表示用拳头攻击。

这些类标记的特点是大多与及物动词句相关联，类标记手形作句子中及物动词的直接宾语。

【例 5–118】

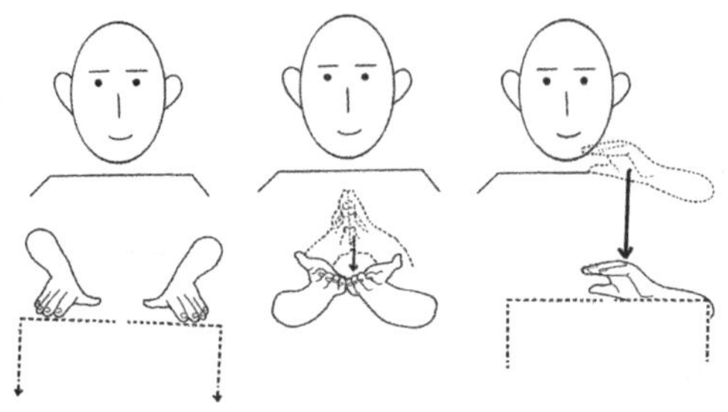

［转写］桌子　书　放－类标记车：书

［翻译］把书放在桌子上。

【例 5-119】

［转写］门　拧—类标记拳：把手

［翻译］开门。

【例 5-120】

［转写］蚊子　书　拍－类标记车：书

［翻译］用书拍蚊子。

【例 5-121】

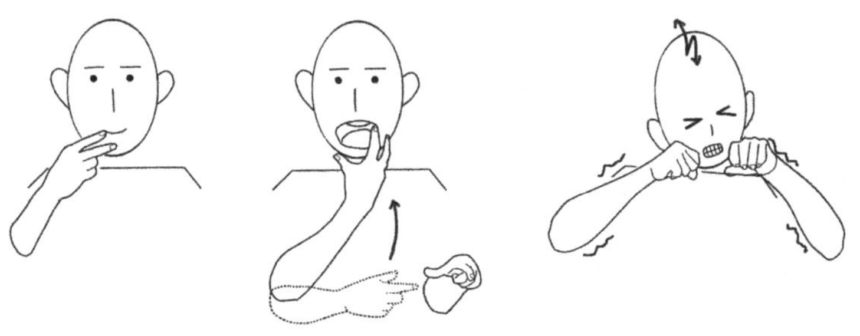

［翻译］A. 吃　　　　B. 吃包子　　　　C. 吃胡萝卜

"吃"不同的东西，手形不同，不同的手形代表了"吃"的论元。也就是吃什么东西。论元是指句中跟谓词搭配的名词。可以是主语也可以是宾语。

【例 5-122】

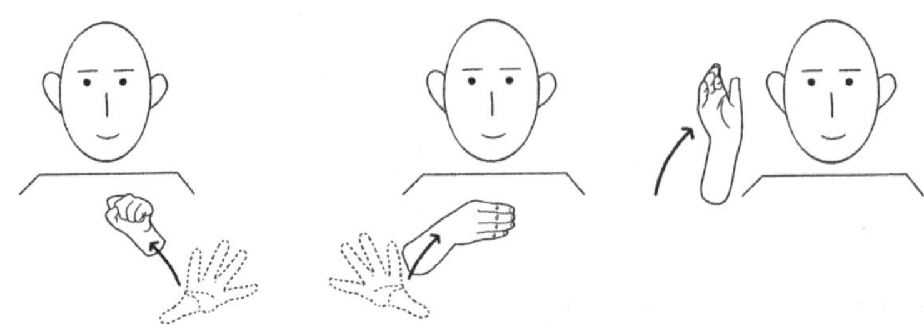

［翻译］A. 拿　　B. 拿书　　C. 拿杯子

同上面“吃”一样。“拿”不同的东西，手形不同，手形代表了动词的论元。

（三）用来说明物体的大小、形状、轮廓、表面、宽窄范围等的类标记手形

用拇指和食指比作大小不同的圆形，表示豆子、硬币、圆环等的形状和规格。这些类标记又分为两类，一类是静态的，一类是描摹的。

【例 5-123】

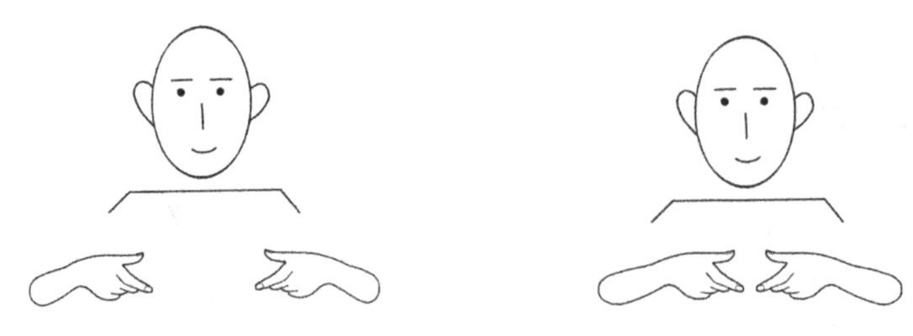

［翻译］A. 大的容器　　B. 小的容器

四、类标记的使用

类标记是必须在使用中才能表现出其作用所在。不在语境之中，它就是一个手形，什么事物都不代表。

手语者先说一个人或者一个物体的名词，然后会用一个类标记手形来代替这个名词。

在使用类标记之前，需要对对象进行确定。

【例 5-124】

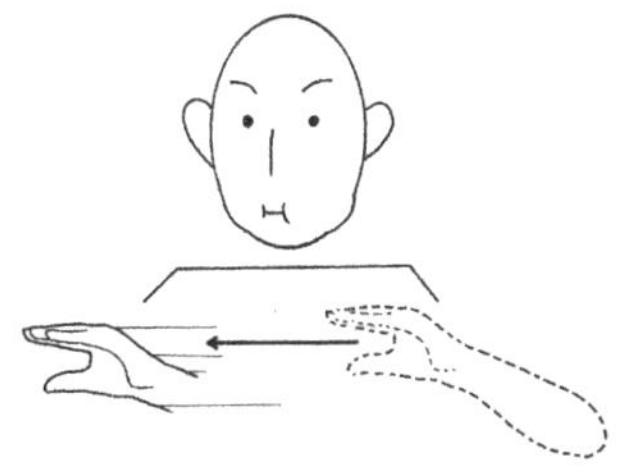

[转写] 飞驰－类标记车：汽车

[翻译] 一辆小汽车飞驰而过。

【例 5-125】

[转写] 主手　撞－类标记车：汽车

　　　辅手　撞－类标记车：汽车

[翻译] 两辆汽车迎面相撞。

【例 5-126】

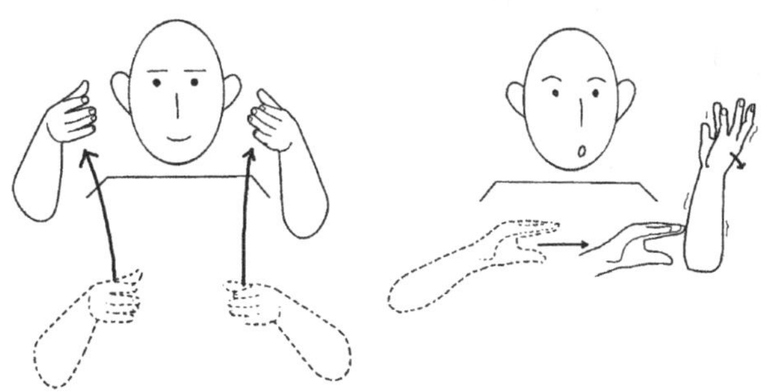

[转写] 主手　　　树　撞－类标记车：汽车

　　　辅手　　　　　在－类标记五：树

[翻译] 汽车撞树。

【例 5-127】

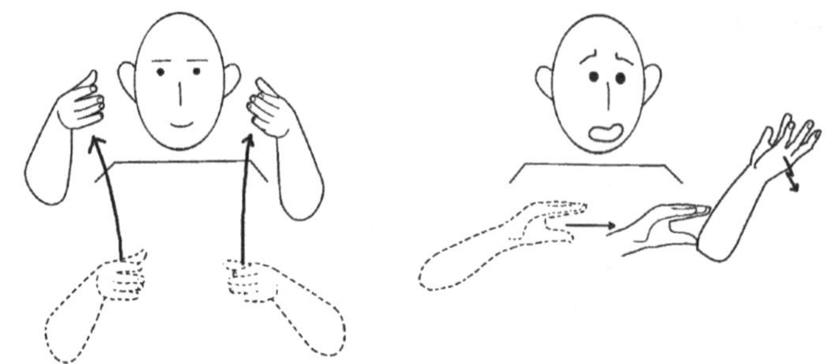

［转写］主手　树　　　猛撞 – 类标记车：汽车

辅手　　　　　倒 – 类标记五：树

［翻译］汽车猛烈撞击大树。

【例 5-128】

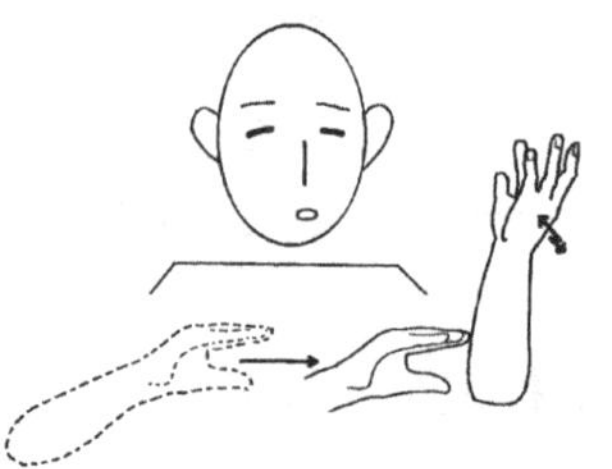

［转写］主手　　　　　轻撞 – 类标记车：汽车

辅手　　　　　晃 – 类标记五：树

［翻译］汽车轻轻撞到一棵树。

【例 5-129】

［转写］主手　女　　　撞 – 类标记车：汽车

辅手　　　　　在 – 类标记六：女人

［翻译］汽车撞女人。

【例 5-130】

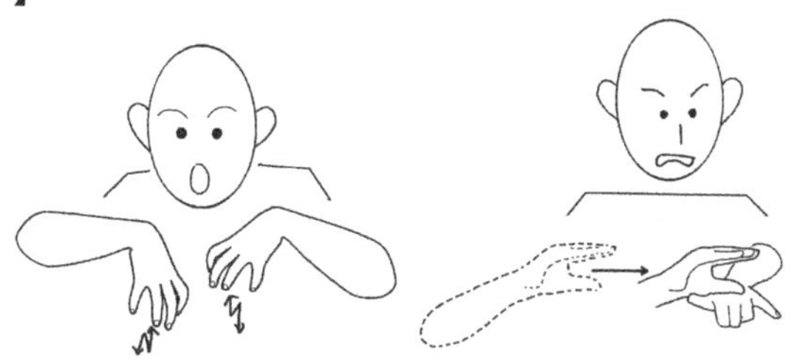

［转写］主手　狗　　　撞－类标记车：汽车

　　　　辅手　　　　　在－类标记六：狗

［翻译］汽车撞到了小狗的头。

上例中，如果没有先行词对类标记所指代对象有所交代，那么虽然车手形代表的汽车已经趋于词汇化，尚且可以理解其语义。但是如果没有“树”“狗”“女”等先行词，则有可能对句子的理解有误，理解为电线杆，树，人，狗，猫，都有可能。

在句子中使用类标记，可以使表达更加简洁、精细。

手势汉语：汽车　轻轻　撞　小狗　头

中国手语的表达中，使用类标记以后，什么东西撞了什么东西，怎么撞的，撞的是哪个部位，结果怎么样，是撞上了还是躲过去了，全部都可以表达得清清楚楚，很有画面感。

五、类标记的功能

类标记结构是由手语中类标记手形与手的动作、空间位置等语素结合构成的，以此来描述什么样的事物，在什么空间位置，做哪些具体动作，叙述事件发生发展的过程，而且这种结合经常是同时性的。

【例 5-131】

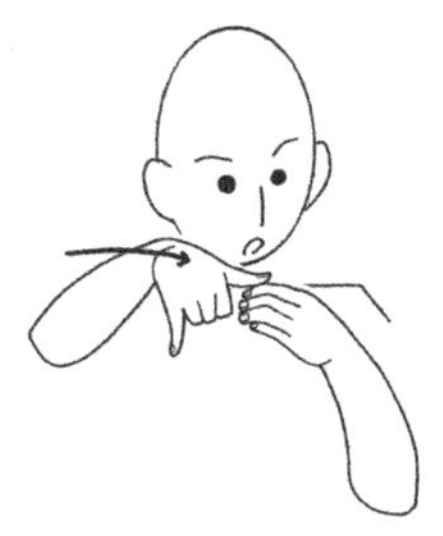

[转写] 主手　走到－类标记六：狗　看－类标记身体：狗

　　　 辅手　类标记杯：罐子

[翻译] 狗到罐子边上看青蛙。

类标记和动作与空间位置结合，构成了一个类标记结构。

在这其中，表达狗的类标记是不一样的，第一个是用六手形代表狗，第二个身体类标记，也就是手语者全身及身体其中一部分成为独立的语素以作为物体的指称对象。辅手也是一个类标记，用杯手形和位置结合，代表罐子，其意义是代词性质的。

【例 5-132】

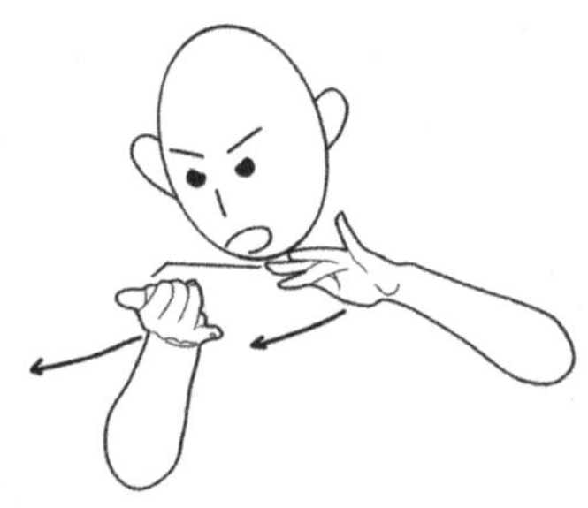

[转写] 主手　追－类标记五：马蜂

　　　 辅手　跑－类标记六：狗

[翻译] 马蜂追狗。

这也是一个类标记结构。此句中，五手形作为名词语素代表马蜂和作为动词语素的动作“追”结合在一起，构成一个类标记结构。六手形作为名词语素代表狗和作为动词语素的动作“跑”结合在一起，构成一个类标记结构。在上面两个句子中，类标记结构作谓语。

类标记结构在句子中作谓语的情况比较普遍。类标记结构的功能相当于一个动词，因此也有学者将作谓语的类标记结构算作是手语动词的一类，称为类标记动词。

谓语是句子的一部分，用来对主语加以陈述。说明主语“是什么”、“做什么”或“怎么样”等。

【例 5–133】

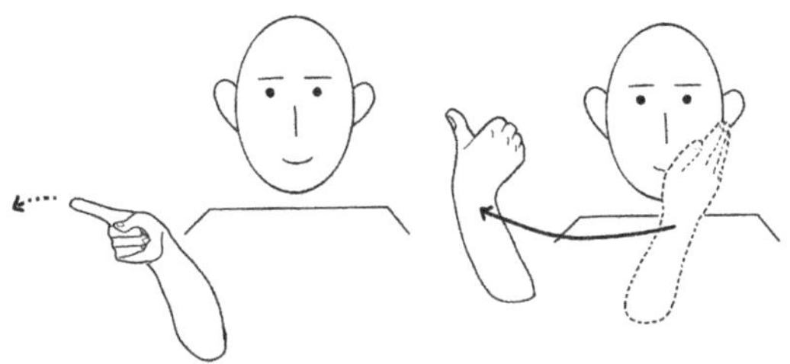

[**转写**] 他　帅

[**翻译**] 他很帅。

这个句子的主语是“他”，谓语是描述主语“他”是什么样的形容词谓语。

【例 5–134】

[**转写**] 他　跑

[**翻译**] 他在跑步。

这个句子的主语是“他”，谓语是说明了“他”在做什么事的动词谓语。

【例 5–135】

［转写］他　聋人

［翻译］他是聋人。

这个句子的主语是“他”，谓语是一个“名词谓语”，表示“他”是聋人。

【例 5-136】

［转写］他　蹒跚－类标记二：腿

［翻译］他蹒跚地走着。

这句话的主语是“他”，谓词是一个“类标记动词”，表明“他”在怎样走路。二手形，作为类标记，在此代表双腿，加上蹒跚的动作，构成了一个类标记结构，这个结构作谓语。

在类标记结构做谓语的句子中，有一种是存现句。存现句是说明人或事物的存在、出现或消失的句式。主语表示方所，动词具有存现性，宾语具有施事和不确定性。例如，桌子上有两瓶花儿。汽车旁边站着一个女人。洞里钻出一只老鼠。等。在中国手语的研究中，李线宜将其称为方位动词类标记结构。大多数手语的研究结果表明，此种结构的句子语序大多表现为 SOV 顺序。“在句子语义结构中语序的倾向性问题，一般都是先出现整个事件的背景，然后再出现运动事件中的图像。”

【例 5-137】

［转写］主手　女　站 - 类标记六：女

　　　　辅手　　　类标记车：汽车

［翻译］汽车旁边站着一个女人。

位置信息说明一个类标记谓语中对象（宾语）的位置在哪儿。

类标记手形用以描述事物样子的时候，属于上文中杨军辉所说的第三类，即用来说明物体的大小、形状、轮廓、表面、宽窄范围等的类标记手形。

【例 5-138】

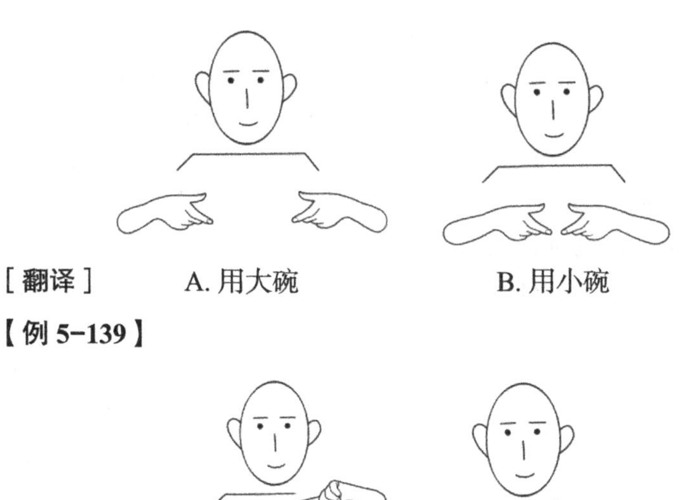

［翻译］　A. 用大碗　　B. 用小碗

【例 5-139】

［翻译］　A. 大张纸　　B. 小张纸

类标记手形的大小变化，起到了形容词的作用。

参考文献

[1] 王志洁，陈东东 . 语言学 [M]. 北京：中国人民大学出版社，2013.

[2] 张吉生 . 从有声语言音节看手语音节的理据及特点 [J]. 中国特殊教育，2016（6）：45-52.

[3] 王文斌 . 什么是形态学 [M]. 上海：上海外语教育出版社，2014.

[4] 杨军辉，吴安安，郑璇，等 . 中国手语入门 [M]. 郑州：郑州大学出版社，2014.

[5] 国华，周聪聪 . 美国手语语言独特性探究——以美国手语中的时间信息表达为例 [J]. 贵州工程应用技术学院学报，2012，30（12）：46-53.

[6] 刘鸿宇 . 上海手语动词的“体”语法范畴研究 [J]. 中国特殊教育，2015（5）：33-38.

[7] 刘润楠 . 中国手语构词研究 [M] 北京：首都经济贸易大学出版社 2015：6.

[8] 吕会华 . 中国手语中的“指点”手势研究 [J]. 绥化学院学报，2017，37（7）：8-13.

[9] 全国残疾人健康和专用设备标准化技术委员会 . 中国手语基本手势 [M]. 江苏：凤凰出版社，2009.

[10] 吕会华 . 中国手语名转动词现象研究 [J]. 中国听力语言康复科学杂志，2009（5）：46-49.

[11] 龚群虎 . 手语的语言学研究问题讲话 . 大连：第三届双语双文化经验交流会 . 2003. http://www.cndeaf.com/html/shouyuziliao/20071023/182_2.html

[12] 辽宁省聋人协会 . 手语你我他 [M]. 辽宁：辽宁人民出版社，2006.

[13] 吴铃 . 汉语手语语法研究 [J]. 中国特殊教育，2005（8）：16-22.

[14] 谭京生 . 手语是双语教育的主要内容 [C]. 双语聋教育的理论与实践 . 北京：华夏出版社，2005.：244.

[15] 司显柱 . 英汉名转动词比较研究 [J]. 外国语，1996（3）：54-58.

[16] Clark E V，Clark H H. When Nouns Surface as Verbs[J]. Language，1979，55（4）：767-811.

[17] John O, Isenhath. The Linguidtics of American Sign Language[M].Gallaudet University.1990.

[18] SuPalla T, Newport E. How many seats in a chair.The derivation of nouns and verbs in American Sign Language. In P. Siple（Ed.），Understanding Language through Sign Language Research. Academic Press. 1978

[19] 中国聋人协会 . 中国手语 [M]. 北京：华夏出版社，2003.

[20] 陈杰，Twila Tardif，孟祥芝 . 儿童早期词汇获得的词类差异 [J]. 心理科学进展，2007，423-428.

[21] 中国聋人协会 . 中国手语 [M]. 北京：华夏出版社，2003.

[22] Tzong-Hong Lin.Ligh Verb Syntax and the theory of Phrase Structure. Doctor aldissertation University of Califom in Irvine.2001：21-27

[23] 梁锦祥 . 说 put 道 “放” ——汉英动词词汇化对比一例 [J]. 华南师范大学学报，(社会科学版)，2006（2）：79-86.

[24] 谢捷 . 英语名动转用中不同种类名词的转用几率探析 [J].. 大学英语，2006（3）：65-76.

[25] 徐盛桓 . 名动转用的语义基础 [J]. 外国语，2001（1）：15-23.

[26] Gladys Tang. 香港手语词典 [M]. The Chinese University Press，2007.

[27] 杨军辉，吴安安，郑璇，等 . 中国手语入门 [J]. 郑州：郑州大学出版社，2014.

第六章 手语的词和短语

第一节 词和词类的划分

一、手语词的切分

通常认为词是最小的能够独立运用的语言单位。但是，有时确定某个语言单位是词、短语还是语素，是一件比较困难的事情。

汉语：山 水 人 电脑 水桶 和平

手语：山 水 人 电脑 床

对上述例子，我们可以比较容易判断这些语言单位是词。但是，下面几个例子比较难判断。而且不同的语言，因为其词的结构不同，划分词的标准也不一样。

英语：washing machine（洗衣机）是一个词还是两个词?

汉语：吃饭 吃顿饭 理发 理个发 是一个词还是两个词?

手语：丈夫（结婚+男）是一个词还是两个词?

看飞机起飞（看+飞机起飞，两个手势同时进行），是一个词还是两个词。

为了识别语言里的词，语言学家提出了几种标准，影响较大的有三种。第一种标准认为，词是各种语言单位中最稳定的单位；从其内部结构而言一个复杂词的组构成分没有多少重新配列的可能性，而句子和其他语法结构的组构成分则相对具有位置可移性。第二种标准是词的不间断或粘聚性，即正常语言中词的内部一般不能插入新成分（包括停顿）。第三种标准就是布龙菲尔德在《语言论》中提出的词是最小的自由形式的标准。

作为视觉语言，手语的构词和有声语言不一样。有时，一个手语词由一个语素构成；有时，一个手语词很长，由多个语素构成。手语构词，不仅有像有声语言那样的序列性排列的构词，也有同时性构词。虽然手语是视觉语言，但是判断手语词的标准可以参照有声语言的标准，也可以从独立运用和最小两个标准去判断。

独立运用，是针对它的下一级单位语素而言。语素是最小的音义结合单位，但是它不能独立运用。词是可以独立运用的，可以作为语言单位构成句子进行交流。

最小，是针对它的上一级单位短语而言。短语是独立运用的语言单位，但是它不是最小的。从语音形式上，词具有固定的语音形式，词的内部一般没有语音停顿，一个词语的末尾才有停顿。短语则不同，短语是由词构成的语言单位，两个词之间是可以有停顿的。从可否插入其他成分的角度看，短语中间可以插入其他语言单位，而词语不行。比如，汉语“新鲜”“新鲜蔬菜”，“新鲜”是词，中间不能插入其他成分。“新鲜蔬菜”是短语，中间可以插入其他成分。比如中间插入“的”变成“新鲜的蔬菜”。

序列形式构成的手语词，可以根据独立运用和最小两个标准去判断。如手语“丈夫”一词，可以独立运用，由两个成词语素“结婚”“男”组合而成，这两个语素之间不能插入其他的成分，因此手语“丈夫”是一个词。

空间形式构成的手语词，是同时性结构，是一个词。比如，手语

“看－飞机起飞”，是一个同时性结构，是一个手语词。

二、手语词类划分

语言中词的数量非常庞大，但是每个词在话语中所起的作用不一样，根据它们在句子中所起的作用，将其进行分类。

普通语言学中对词进行分类的标准一般有三条：意义标准、形态标准和功能标准。

（一）意义标准

以汉语为例，从意义标准看，实词都是有意义的。名词是表示人、物、地、时的名称的词，如“桌子”“人”“北京”“上午”等。动词是表示动作、行为的词，如“跑”“跳”“吃”“走”“想”等。形容词是表示人或事物的性质、状态、特征或属性的词，如“红”“高”“漂亮”等。

汉语词的分类，很多依据意义标准，但是其中也存在问题。如“忽然”“突然”，都表示迅速，在短时间内发生，出乎意料的意思。但是它们属于不同的词类。“突然”是形容词，“忽然”是副词。

手语也一样，有名词、动词、形容词。如“朋友”“桌子”“北京”“上午”等名词。“跑”“跳”“吃”“走”“想”等动词，“红”“高”“漂亮”等形容词。

（二）形态标准

形态标准是指一个词属于什么词类，通过词的形态变化可以看出来。当然这适用于形态变化比较丰富的语言。以英语为例，名词有单复数的变化，形容词有原级、比较级、最高级的变化，动词有人称、时、数的变化等。形态变化是判断词类的一个非常重要的标准。

像汉语这样形态变化不丰富的语言，这个标准对词类判断有一定的限制。汉语中，名词加“们”表示不定量的复数，但这个标准没有普遍性。“学生们”“老师们”是正确的组合，“道德们”“东西们”则是错误的组合。

手语“帮助”，可以通过改变手掌的朝向从而保持和宾语的一致，可以根据形态变化判定其动词的属性。

（三）功能标准

【例 6-1】

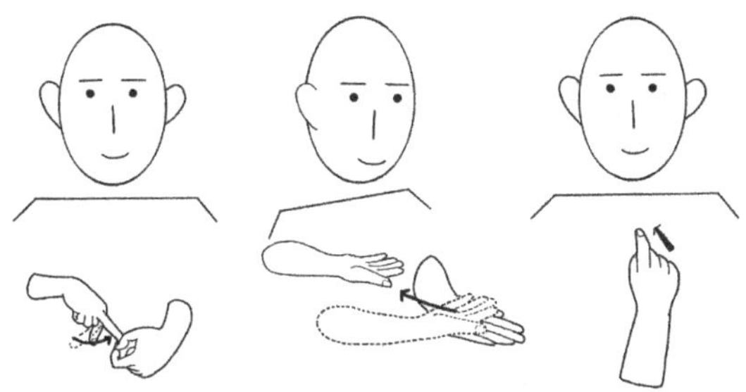

［**转写**］足球　买　我

［**翻译**］我买足球。

【例 6-2】

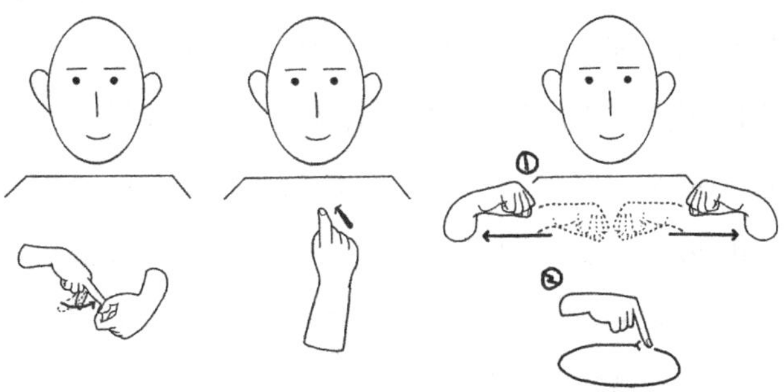

［**转写**］足球　我　操场

［**翻译**］我在操场踢足球。

两个句子中“足球”的手势基本相同，但是一个是名词性的，一个是动词性的。它们占据的句法位置不一样。

这就涉及判断词类的第三个标准——功能标准。

功能标准是指一个词充当句法成分的能力及与其他词的组合能力。

【例 6-1】“足球”是句子的宾语，宾语提前到了句首，是动词“买”的对象。可以理解为是话题主语或者是宾语移位至句首。无论是哪种理解，它都是名词性的。这句中的“足球”和“买”共同构成了动宾关系的短语。

【例 6-2】“足球”是动词性的，在句子中是谓语，表达的是“踢足球”的意思。

中国手语词类的划分，以功能标准为主，结合形态标准，参考意义标准。

第二节　手语的词

汉语中，根据词是否在句子中独立担任句法成分，将词分为实词和虚词。实词一般包括名词、动词、形容词、代词、数词、量词、副词等，虚词则包括介词、连词、助词等。生成语法中，根据词是否有实际意义和是否属于开放性语类，将词分为实义语类（Content Category）和功能语类（Functional Category）。实义语类是指含有可表述的词汇意义，属于开放性语类，包括名词、动词、形容词等。功能语类是指只有语法特征，没有词汇意义的词。词类或者说语类问题相对比较复杂。以汉语的副词为例，有的研究者认为副词是实词，有的研究者则认为副词是虚词。本书暂时不对手语词的大类做详细区分，主要考察名词、动词、形容词、副词几种主要的词。

一、名词

（一）名词

名词是表示人、物、地、时的名称的词。

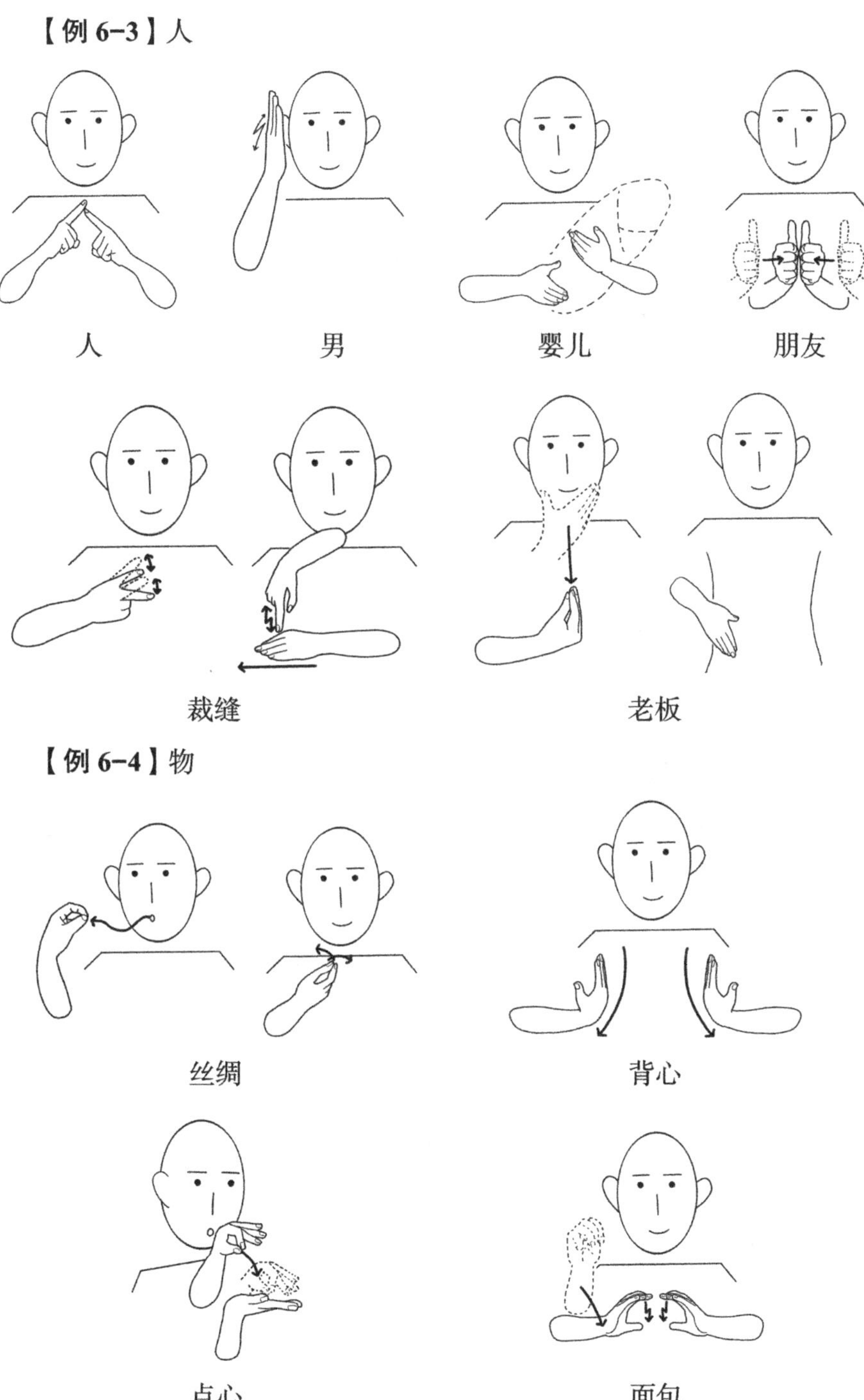

【例 6-3】人

人　男　婴儿　朋友

裁缝　老板

【例 6-4】物

丝绸　背心

点心　面包

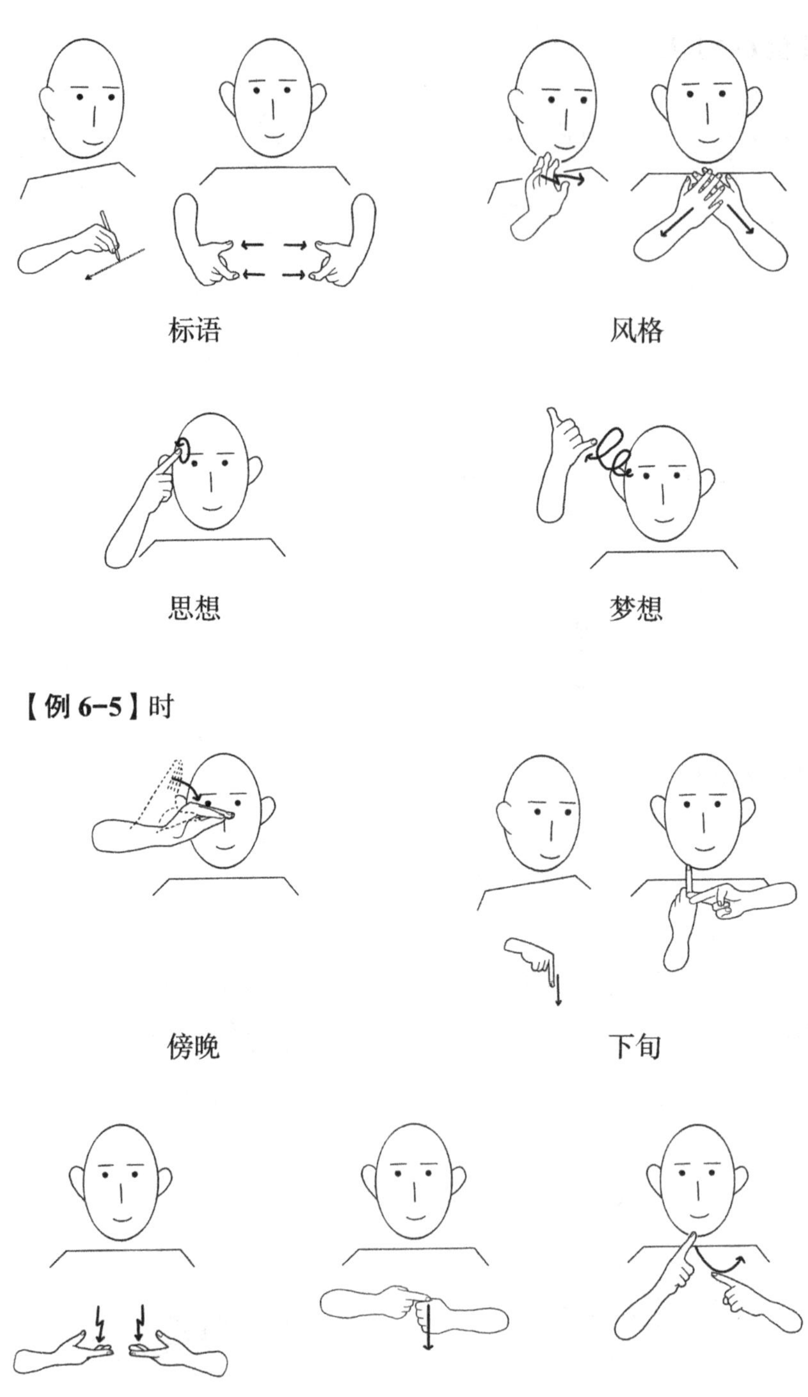

标语　　风格

思想　　梦想

【例 6–5】时

傍晚　　下旬

现在　　年　　一月

【例 6-6】地

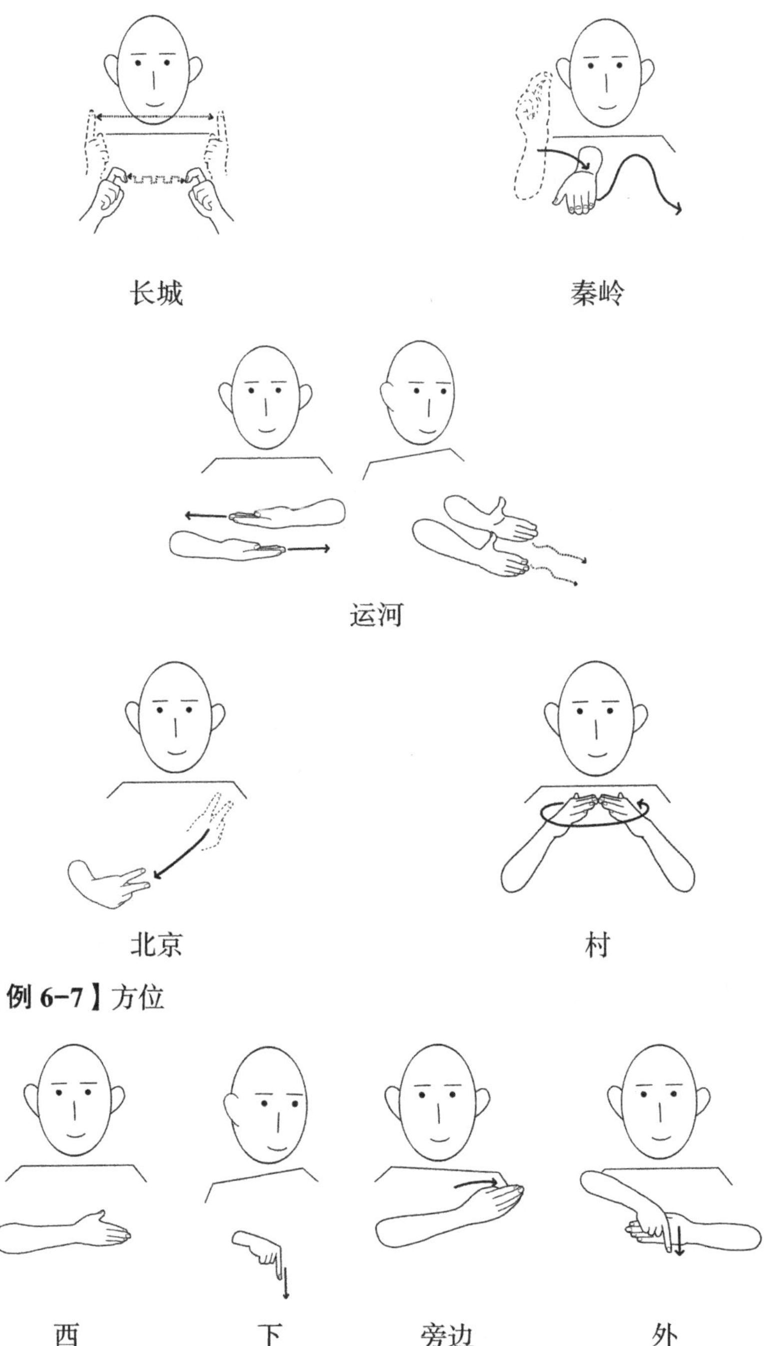

长城　　秦岭

运河

北京　　村

【例 6-7】方位

西　　下　　旁边　　外

【例 6-3】至【例 6-7】这些词语，从意义上看，都表示事物。所谓事物，可以是具体的事物、抽象的事物，也可以指时间、处所、方位。

（二）方位词和专有名词

1. 手语中的方位词

手语中虽然有【例 6-7】所示的方位词，不过手语者在使用的过程中，不常使用词汇化的方位词，而是直接使用空间来表达。

【例 6-8】

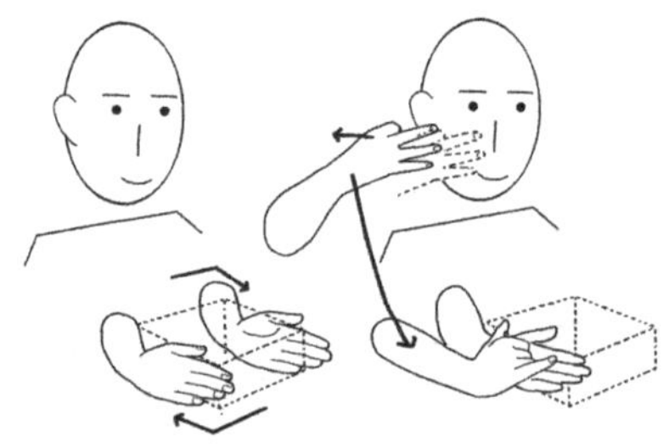

[**翻译**] 猫在箱子旁边。

【例 6-9】

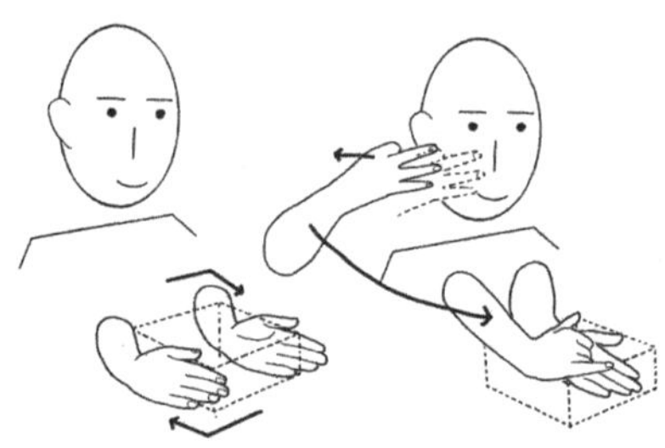

[**翻译**] 猫在箱子上。

【例 6-10】

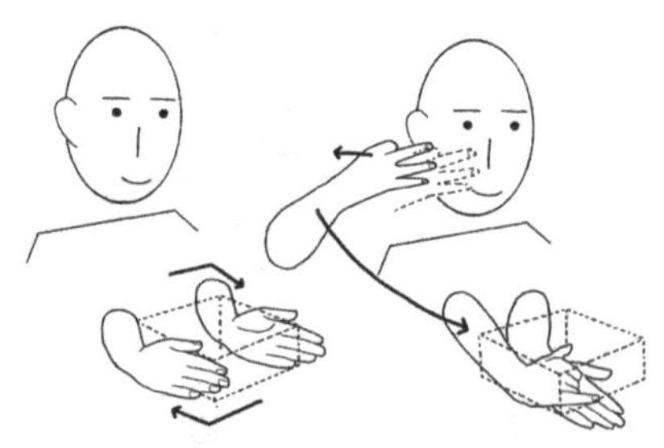

［翻译］猫在箱子里。

【例 6-11】

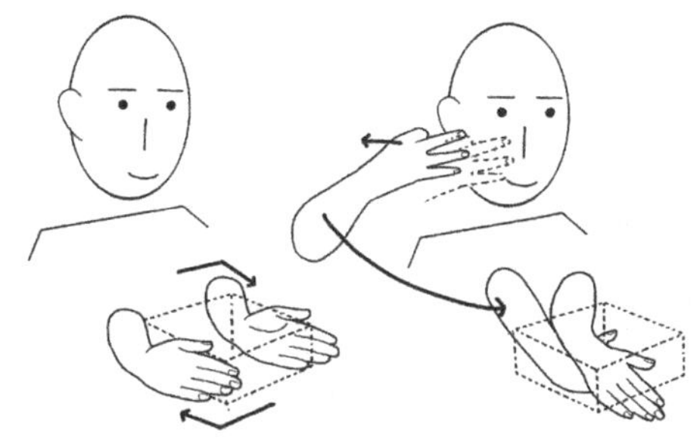

［翻译］猫在箱子下。

【例 6-8】至【例 6-11】由于空间的使用，手语所描绘出的信息非常丰富。以“猫在箱子上”为例，“在－类标记六：猫”不仅清晰地表达了“猫在箱子上”这一语义，还可以细致地表达出猫在箱子上的什么位置，是箱子的左上角还是右上角、中间等信息。

2. 专有名词

名词可以分为专有名词和普通名词。

人名、地名、机构名等都属于专有名词。

手语的专有名词非常有特色。以手语人名为例，聋人在起手语名的时候，倾向于用以下几种方式。

以生理特征为名。主要有面部特征、头发样式、身体其他方面的特征等。聋人间相互称呼主要依靠视觉，生理特征是第一选择。如有聋人喜欢用手形“H”在额部翻转表示一位“烫卷发的老师”。还有用人的服饰、配饰等来命名，如用“眼镜”“耳环”“手链”等表示某一个人。

以职业为名。以个体所从事的职业来命名。如“丁姓老师”用手势“丁＋老师”称呼，“刘姓医生”用手势“刘＋医生”表示。这种情况在汉语名字中常有使用，但大都作为称呼或尊称。聋人有时候用“老师＋某”、

“医生＋某”来称呼他人，以突出他的职业。

以身份为名。这种以身份命名的人一般在某个范围内知名度很高。

以使用物品为名。即以人物常用的物品为命名理据。这类手语名字须用交流双方熟悉的人物使用的物品来指代，否则易产生误解。如关于“扇扇子”，读过《三国演义》的人会理解为“诸葛亮”。

有的聋人会以习惯性的动作等来给一个人命名。如用“不管”的手势来指代“丁小书（化名）”，这缘于她遇到任何事情，别人问她时，她都会习惯性地说“不管”，久而久之，聋人朋友就称她“不管”。

人名如此，地名也有类似的现象。比如主手八手形，辅手一手形，表示“南昌”。一手捂住一只眼睛，是“沈阳”。手语的这些人名、地名有很多具有一定的理据性。

二、动词

动词是表示动作、行为的词。是所有词中最复杂的。

（一）动词的分类

标准不同，对动词的分类也不同。

1. 及物动词与不及物动词

根据动词后可否直接跟宾语，可以把动词分成两种：及物动词与不及物动词。

不及物动词指本身意义完整、后面不须跟宾语的实义动词，如游泳、跑步。

【例 6-12】

[**转写**] 男　跑步

[**翻译**] 一个男子在跑步。

【例 6-13】

[**转写**] 女　游泳

[**翻译**] 一个女子在游泳。

及物动词指后面必须跟宾语意义才完整的实义动词，如，“打”后边必须跟着一个对象才是合法的。

【例 6-14】

[**转写**] * 李四　打

[**翻译**] * 李四打。

【例 6-15】

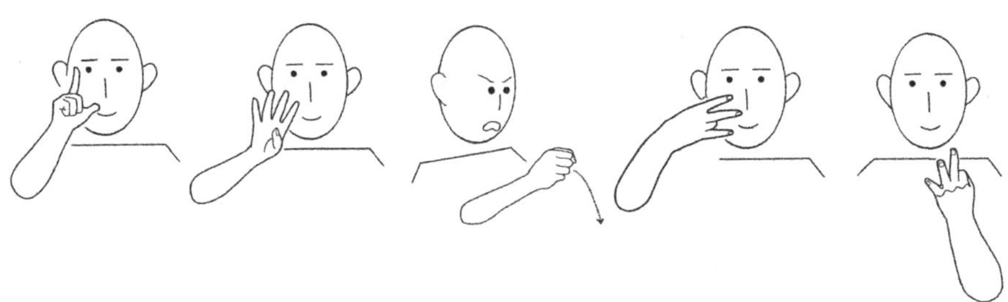

［转写］李四　打　张三

［翻译］李四打张三。

“打”是一个需要带一个宾语句子才合乎语法的动词。“给”是一个需要带两个宾语句子才合乎语法的动词。老师给他一本书。“给”需要有两个宾语，“书”是直接宾语，“他”是间接宾语。“＊老师给他”，“＊老师给书”缺一个宾语，这样的句子是不合语法的病句。

【例 6-16】

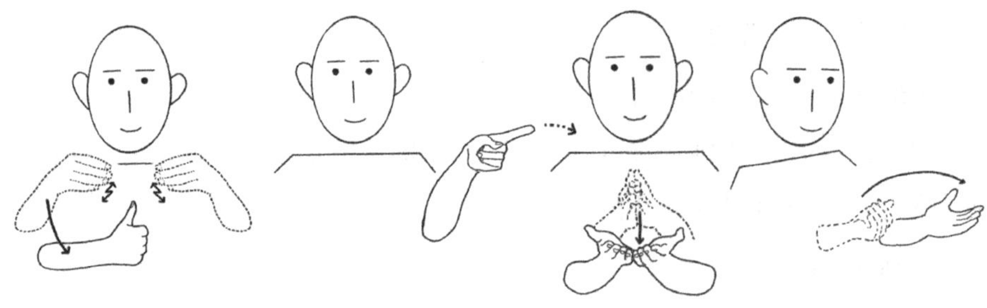

［转写］老师　他　书　给－类标记车：书

［翻译］老师给他一本书。

句子中间接宾语是“他”，直接宾语是“书”，在后续内容中如果再出现“书”时，“书”的含义可以通过类标记结构中的手形来展示。“他”则可以通过类标记结构中的朝向要素来展示。

2. 静态动词与动态动词

动词按照词汇意义可分为静态动词和动态动词。静态动词表示的是一种静止的状态，包括“存在”和“拥有”。如“是”“有”等。动态动词表示的是一种运动的状态，包括持续性动词和瞬间性动词。

持续性动词表示持续动作，如“走”“思考”“游泳”“谈话”“写”“读”。

瞬间性动词表示瞬间动作，如“敲”“眨眼”“点头”。

3. 功能性动词

根据动词在句子中的功能，可以分为以下四类。

实义动词是有实实在在意义的动词，分为及物动词和不及物动词。

系动词是用来帮助说明主语的动词，也叫连系动词，如英语中的 be 动词。

助动词是协助主要动词构成谓语动词短语的词，比如英语中的 have。

情态动词是表示说话人的情绪态度或语气的助词。

（二）手语动词的分类

Padden 将美国手语的动词分为三类，即普通动词、一致动词和空间动词。Spence 和 Wall 将英国手语（BSL）的动词也分为普通动词、一致动词和空间动词。

关于中国手语动词分类的问题，倪兰的《中国手语动词研究》对此有专门的介绍。在此，我们将中国手语的动词分为三类，即普通动词、一致动词和空间动词。

1. 普通动词

普通动词是指该动词不会以形式上的位移变化来标示和主语、谓语的语法关系。这类动词表达的时候，大多固定在身体的某一位置上，只在该位置做局部性移动，无法离开该位置做具有方向性的路径移动。这类动词如果要表达动词与主语和宾语的关系，则需要用语序或者助动词。比如，“女孩害怕狗”中的“害怕”。这个词不能通过动词的形态变化表示与主语或宾语的一致关系，但是可以有体的变化，如“害怕”这个表示心理活动的动词，通过手势的重复表示动作的持续。

2. 一致动词

一致动词是指通过动词的运动和手掌的朝向的变化表明谁发出了这个动作，谁或什么受到这个动作的影响的动词。

【例 6-17】

[翻译] A. 帮助 - 你　　　　B. 帮助 - 我

"帮助"掌心朝向谁，谁就是"帮助"的对象，即宾语。帮助"我"，掌心的朝向说明了帮助的对象是"我"，不需要像【例 6-18】那样表达，"帮助"加"我"。

【例 6-18】

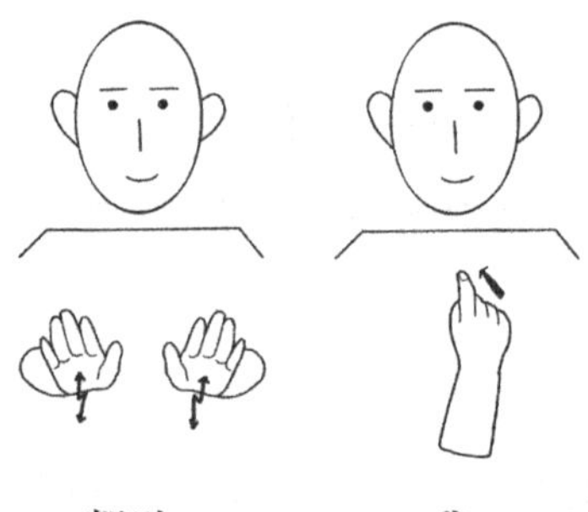

[翻译]　　帮助　　我

当一个动词可以包含谁是主语，谁是宾语的信息的时候，可以说它们之间具有一致关系。

The boy sees the girl and the girl sees the boy.

这两个句子的主语是谁，宾语是谁，很容易判断。因为语序不同，boy 和 girl 在句子中的位置不同，而且如果主语是第三人称单数，动词要加上 s，这是动词谓语要和主语保持一致的例子。

英语有时用不同的词语表示主语和宾语，如 I 和 me，一个是主格，一个是宾格。当出现这两个词语时，很容易判断谁是主语，谁是宾语。

很多手语的动词包含着主语和宾语的信息。这些信息包含在动词的位置部分或者朝向部分或者位置和朝向部分。

中国手语主要是动宾一致，也就是通过动词的变化，保持和宾语的一致。带有这个特点的动词被称为一致动词或呼应动词。这种呼应包括手掌的朝向、手指的朝向、身体倾斜及目光的改变等。

【例 6–19】

［**翻译**］A. 给－他　　　　　　　　　　　　B. 给－你

【例 6–20】

［**转写**］

主手	汽车	指$_{\text{这}}$	男	冲－类标记八：水枪
辅手		类标记车：汽车	类标记车：汽车	类标记车：汽车

［**汉语**］一个男人拿水枪洗车。

【例 6–20】中“水枪”这一手势的朝向和手语者的眼光，决定了动词的宾语是“汽车”。

3. 空间动词

空间动词是由多个表达位置、方向和移动实体的词素构成的。表示位移，使用手势空间表示真实的空间关系，并且用类标记表示移动体。

【例 6-21】

［转写］

主手	指$_{\text{这}}$	狗	掉－类标记六：狗
辅手			在－类标记门：窗户

［**翻译**］这只狗掉到了窗外。

动词“掉”，表示了位移，类标记手形——六手形代替位移物“狗”。

三、形容词

（一）形容词是表示人或事物的性质、状态、特征或属性的词。

【例 6-22】

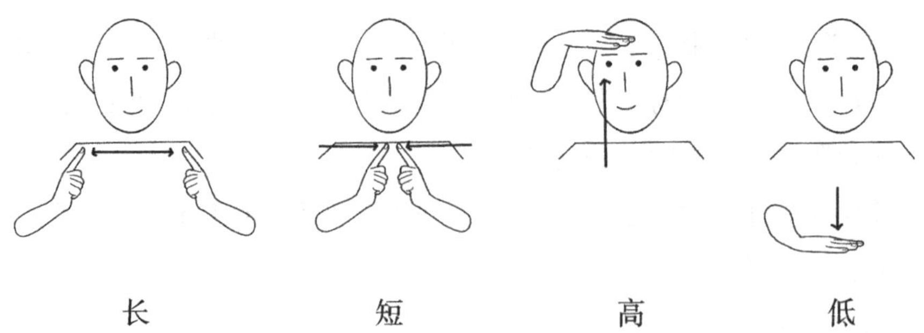

（二）形容词与名词的合并

形容词最主要的功能是做名词的定语。在做定语时，有一种手语特有的现象，即形容词和名词合并在一起。

【例 6-23】

A. 风（微风）

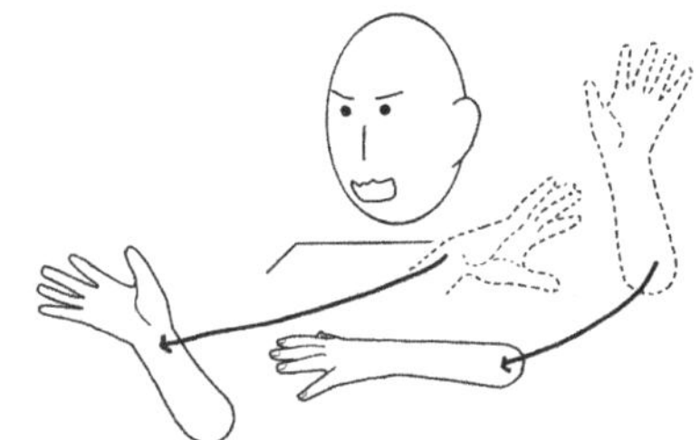

B. 大风（狂风）

【例 6-24】

A. 雨

B. 细雨 / 小雨

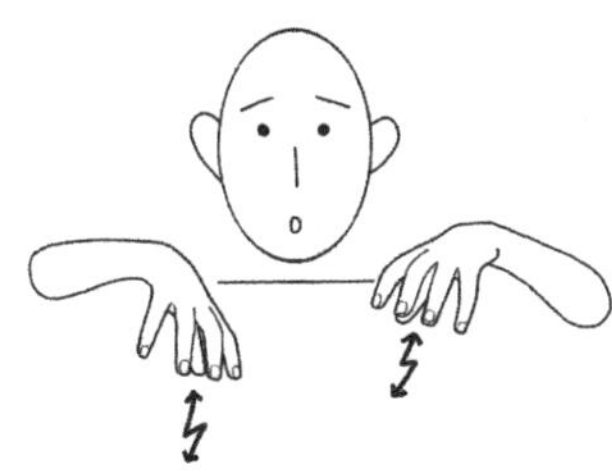

C. 中雨

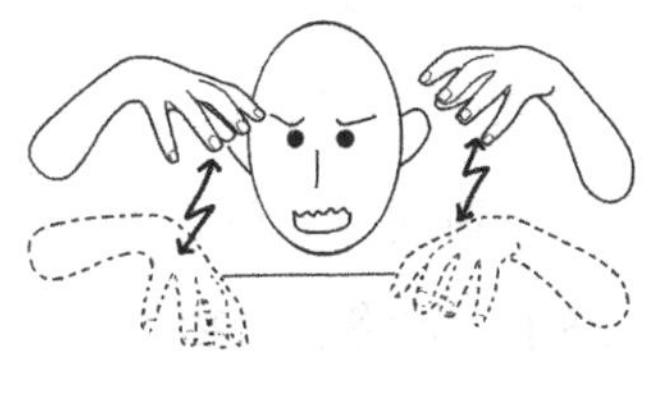

D. 大雨（暴雨）

【例 6-23】【例 6-24】中，形容词通过运动幅度的变化表达出来。

（三）形容词的级

各种形容词都具有或显或隐、或强或弱的程度性，手语形容词也不例外。

首先，手语通过表情的变化及动作幅度的改变来表达不同的程度。

“好”“比较好”“特别好”。

“清楚”“比较清楚”“特别清楚”

其次，形容词后边加表示程度的词语“很”。

【例 6-25】

［**转写**］厚　很

［**翻译**］很厚

［**转写**］远　很

［**翻译**］很远

四、副词

副词是说明动词或形容词的行为方式，表示程度、范围、时间、可能性、否定作用的词。

汉语的副词没有明显的形态标记，但是汉语副词的功能和句法位置比较固定，主要修饰动词和形容词，大多做状语。副词内部的情况非常复杂，以汉语为例，副词大体可以分为以下七类。

①程度副词，如很、非常、十分、特别、格外、极、最、太、越发、稍微、略微、比较。

②范围副词，如都、只、共、仅仅、统统、总共、全部、一概。

③时间副词，如就、才、正、在、正在、立即、立刻、马上、已经、曾经、终于、始终、忽然、偶尔。

④频率副词，如又、再、还、也、屡次、一再、再三。

⑤否定副词，如没、没有、不、别、未、未必、不用、莫、甭。

⑥语气副词，如的确、也许、大概、必定、几乎、简直、果断、竟然、居然、幸亏、其实、偏偏、难道、反倒。

⑦关联副词，如却、就、又、才、还、也。

中国手语中副词的情况也同样复杂。手语中有副词这类词语，比如表程度的“很”，表否定的“不”“没”“不用”等。也有很多情况，副词的功能由手势要素的变化来承担，如运动要素的变化，非手控信息的配合等。

【例 6-26】

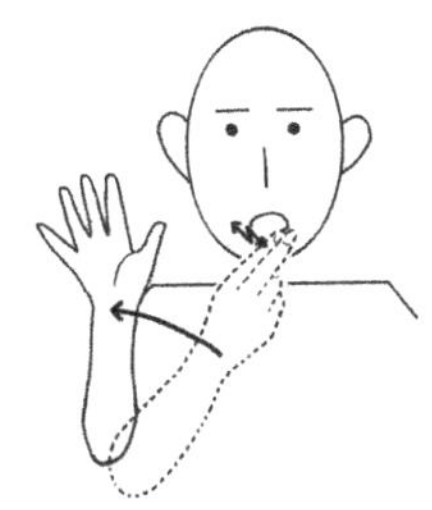

[**转写**] 吃　不

[**翻译**] 不吃

“不”作副词表否定，修饰动词“吃”。

【例 6-27】

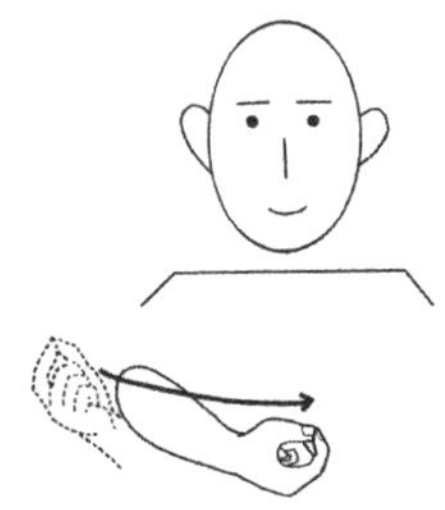

[**转写**] 快

[**翻译**] 快　很快

手语表达“快”“很快”是通过手势中运动要素的变化来表达的。

【例 6-28】

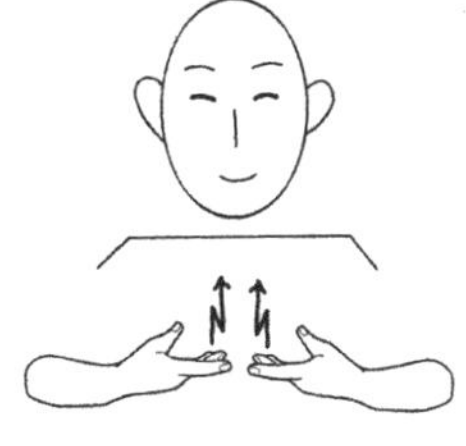

[**转写**] 高兴

[**翻译**] 高兴　非常高兴　特别高兴

手语中一般通过“高兴”这个手势动作幅度的变化和面部表情的不同来表达“高兴”“非常高兴”“特别高兴”。

第三节　代词

代词在有声语言和手语中都是非常重要的一类词语。在传统语言学研究中，一般将代词分为人称代词、指示代词、限定词、不定代词、关系代词、反身代词等。

代词是代替名词、动词、形容词、数量词、副词及一些短语形式的词。

一、人称代词

（一）人称代词

人称代词在手语中一般用“指点”的手势来表达。中国手语中人称代词大多使用“指点”手势。

【例 6-29】

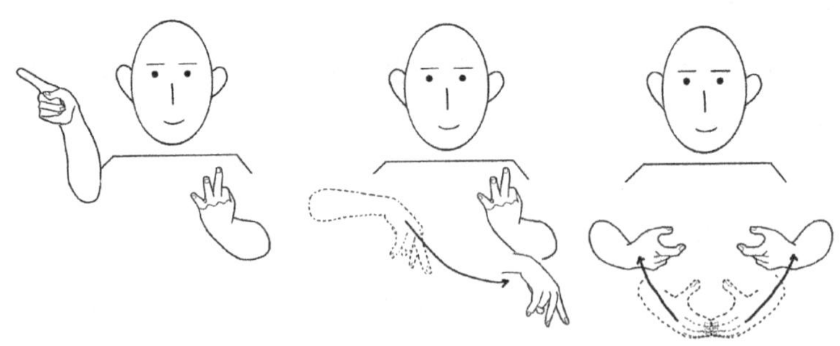

［**转写**］

主手　指$_{人3}$　　走－类标记二：男人　筐

辅手　三　　三

［**翻译**］他走过三筐梨。

【例 6-30】

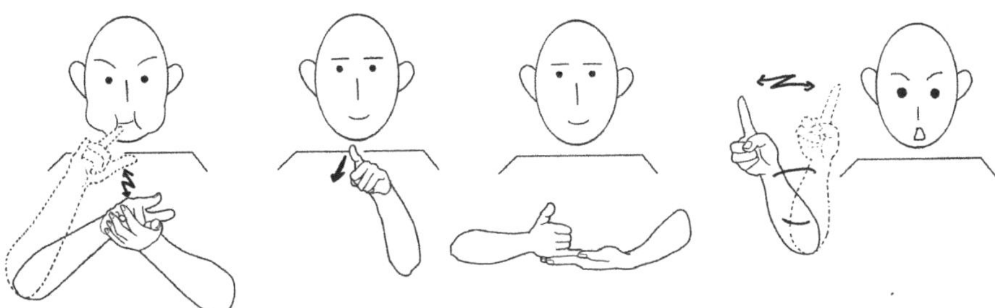

[**转写**] 青蛙　指$_{人2}$　在　哪里

[**翻译**] 青蛙你在哪里？

【例 6-31】

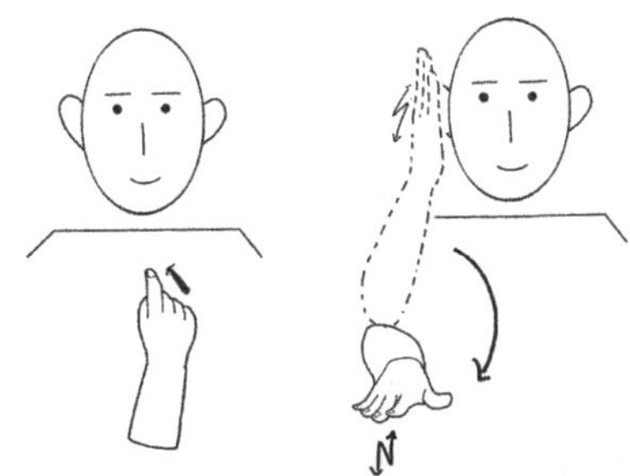

[**转写**] 指$_{人1}$　男孩

[**翻译**] 我是一个男孩。

中国手语中，“指点”手势为配合不同的人称，手指的朝向有所不同，手指朝向不同的“指点”手势分别代表第一人称、第二人称、第三人称。

【例 6-32】

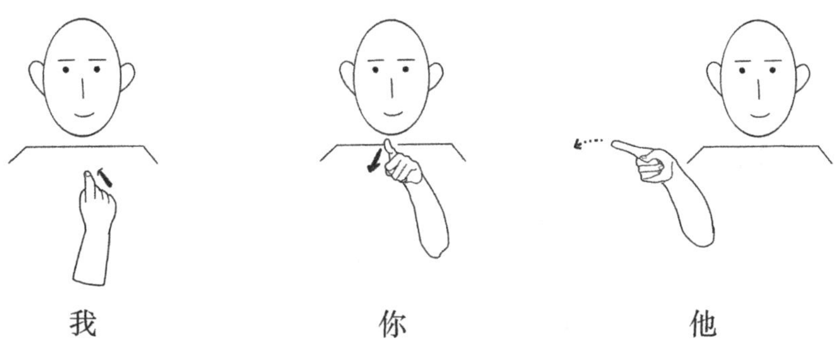

我　　　　你　　　　他

关于手语中是否区分第二人称和第三人称的问题，研究者有不同的意见。有的研究认为可区分三种人称，有的研究认为在手语中不存在第二人称和第三人称的区别，只有第一人称和非第一人称。从手控角度来区分，确实存在一定困难，但是如果加上非手控信息，我们发现“指点”手势在表达三种不同的人称时非手控信息有差别。如【例 6–33】，除了指点的方向不同，眼光和头部动作也不同。第三人称稍有侧头，目光稍有斜视；第二人称则抬头，目光直视。

【例 6–33】

［**翻译**］　第三人称（他）　第二人称（你）

（二）人称代词的其他表达和尊称

除了用“指点”的手势做人称代词以外。一手形指鼻子和用五手形轻拍手语者前胸，也是表示第一人称“我”。有的手语者用五手形向前平伸的方法表示第二人称，这是尊称，和汉语中的“您”类似。

【例 6–34】

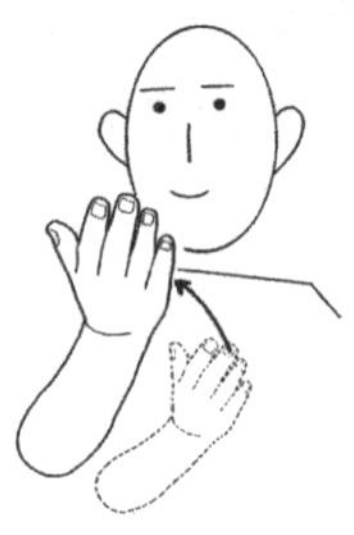

［**翻译**］您

（三）人称代词的数量表达

中国手语中的人称代词，除了可以代替单数外，还可以表达复数的概念。一般是在单数人称代词后边再加上“大家”的手势来表示。

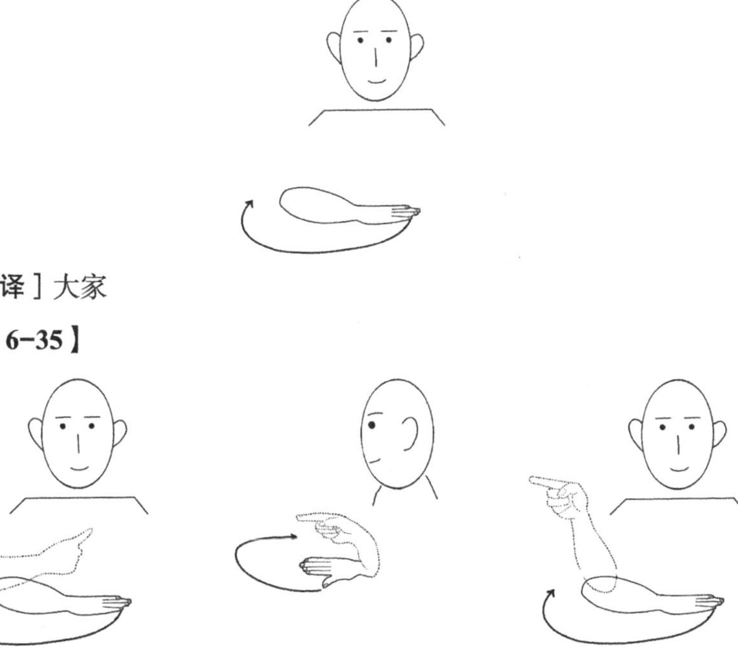

［**翻译**］大家

【例 6–35】

［**翻译**］我们　　　　　　　　　你们　　　　　　　　他们

中国手语中，表示多数的人称代词，除了“我们”以外，手语中还有“我们俩”“我们仨”“我们四个”甚至“我们全体”等表达方式。这里“我们”可以替换为“你们”。

【例 6–36】

［**翻译**］咱们（咱俩　你俩　他俩　彼此）

（四）人称代词的性和格

语言学中的性是指名词、代词、形容词通过语法形式的变化来表达人们对事物及其属性类别的认识。

英语在人称代词中有性的区别，表示男性的 he 和表示女性的 she，形式上不一样。汉语的人称代词，很久以前是不区分“她”“他”“它”的，我们现在所用的三个“ta”是白话文运动的产物。中国手语中的人称代词由“指点”的手势承担，也没有性的区别。

格表示名词、代词在句中和其他词的关系，如英语有主格和宾格之分。作主格的代词和作宾格的不一样。主格代词有 I、you、he、she、it、we、you、they。宾格代词有 me、you、him、her、it、us、you、them。格的问题，除了主格宾格以外，还有旁格、作格、与格、通格、用格等。中国手语的代词没有格的区别。

（五）人称代词和指示代词

同一个手势，有既可以分析为人称代词，也可以分析为指示词的情况。

【例 6–37】

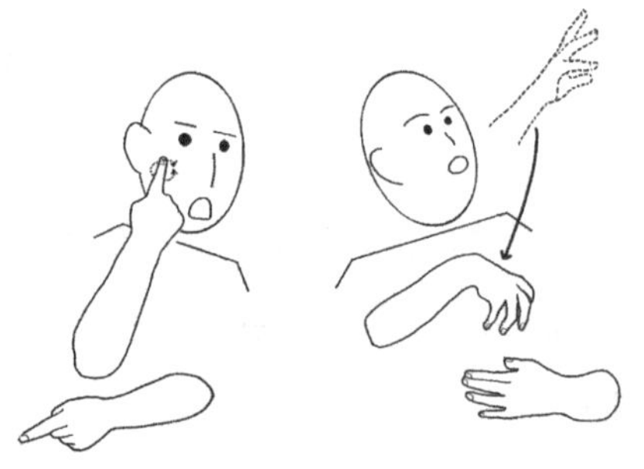

[转写] 指点？指点？ / 看不见 / 摘梨

[翻译] 专心摘梨，看不见他（那里？）。

【例 6–37】的指点手势，语义比较模糊，界定为指示词和人称代词都可以。这种情况在香港手语中也存在。

[INDEXpro-3pi/deti]DP TALL，[INDEXpro-3pi/det j]DP SHORT

‘It/This (tree) is tall，it/this (tree) is short.’

一般认为手语中的指示代词与人称代词关系密切，如当表示近指时，手势方向与第一人称相同，通常指向离身体较近的位置，在表达远指的时则与第三人称类似，方向常远离身体。手语中指示代词和人称代词的关系，从手语的角度佐证了人称代词和指示代词关系非常的密切，并且在不断发展变化的观点。吕叔湘曾指出，汉语就古代汉语而论，第三身代词跟指示代词的关系异常密切，应该合并成一类。在中国手语中，“指点”的手势是指示代词还是人称代词，须根据语境来区分。

二、疑问代词

【例 6-38】

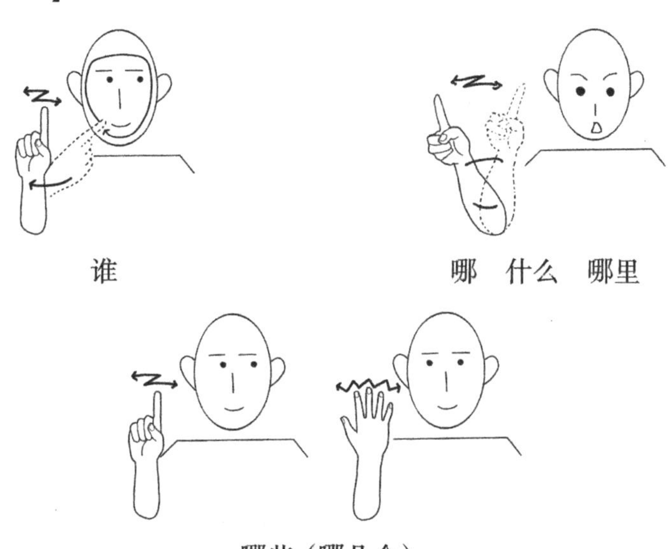

谁　　　　哪　什么　哪里

哪些（哪几个）

下面各例是疑问代词的用法。

【例 6-39】

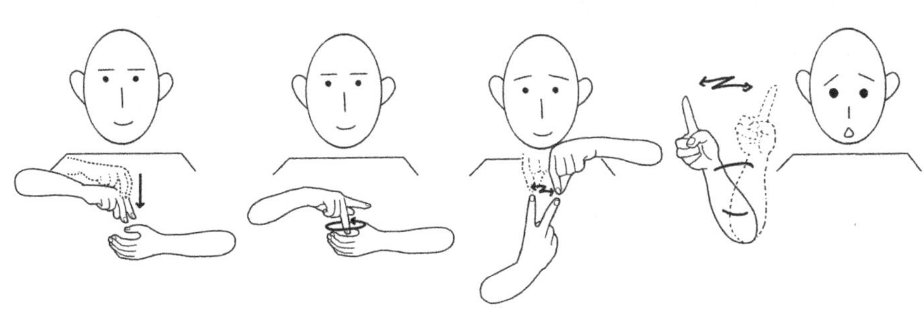

[转写]

　　　　　　　　扬眉

茶水　咖啡　二　选　哪

[翻译] 你喝茶水还是咖啡？

【例 6-40】

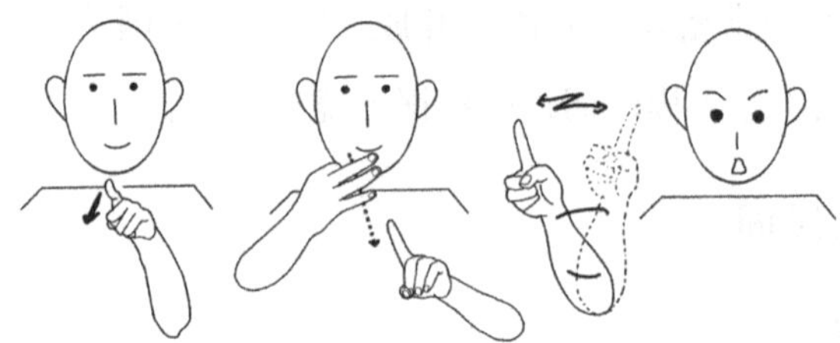

［转写］

扬眉：什么

你　名字　什么

［翻译］你叫什么名字？

【例 6-41】

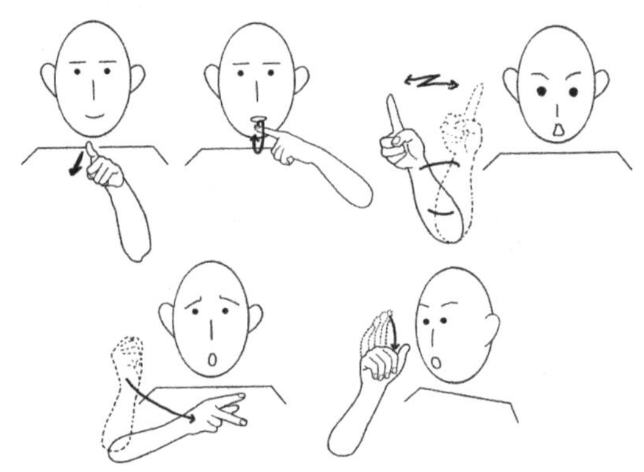

［转写］

扬眉：什么；扬眉：可以

你　说　什么　重复　可以

［翻译］你说什么？重复一遍可以吗？

【例 6-42】

［转写］

扬眉：哪里

青蛙　你　在　哪里

[翻译] 青蛙你在哪里?

【例 6-43】

[转写]
扬眉
你 老家 哪里

[翻译] 你老家是哪里的?

三、指示词

(一) 有声语言和手语中的指示词

国际通行文献对指示词并没有一个特别明晰的定义，一般指各语言中与英语中 this、that 及其复数形式相对应的语言成分。因为 here、there 等指示特征和 this 类似，有语言学家也把它们归为指示词（Demonstratives）。由于指示词有不同的句法地位，而代词的内涵又存在争议，因此有研究者认为将这类词称为指示词更为合适。典型的指示词指示是其最基本的功能，同时可以做修饰语起限定名词的作用。另外还有一些不具有代名词或限定词功能，但是与它们有共同的语义、语用特征。Diessel 认为，指示词不只应该包括独立使用的代名词和名词的修饰语，还应该包括地点副词和方式副词（Demonstrative Adverb）。因此，根据指示词的不同语法功能，产生了指示代词（Demonstrative Pronoun），指示限定词（Demonstrative Determiner），指示副词（Demonstrative Adverb）之分。

美国手语的研究表明，在美国手语中存在着“指点”（INDEX_{det}）的手势在句中做指示词的情况。

【例 6–44】 $[IX_{deti}$ BOY$]_{DP}$ LIKE CHOCOLATE^{i}

The boy likes chocolate.

【例 6–45】 JOHN　LIVE　IX_{advi}

John lives there.

【例 6–44】【例 6–45】是美国手语中“指点”手势的功能，当“$INDEX_{det}$”在名词前的时候，指点的手势“$INDEX_{det}$”相当于英语中的 the，表达限定性。而当“$INDEX_{advi}$”在名词之后时，相当于英语中的 there/here，是一个副词状语。一致关系在限定词短语（DP）中同样起重要作用，有手控和非手控两类。美国手语强调在名词性短语结构中，非手控信息包括头部倾斜和眼睛凝视的方向。

（二）作为指示词的“指点”手势在中国手语中做指示限定词

指示限定词是指示词出现在一个与名词共现的名词性短语里。“指点”的手势和名词一起，用来指称一个在说话人看来双方确知的对象。指示限定词也被称为指示形容词。指示限定词与紧邻的名词组成一个限定词短语（DP）。

1. 指示限定词在名词前表限定

【例 6–46】

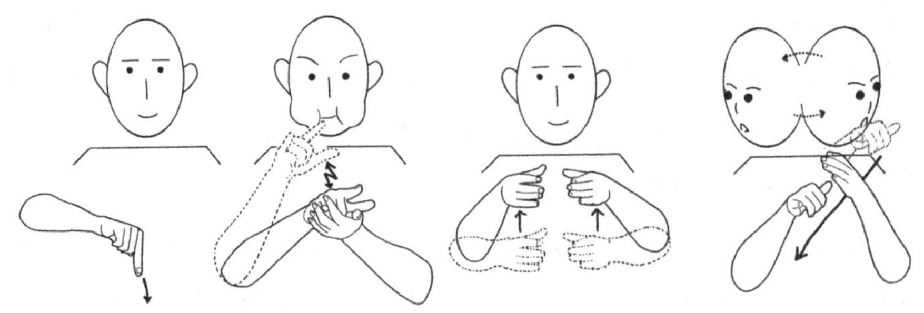

[转写] **主手**　指$_{这}$　青蛙　罐子　在－类标记六：青蛙

　　　　辅手　　　　　　　　　　　类标记杯：罐子

[翻译] 这只青蛙在罐子里左右观察。

【例 6–47】

［转写］

主手　指$_{这}$　狗　掉－类标记六：狗

辅手　　　　　类标记门：窗户

［**翻译**］这只狗掉到了窗外。

【例 6–48】

［**转写**］指$_{那}$　孩子　醒

［**翻译**］那孩子睡醒了。

【例 6–49】

［**转写**］指$_{那}$　狗趴着往上看

［**翻译**］那只狗趴在地上往上看。

【例 6-50】

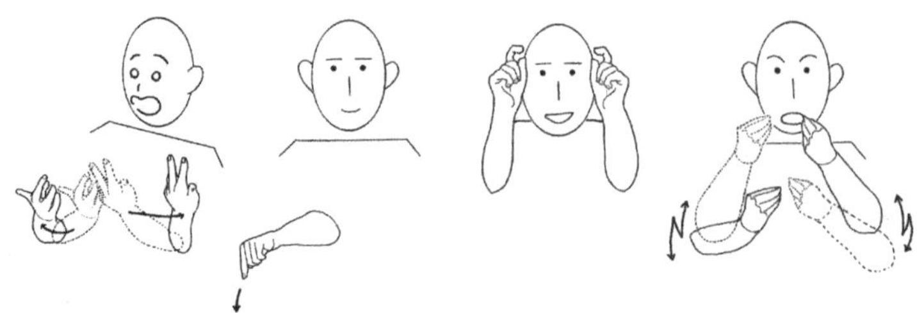

［转写］数数　指$_{这些}$　羊　吃++

［翻译］这些羊正在吃（草）。

在这五个例句中，“指点”手势所指的远、近有所不同，单、复数有所不同。将其翻译为汉语普通话的时候可分别翻译为“这”“那”、“这些”“那些”。无论是远指还是近指，单数还是复数，不影响“指点”手势在句中作具有限定性的指示词的功能。

2. 指示限定词与类标记结构结合表限定

用来指称一个确定的对象时用指示词，是很多语言的共性。在一些有冠词的语言当中，冠词来源于虚化后的指示词。指示词由于经常被用在名词前来指称确定的对象，久而久之，逐渐变成一种黏附性的前加限定成分。这一论断也适用于手语。中国手语中除了在名词前的指示词具有限定性以外，“指点”手势与类标记结构结合也可以表限定。

中国手语中指示限定词可与类标记结构同时出现。

【例 6-51】

［转写］								
主手	衣服		指$_{这}$	绿	指$_{这}$	绿	指$_{这}$	红
辅手		三	三		三		三	

［**翻译**］

三件衣服，这件是绿色的，这件是绿色的，这件是红色的。

三件衣服，第一件是绿色的，第二件是绿色的，第三件是红色的。

【例 6–51】中，三手形第一次出现表示数量，第二次出现既表示顺序，同时也是一个类标记手形，代表 3 件衣服。指点"一"可以表达"这件衣服"也可以表达"第一件衣服"。"指点"的手势和类标记结构同时出现，限定了"哪件衣服"，在此作指示限定词。类似于汉语中的"指示词加量词"，如："这件""那张"。

【例 6–52】

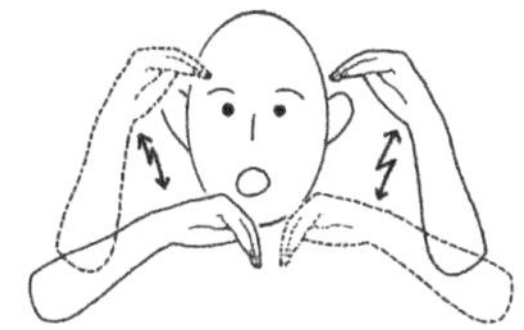

［**转写**］

主手	山	两个山洞	指这	亮
辅手			类标记杯：山洞	

［**翻译**］两个山洞，这个山洞亮。

【例 6–52】中，杯手形代替了"山洞"，一手形"指点"手势和杯手形同时出现，对杯手形所代表事物进行了限定，杯手形代表其中一个"山洞"。

在中国手语中，指示限定词和名词的位置关系是：指示限定词在名词前或以指点类标记手形的形式出现。

（三）作为指示词的"指点"手势在中国手语中做指示副词

指示副词是指示词在句中做修饰动词的成分。这些词与具有代名词和限定功能的词一样，所指要依赖语境才能得以解释，意义和距离相关。在中国手语中，它们都是"指点"的手势，同形，也就是"语音"相似。

1. 指示副词在名词前

【例 6-53】

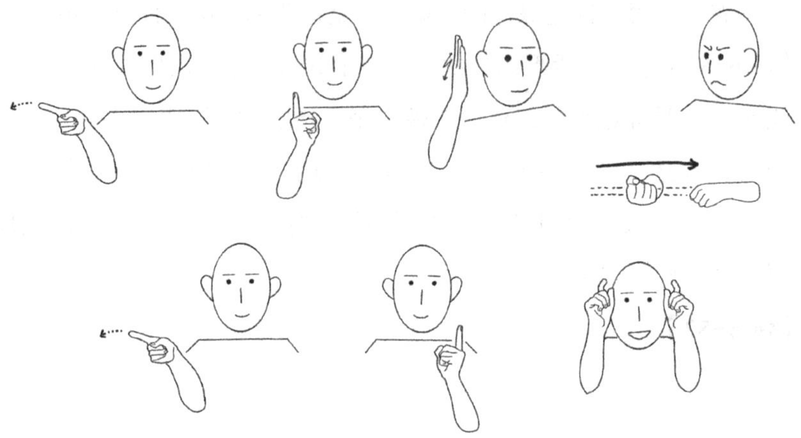

[**转写**] 指$_{那}$　一　男　拉　指$_{人3}$　一　羊

[**翻译**] 那边一个男子拉它，一只羊。

【例 6-53】“一”是一个非限定性的标记词，所以当“指点”手势不是紧邻名词，中间有其他成分“一”的时候，“指点”手势不是指示形容词，是指示副词，翻译为汉语的“这里”“那里”。句中第二个“指点”的手势是指示代词，翻译为汉语“它”。

【例 6-54】

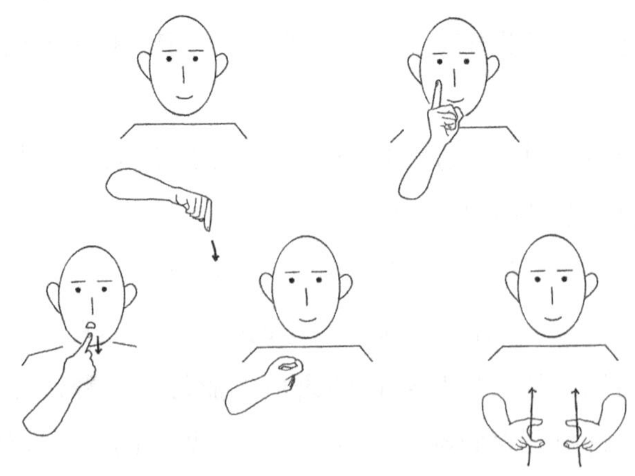

[**转写**] 指$_{这}$　一　红　枣　树

［**翻译**］这里有一棵红枣树。

【例 6–54】的情况和【例 6–53】一致。虽然“指点”手势在名词前，但不是紧邻名词的，中间有插入成分。在此“指点”手势是指示副词。

2. 指示副词在名词后

【**例 6–55**】

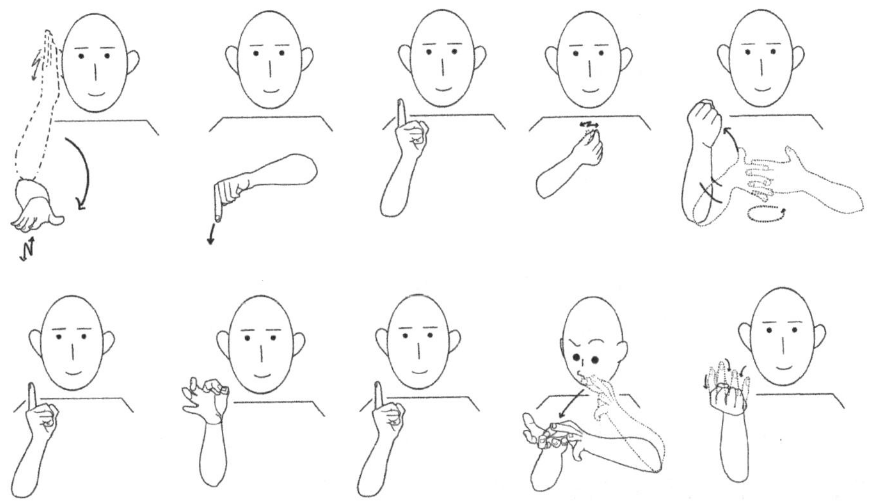

［**转写**］男孩　指$_{这}$　一　钱　美元　一　元　一　放手里　攥着

［**翻译**］这里有一个男孩，手里攥着一美元。

【**例 6–56**】

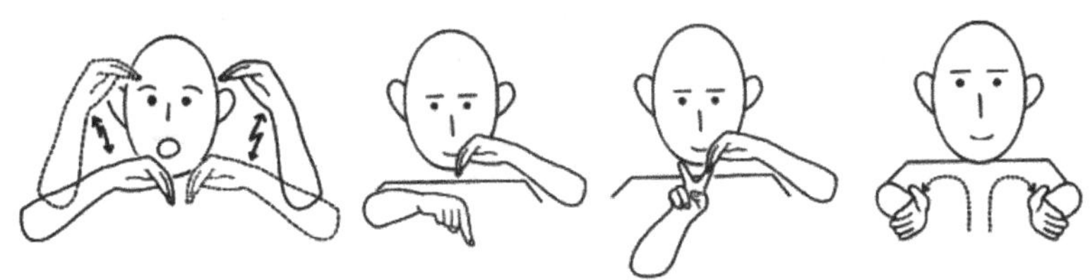

［**转写**］

主手　山　指$_{这}$　　　　2　山洞

辅手　　　类标记铲：山

［**翻译**］山脚有两个山洞。

【例 6–55】【例 6–56】中，“指点”手势或在名词后，或与名词同时出现，不具有限定功能，是指示副词，翻译为汉语普通话是“这里”“那里”。

四、物主代词

物主代词是表示所有关系的代词。

英语的人称代词与物主代词是两套词语。

I, we, you, he, she, they

my, our, your, his, her, their,

汉语的人称代词与表述事物所属的词语也是有区别的，汉语在人称代词后边加上“的”表示事物的所属。

我　我们　你　你们　她　他　它　他们

我的　我们的　你的　你们的　她的　他的　它的　他们的

中国手语的人称代词和物主代词在外形上是一样的，都是“指点”的手势。两者之间的差异在非手控信息，如身体姿态的改变等。

中国手语的物主代词的打法有三种，第一种是重复多次“指点”手势，第二种是先打出“指点”的手势，再附加非手控信息点头，第三种是先打“指点”的手势，再用五手形推向“指点”手势所对应的方向。

【例 6-57】

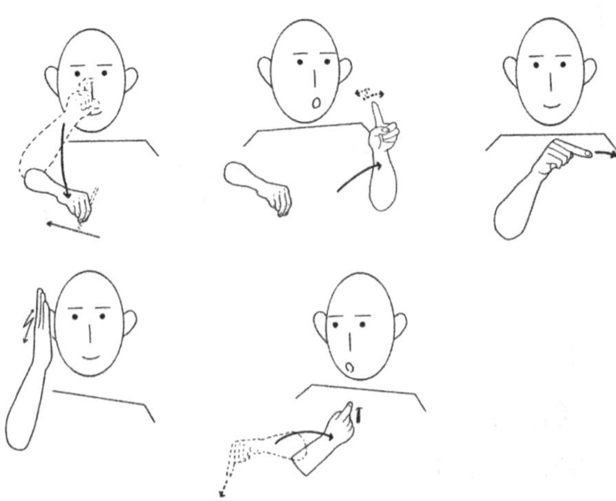

［转写］钢笔　指$_{这}$　笔　谁　指$_{那}$　男　指$_{这}$　指$_{物主1}$

［**翻译**］这钢笔谁的？那男子：这钢笔我的。

【例 6–58】

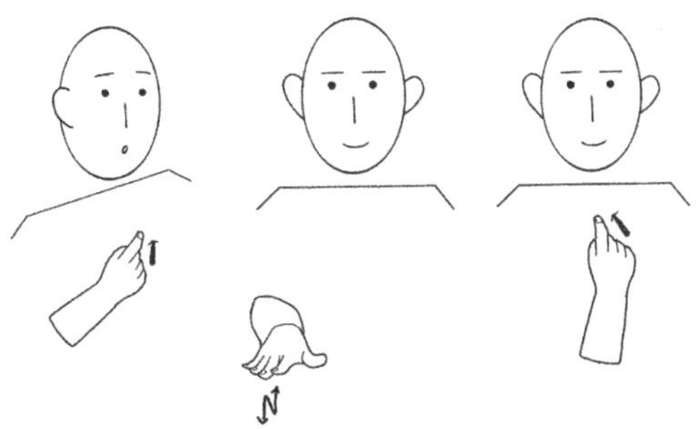

［**转写**］指$_{物主1}$　孩子　指$_{物主1}$

［**翻译**］我孩子

【例 6–59】

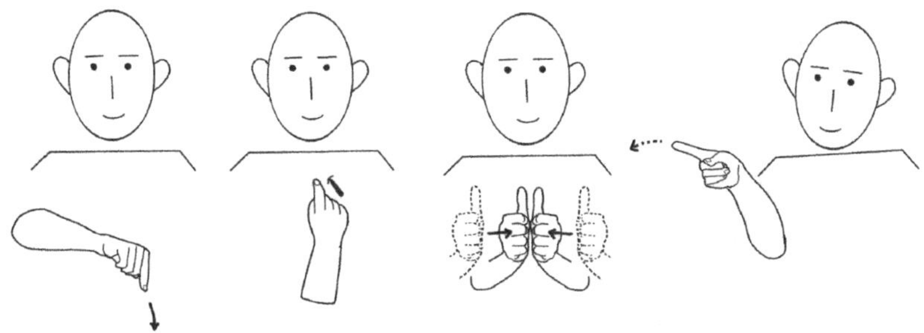

［**转写**］指$_{这}$　指$_{人}$　朋友　指$_{物主3}$

［**翻译**］这是我朋友的。

在上述例句中，“指点”的手势具有表达所有关系的功能。为了实现这一功能，除了“指点”手势的重复以外，还有非手控信息。非手控信息表现为身体向所属对象倾斜。当领有者为“我”时，身体向后倾斜，当领有者为第三者时，身体向第三者所在空间倾斜。

五、不定代词

不定代词是指不指明代替任何特定名词或形容词的代词。

在美国手语中，Neidleet 等（2000）的研究表明 ONEnum，SOMETHING/ONEdet 在美国手语中为非限定性表达。

中国手语中表达非限定性的时候，一般用以下方式。

【例 6–60】

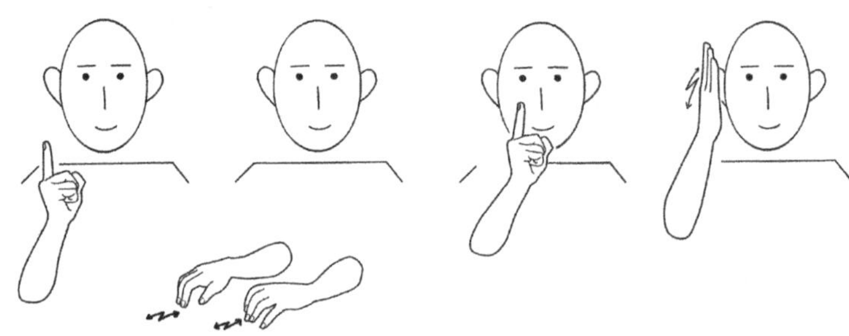

［转写］一　农民　一　男

［翻译］一个农民，一个男的。

【例 6–61】

［转写］有　一　人　男　一

［翻译］有一个人是一个男的

在【例 6–60】【例 6–61】中，由于有“一”“有　一”的出现，句子是非限定性的。在汉语中，数量结构，特别是“一・量・名”结构，常被认为是典型的非限定性。所以我们认为中国手语中的“有　一”，“一”和汉语一样，不是单纯地表达数量关系，所起的作用类似于英语的不定冠词 a，表达一种非限定性的关系，也可以说是非限定性的标记。这种情况和香港手语一样，很大程度上是因为受到汉语的影响。

第四节　中国手语名词性短语结构

一、有声语言和手语中的名词性短语

从功能角度看，定中结构短语相当于名词性短语。一个名词短语结构最少由一个名词（或名词的替代成分，如代名词）组成。现代汉语的定中短语属于偏正短语范畴。定中短语由定语和中心语组成，其间的修饰关系有时用“的”作为定语的标记。根据定语和中心语的语义关系，将其分为限定性定语（如冬季的阳光，一块桦树皮）和描写性定语（如壮丽的故宫，绿油油的庄稼）。

从语言类型学角度看，名词短语相关语序大致包括指示词与名词，数词与名词，形容词与名词，领有成分与名词，关系小句与名词，复数词与名词等。在有声语言中，这些成分之间的关系有两种语序可选择：一种是修饰性词语位于名词前，另一种是修饰性词语位于名词后。有些语言修饰语在名词前占优势，如汉语，有些语言修饰语在名词后占优势，有些语言同时存在上述两种顺序，不分主次。本节主要讨论形容词与名词、数词与名词、领有成分与名词的关系。

手语研究中，对类似定中结构的研究主要集中在限定词（Determiner)、形容词（Adjective)、物主代词（Possessives、一致关系（Agreement)，其他和限定词短语（Determiner Phrase，DP）功能投射相关问题（Other Functional Projections Within DP）等方面。研究是在生成语法的框架下进行的。多语言的研究显示，名词短语与小句结构相呼应，如同小句结构包含一个动词短语壳一样，名词短语也由 NP 壳组成。若干个与之有联系的功能投射一起与之构成抽象的句法特征，如数词、人称和限定成分。从这个观点出发，名词是名词性短语的中心语（动词是小句的中心语）。一般把名词短语看作是限定词的最高功能投射。名词短语可看作是限定词短语或是DPs，因此研究限定词短语时会涉及定中短语。限定词短语是指限定词与名词组成的短语，汉语中主要指类似于“这男生”“那棵树”“这些黄瓜”“那些西红柿”等由指示词和名词组成的短语。

中国手语中对定中短语的研究，散见于一些文献当中。沈玉林等调查发现，定语与名词中心语的位置关系为中心名词在前，修饰或限制性的成分在后，与汉语语序相反，如汉语语序“笨笨的黑熊”，中国手语的语序为“熊　黑　笨笨”。吕会华、高立群对中国手语中关系从句进行了研究。

二、限定词与名词构成的短语

限定词短语在中国手语中的表现是，限定词用“指点”的手势来表达。限词所处的位置，决定了“指点”手势的功能。具体分析见上节。

三、形容词与名词构成的短语

形容词和名词的关系最为密切，形容词的主要功能是修饰限制名词。形容词和名词的顺序关系，在有声语言中有两种：形容词在名词前，形容词在名词后。手语中，还有第三种情况，即形容词和名词合并。中国手语中，形容词和名词的关系，上述三种情况都存在。

第一种，形容词在名词之前。这种情况，形容词大多是表示颜色的。表示颜色的形容词和名词搭配，大多数是颜色形容词在名词之前。手语是视觉模式的语言，根据可别度领先像似性，颜色的冲击比名词显著，因此颜色形容词在名词之前。如果谈论的焦点发生变化，也会出现名词在颜色词前的情况。

【例 6-62】

[转写] 红　穿　毛

[翻译] 穿红毛衣

【例 6-63】

[转写] 指这　女　衣服　蓝　连衣裙

[翻译] 这个女生穿着蓝色的连衣裙。

其他形容词在名词之前的情况也逐渐趋于普遍。如【例 6-64】,【例 6-65】,形容词在中心名词前。

【例 6-64】

[转写] 纸　盒子

[翻译] 纸盒子。

【例 6-65】

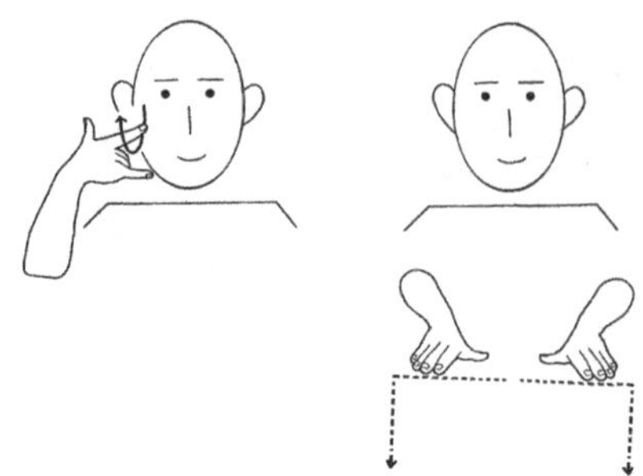

[**转写**] 新　桌子

[**翻译**] 新桌子。

第二种，形容词在名词之后。这种情况在中国手语中也比较普遍。从类型学的角度看，如果一种语言的数词在名词后，那么其形容词在名词后。中国手语的数词大多在名词之后，所以说形容词大多在名词之后是中国手语比较普遍的现象。

【例 6-66】

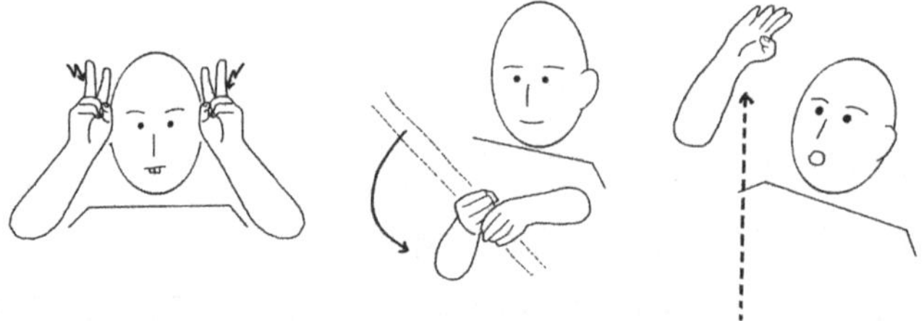

[**转写**] 兔子　棒子　高

[**翻译**] 兔子拿着一根长棍子。

【例 6-67】

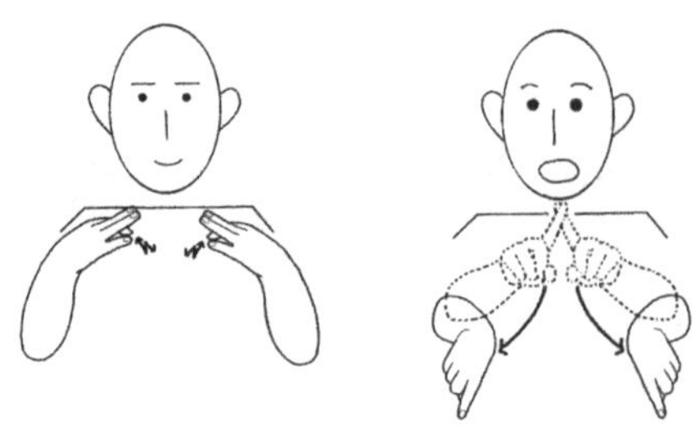

［转写］衣服　各式各样

［翻译］各式各样的衣服。

第三种，形容词和名词合并。这时的形容词大多为表示长短、高矮、宽窄等性质的形容词。尤其是长短、高矮、宽窄等成对出现在篇章中时形成比对，合并的情况更多。

【例 6-68】

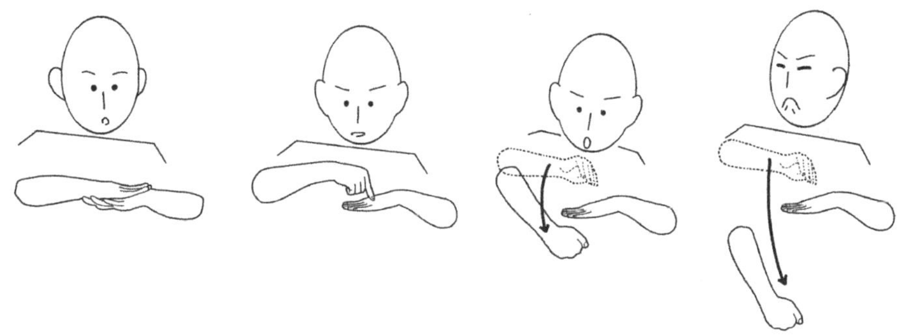

［转写］平　地　浅坑　深坑

［翻译］地上一个浅坑，一个深坑。

其他类似的还有"弯曲的河流""起伏的路""弯曲的长发"等。不是所有的形容词和名词都能合并。与名词合并的形容词大多是一些表示指称对象大小的手势或者表示指称对象大小和形状的手形。

中国手语的形容词和名词具有三种语序关系，英国手语和中国手语一样。英国手语中，做定语的形容词和名词之间也有三种位置关系，即形容词在名词前，形容词在名词后和形容词与名词合并。

四、数词与名词构成的短语

汉语中数词必须和量词搭配才可以和名词发生联系，共同组成名词性的数量短语。手语和汉语不同，手语类似上古汉语，数词可以直接修饰限制名词。

【例 6-69】

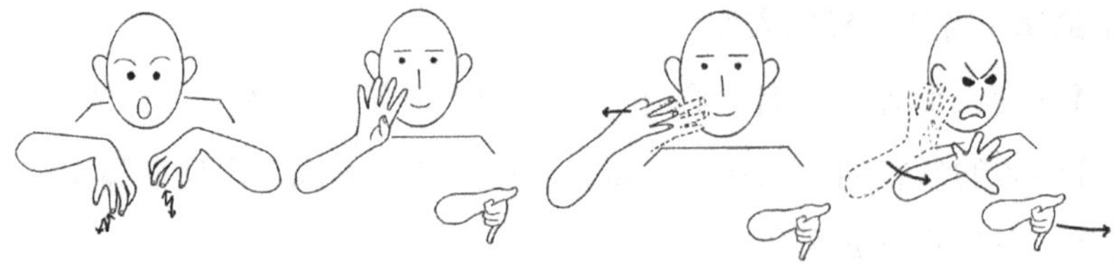

[转写]:

主手	狗 4	猫	抓 - 类标记五：猫
辅手	在 - 类标记六：狗	类标记六：狗	跑 - 类标记六：狗

[翻译]猫抓四条狗。

【例 6-70】

[转写]衣服 挂 ++ 一 二 三 选 哪 二

[翻译]挂着三件衣服，我选第二件。

【例 6-69】【例 6-70】中，基数词在名词的后边，序数词和基数词的位置一样。

【例 6-71】

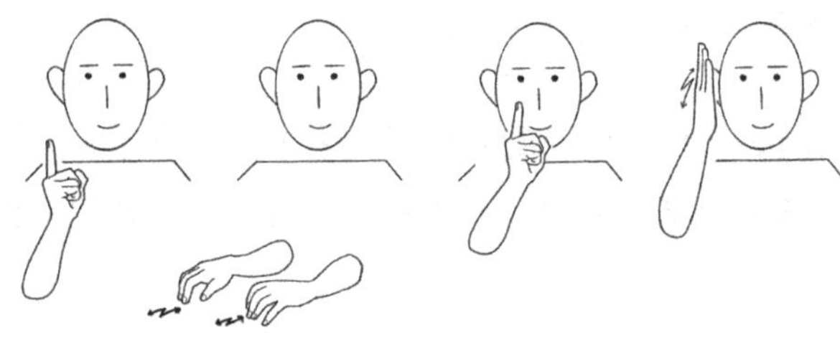

［转写］一　农民　一　男

［翻译］一个农民，一个男的

【例 6-72】

［转写］有　一　人　男　一

［翻译］有一个人是一个男的。

【例 6-71】【例 6-72】中，“一”不是单纯地表达数量关系，所起的作用类似于英语的不定冠词“a”。在汉语中，数量结构，特别是“一·量·名”结构，常被认为是典型的非限定性表达。中国手语与此类似。

五、物主代词与名词构成的短语

物主代词是表示所有关系的代词，比如“我的”“你的”等。吴铃等的调查显示，中国手语中，物主代词的打法有 3 种，第一种是重复多次“指点”手势。第二种是先打出“指点”的手势，再附加非手控信息点头。第三种是先打“指点”的手势，然后用五手形推向“指点”手势所对应的方向。第三种物主代词的打法，只在南方部分方言中存在，北方及一些南方地区，是直接使用“指点”的手势表示领有关系。

【例 6-73】

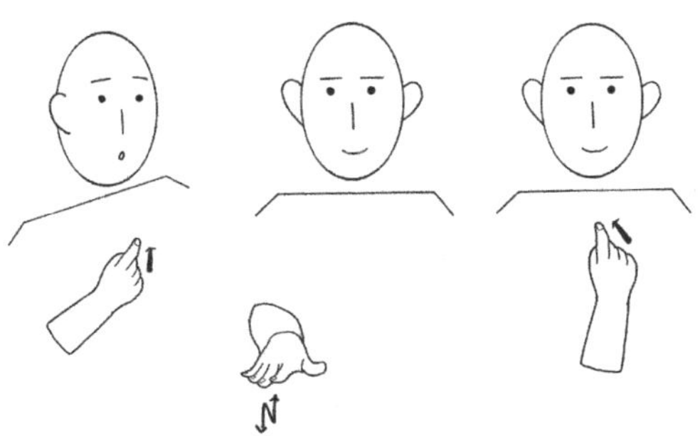

［转写］指$_{物主1}$　儿子　指$_{物主1}$（我的　儿子　我的）

［翻译］那是我儿子。

【例 6-74】

［转写］指$_{物主1}$　老师　教　英语　指$_{人3}$（我的　老师　教　英语　她）

［翻译］他是我的英语老师。

【例 6-75】

［转写］指$_{物主1}$　家　院子　树　三（我的　家　院子　树　三）

［翻译］我家院子有三棵树。

【例 6-76】

［转写］指$_{这}$　指$_{物主1}$　朋友　指$_{物主3}$（这　我的　朋友　他的）

［翻译］这是我朋友的。

【例 6-77】

［转写］钢笔　谁　指$_{那}$　男　指$_{这}$　指$_{物主1}$（钢笔　谁　那　男　这　我的）

［翻译］谁的钢笔？那个男子说这是我的。

除了重复采用“指点”手势以外，充当物主代词的“指点”手势和指示词与人称代词基本没有区别。另外，句子中会有非手控信息，非手控信息表现为身体向所属对象倾斜。当领有者为“我”时，身体向后倾斜，当领有者为第三者时，身体向第三者所在句法空间倾斜。

物主代词大多在名词短语前，为了强调有时会在名词后再次重复物主代词。

六、光杆名词

对于光杆名词（Bare Noun），不同的学者有不同的界定。本书所指光杆名词指不带任何指称性标记及各类修饰语、复数标记、复指成分的单个普通名词。

在有声语言中，光杆名词有类指和个体性用法，在此我们只讨论其作为个体性用法的定指与非定指问题。在汉语中，除了谓词性质、句法位置外，类似话题、焦点、重音等一些语用因素同样会对光杆名词的语义造成影响。

在手语研究中，研究者研究了美国手语光杆名词的数的问题，认为通过动词可以判断其数。当句中动词为一般动词（Plain Verb）时，光杆名词的数不易判断，可以是单数也可以是复数。而当句中动词为一致动词（Agreement Verb）的时候，可根据动词与主语或者宾语的一致，判断光杆名词是单数还是复数。当句中动词为空间动词（Spatial Verb）时，可以根据类标记结构的变化来判断其数。

【例 6-78】

［**转写**］男　骑自行车　骑在自行车上观察（果农）

［**翻译**］男孩骑在自行车上观察果农。

【例 6-79】

［**转写**］男　骑自行车

［**翻译**］男孩骑着自行车

【例 6-78】【例 6-79】中，光杆名词“男”，是限定性的还是非限定性的？这两句来自《梨子的故事》。偷梨子的小男孩出场时手语者说“一

男　骑自行车"，之后凡是讲到这个骑自行车的男孩的所作所为的时候，都用"男孩"指代。如故事讲到有三个男孩帮助了他时，手语者在提到骑自行车的男孩时大多还是用的"男孩"。为了和另外三个男孩区别，手语者将那三个男孩称为"三　男孩　三"。从上下文看，光杆名词"男孩"是限定性的。

不过光杆名词有时也是非限定性的。【例 6-78】【例 6-79】是回指的时候出现光杆名词，定指前文所述的对象。在很多情况下，事物第一次出现时用光杆名词表示。

【例 6-80】

［**转写**］狗　一样　狗　狗看罐子

［**翻译**］狗和男孩一样，看着罐子里的青蛙。

故事中，"狗"是第一次出现，用一个光杆名词将其引出，是无定的。

个体性用法的光杆名词的有定无定问题，在形式上比较难以判断，需要结合上下文。

汉语中，"客人来了"和"来客人了"这两句话中的"客人"的语义不同。虽然都是光杆名词，但是在"客人来了"中，"客人"是定指，而在"来客人了"中，"客人"是泛指。词语外在形式一样，但是结合语境，语义不同。中国手语的情况和汉语差不多，语用因素影响光杆名词有定还是无定的确定。至于在非手控信息方面有何不同，还须再进一步研究。

七、多项定语的问题

在中国手语中也有多项定语的问题。

【例 6–81】

[转写] 青蛙　大　二　青蛙　小　三

[翻译] 两只大青蛙，三只小青蛙。

【例 6–82】

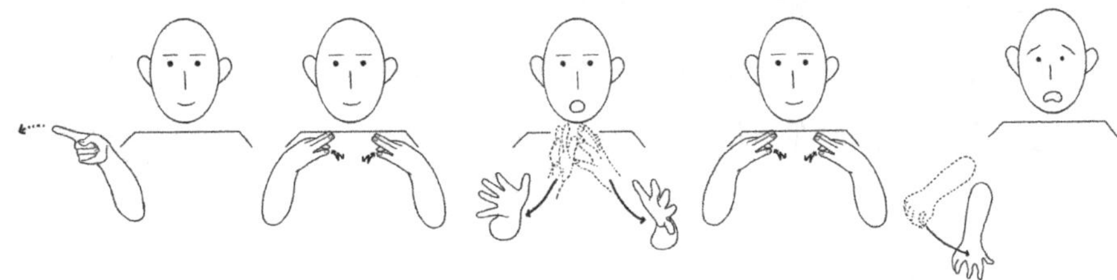

[转写] 指$_{人3}$　衣　大　衣　丢

[翻译] 他的大衣丢了。

【例 6–81】中国手语和汉语定语的排列顺序围绕中心名词成镜像。【例 6–82】汉语和中国手语顺序一致，中国手语重复中心语“衣”。

为了进一步探究中国手语中多项定语的顺序问题，本书邀请了三位手语是第一语言的北京聋人，翻译了在汉语多项定语研究中出现频率较高的两个例句，结果如下：

【例 6-83】

汉语：我们学校的两位刻苦钻研的年轻语文教师在教学方面取得了优异成绩。

A 翻译转写：我 学校 **老师** 两 年轻 语文 教 方法+ 研究+++ 得到 成功。

B 翻译转写：我 学校 年轻 **老师** 两 教 语文 教 棒 获奖 获奖 多。

C 翻译转写：我 学校 有 刻苦 钻研 两 年轻 语文 **老师** 在 教学 方面 有 成绩。

【例 6-84】

汉语：国家队的一位有着 20 多年教学经验的优秀篮球女教练。

A 翻译转写：篮球 教 20 年 熟 女 好 有 一 国家 在。

B 翻译转写：国家 队 有 一 女 蓝球 教 棒 20 年 多。

C 翻译转写：国家 篮球队 有 二十多年 经验丰富 女 教练。

以上例子可以看出，3 位聋人中，C 大致和汉语的顺序相同。A、B 将长定语进行了拆分，围绕在中心语的左右。

多项定语的语序，中国手语的排列和汉语不同。中国手语是将长定语进行了拆分，排列在定语中心语的左右。台湾地区手语中也存在这样的情况。

【例 6-85】

"These five naughty boys are my students."

台湾地区手语的表达：

a：LX_{DETPL} FIVE NAUGHTY BOY LX_{prols} BELONG-TO STUDENT

b：LX_{DETPL} NAUGHTY BOY FIVE LX_{prols} BELONG-TO STUDENT

c：LX_{DETPL} FIVE BOY NAUGHTY LX_{prols} BELONG-TO STUDENT

d：LX_{DETPL} BOY NAUGHTY FIVE LX_{prols} BELONG-TO STUDENT

多个定语排列在中心名词两边的情况在有声语言中也存在，如中国境内的少数民族语言。

【例 6-86】

汉语：这三棵大树。

安多藏：树大着三（一般）这树大三（强调）。

景颇：这树大三　树大这三。

独龙：这树大三棵。

白语：大树这三棵。

中国手语多项定语的问题比较复杂，由于中国手语和汉语语言接触的原因，一些手语者的手语受到汉语语法的影响，出现了语序向汉语靠拢的情况。大多数手语者在自然表达的时候，倾向于将几个定语分列于中心名词两侧或者全部在中心名词的右侧。

中国手语中定语和中心语构成的名词短语的语序问题，从语序类型学的角度看，符合语言的普遍特性。指示词与名词，由于指示词的可识别度高于名词，所以指示词在名词前的情况更普遍一些。数词与名词，在大多数语言中，基数词和序数词的位置相对于名词来说是一致的，或者都前置或都后置。中国手语属于后置的情况。而形容词和名词之间位置关系比较自由，和这种语言的基本语序是宾语 + 动词（OV）还是动词 + 宾语（VO）关系并不大。

Greenberg's Universal 20 显示了指示词（Dem）、数词（Num）和形容词（Adj）与名词（N）中心语的顺序关系。

U20A：Dem > Num > Adj > N；U20B：N> Dem > Num > Adj；U20C：N > Adj > Num > Dem

我们分析【例 6-83】【例 6-84】

结果如下：

【例 6-83】A：Dem N Num Adj

【例 6-83】B：Dem Adj N Num

【例 6-83】C：Dem Num Adj N

【例 6–84】A：Dem N Num Adj

【例 6–84】B：Dem Num N Adj

【例 6–84】C：Dem Num Adj N

【例 6–83】C,【例 6–84】C 的表达方式符合 U20A。而【例 6–83】B 和【例 6–84】B 的表达方式，根据 Zhang N 对台湾地区手语的研究认为这是 U20A 转换的结果。而【例 6–83】A,【例 6–84】A，则可以解释为由于修饰性成分在中心名词的右侧，稳定性会变弱，从而会出现多种语序。

参考文献

[1] 岑运强 . 语言学基础理论 [M]. 北京：北京师范大学出版社，2011.

[2] 丁志清，唐勤 . 中国手语名字与手势汉语名字比较研究 [J]. 现代特殊教育，2013（10）：8-10.

[3] Padden C. The interaction of morphology and syntax in American sign language[M]. New York:Garland Publishing，1988.

[4] Raehel Sutton, S Pence，Bencie WOll. The Lingusties Of British Sign Language[M]. London：Cambridge University Press，1999.

[5] 吕会华 . 中国手语中的“指点”手势研究 [J]. 绥化学院学报，2017，37（7）：8-13.

[6] 吴铃，李恒 . 手语代词系统研究综述 [J] 中国特殊教育 2013（9）：21-26.

[7] G Tang，F Sze. Nominal expressions in Hong Kong Sign Language：Does modality make a difference [C]. Downloaded from Cambridge Books Online by IP 137.189.84.195 on Wed Mar 05 03：54：11 GMT 2014. http://dx.doi.org/10.1017/CBO9780511486777.015 Cambridge Books Online © Cambridge University Press，2014

[8] 张家文 . 汉语人称代词和指示代词关系初探 [J]. 云梦学刊，2000（3）：53-58.

[9] 陈玉洁 . 汉语指示词的类型学研究 [M]. 北京：中国科学出版社，2010.

[10] 王远杰 . H. Diessel 的指示词研究 [J]. 当代语言学 2008（4）：363-367.

[11] Carol Neidle，Judy Kegl，Dawn MacLaughlin. The Syntax of American Sign Language Functional Categories and Hierarchical Structure[M]. Cambridge:Massachusetts，2000：87-107.

[12] MacLaughlin，Dawn. 1997. The structure of determiner phrases：Evidence from American Sign Language[D]. Doctoral dissertation，Boston University，107-168.

[13] G Tang, F Sze Nominal expressions in Hong Kong Sign Language : Does modality make a difference [C] Downloaded from Cambridge Books Online by IP 137.189.84.195 on Wed Mar 05 03 : 54 : 11 GMT 2014. http://dx.doi.org/10.1017/CBO9780511486777.015 Cambridge Books Online © Cambridge University Press, 2014

[14] 方梅.指示词"这"和"那"在北京话中的语法化[J].中国语文，2002（4）：343-383.

[15] 吕会华，王红英.中国手语名词短语的语序[J].中国听力语言康复科学杂志，2017(6).

[16] 戴维•克里斯特尔.现代语言学词典[M].沈家煊，译.北京：商务印书馆，2011.

[17] 黄伯荣，廖旭东.现代汉语[M].北京：高等教育出版社，2004.

[18] 陆丙甫，金立鑫.语言类型学教程[M].北京：北京大学出版社，2015.

[19] Bahan Kegl, MacLaughlin, Neidle. Convergent Evidence for the Structure of Determiner Phrases in American Sign Language [C].Syntax II & Semantics/Pragmatics. Distributed by the Indiana University Linguistics Club, Bloomington, Indiana, 1995：1-12.

[20] MacLaughlin, Dawn. 1997. The structure of determiner phrases : Evidence from American Sign Language[D]. Doctoral dissertation, Boston University, Boston, MA

[21] Carol Neidle, Judy Kegl, Dawn MacLaughlin. The Syntax of American Sign Language Functional Categories and Hierarchical Structure [M].Cambridge, Massachusetts London, 2000：87-97

[22] Tang G, Sze F.Nominal expressions in Hong Kong Sign Language : Does modality make a difference[C]. Downloaded from Cambridge Books Online by IP 137.189.84.195 on Wed Mar 05 03 : 54 : 11 GMT.2014.http://dx.doi.org/10.1017/CBO9780511486777.015 Cambridge Books Online © Cambridge University Press, 2014.

[23] 沈玉林，邵宝兴.中国手语实用会话[M].郑州：郑州大学出版社，2009.

[24] Rachel Sutton. Spence, Bencie Woll. The linguistics of British sign language An Intronction [M]. Cambridge: Cambridge University Press, 2010.

[25] 黄婷婷.谈汉语不定指中的实指[J].湖北师范学院学报（哲学社会科学版），2015,（1）：14-19.

[26] 吴铃，李恒.手语代词系统研究综述[J].中国特殊教育，2013,（9）：21-26.

[27] 王秀卿，王广成.汉语光杆名词短语的语义解释[J].现代外语，2008，31（2）：

131-140.

[28] Karen Petronio. Bare Noun Phrases, Verbs, and Quantification in ASL Quantification in Natural Languages[M]. Berlin:Springer，1995.

[29] Zhang N. Universal 20 and Taiwan Sign Language[J].Sign Language and Linguistics，2007，10（1）：55-81.

[30] 戴庆厦 . 藏缅语的形修名语序 [J]. 中国语文，2002，（4）：373-379.

第七章　手语的句子

句法学是研究短语规则和句子规则的。一种语言中，音位的数量有限，语素的数量有限，词语的数量也是有限的，而句子的数量是无限的。人一辈子所说的话不计其数。人为什么可以用有限的词语组合成无限的句子呢？这是因为语言具有创造性和递归性的特点。递归性，借用的是一个数学概念，在语言学中，指同一个语言规则的反复使用。只有掌握了一种语言的句法规则，才可以自如地理解和创造出大量用于沟通交流的句子。

第一节　句子

一、句法成分

传统语言学认为，一个句子由主语、谓语、宾语、定语、状语、补语等成分构成。

（一）主语

《现代语言学词典》对主语一词的解释是：主语，指句子或者小句结构的一大组构成分，传统上与动作的“实施者”相联系。

以汉语为例，主语一般由名词或名词性短语充当，通常表示人、物，有时表示方位、处所或时间。

老师们在备课。(表示人)

杯子洗干净了。(表示事物)

阅览室里有很多报刊。(表示方所)

今天是个好日子。(表示时间)。

中国手语也一样。主语大多由名词或名词性短语充当。

【例 7-1】

[转写] 男　开门。(表示人)

[翻译] 男子打开门。

【例 7-2】

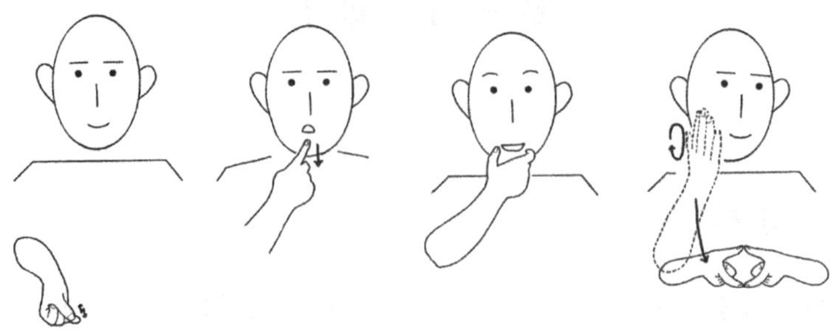

[转写] 小红　喜欢　苹果。(表示人)

[翻译] 小红喜欢苹果。

【例 7–3】

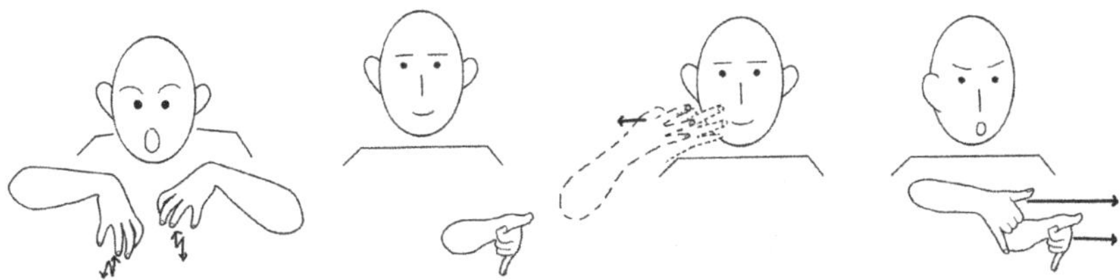

［转写］

主手　狗　　　　　　　　　　猫　追 – 类标记六：猫（表示动物）

辅手　　　在 – 类标记六：狗　　　跑 – 类标记六：狗

［翻译］猫追狗。

【例 7–4】

［转写］树　倒 – 类标记雨：树（表述物）

［翻译］树倒了。

【例 7–5】

［转写］现在　吃饭（表示时间）

［翻译］现在吃饭。

【例 7–6】

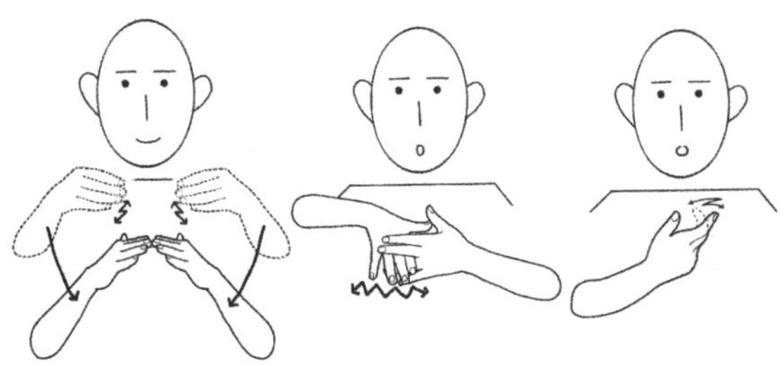

［转写］教室　空调　有（表示方所）

[**翻译**] 教室有空调。

从语义关系看，主语有多种类型。如动词谓语句，有施事主语、受事主语和其他主语。施事主语所指事物施行谓语所表示的行为，如：学生们在踢球。“学生们”是“踢”这个行为的实施者。受事主语所指事物承受谓语所表示的行为。如：杯子洗干净了。“杯子”是“洗”这个行为的承受者。还有既不是施事也不是受事的主语，如：沙发上躺着一位老人。“沙发上”和动词谓语“躺”之间没有施受关系。

（二）谓语

谓语是陈述主语的成分。

以汉语为例，谓语一般由谓词性成分来充当。

张老师游泳。“游泳”（动词）

王老师跑步。“跑步”（动词短语）

小红很漂亮。“很漂亮”（形容词短语）

除了谓词性词语，非谓词性短语有时也能成为谓语。

鲁迅浙江人。“浙江人”（名词短语）

这只小猫八斤。“八斤”（数量短语）

中国手语，谓语一般由谓词性成分来充当，有时也有非谓词性短语成为谓语。

【例 7–7】

[**转写**] 小红　跑步。“跑步”（动词）

[**翻译**] 小红在跑步。

【例 7-8】

[**转写**] 小红　漂亮。(形容词)

[**翻译**] 小红很漂亮。

【例 7-9】

[**转写**] 他　张三 (名词)

[**翻译**] 他是张三。

【例 7-10】

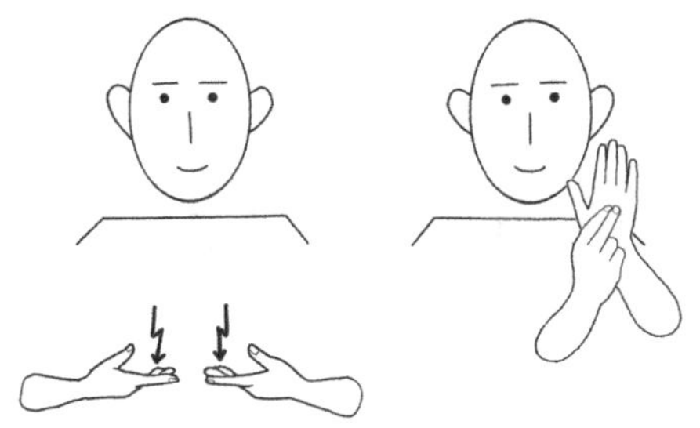

[**转写**] 今天　星期天。(名词)

[**翻译**] 今天星期天。

在手语中，还有多语素词语类标记结构充当谓语的情况，称为类标记谓语。详见本书类标记有关章节。

主语和谓语是句子的两个基本成分。一般的单句都是由这两部分构成。在分析句子时，有动词充当谓语的句子，叫动词谓语句。由形容词充当谓语的句子，叫形容词谓语句。由名词充当谓语的句子，叫名词谓语句。以此类推。

（三）宾语

《现代语言学词典》对宾语一词的解释是：宾语，指句子或者小句结构几大组构成分之一，传统上与动作的“接受者”或者“目标”相关。

宾语通常也是由名词性词语充当。和宾语相对的动词性成分称为“动语”。带宾语的可以是动词，也可以是动词短语。

以汉语为例。

小红吃包子。谓语“吃”(动词)，宾语“包子”(名词)。

编写参考资料。谓语“编写”（动词)，宾语“参考资料”（名词性短语)。

他感到自豪。谓语“感到”(动词)，宾语“自豪”(形容词)。

他想学外语。谓语“想”(动词)，宾语“学外语”(动词性短语)。

老板写错了几个字。动语“写错了”（动词性短语)，宾语“几个字”(数量短语)。

中国手语的宾语大多由名词性短语充当。

小红　包子　吃。动语“吃”(动词)，宾语“包子”(名词)

（四）定语

定语是修饰、限制名词性成分的成分。受定语修饰、限制的名词性成分叫中心语。

以汉语为例。

新鲜蔬菜　“新鲜”(形容词) 定语，“蔬菜”(名词) 中心语。

红衣服　　“红”(形容词) 定语，“衣服”(名词) 中心语。

木头房子　“木头”(名词) 定语，“房子”(名词) 中心语。

“骑自行车”（动词短语）定语，“男孩”（名词）中心语。

那山上　　“那”（代词）定语，“山上”（名词性短语）中心语。

三个苹果　“三个”（数量词）定语，“苹果”（名词）中心语。

我的老乡　“我的”（代词）定语，“老乡”（名词）中心语。

中国手语的定语由代词、形容词、数词以及小句等充当。

【例 7-11】

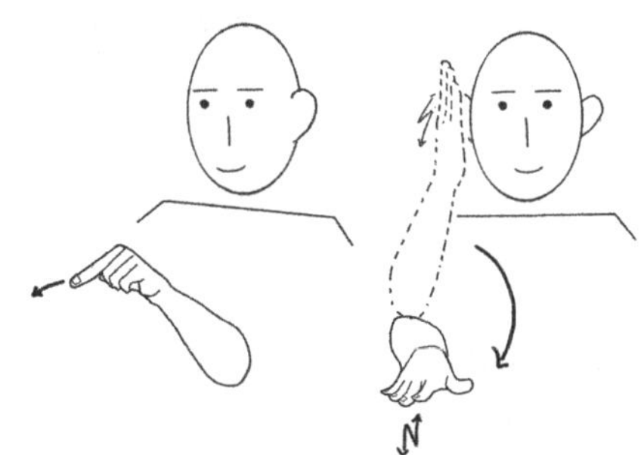

［转写］指$_{这}$　男孩

［翻译］这个男孩。

“指点（这）”（代词）定语，男孩（名词）中心语。

【例 7-12】

［转写］兔子　棍子　长

［翻译］兔子拿着一根长棍子。

“长”（形容词）定语，“棍子”（名词）中心语。

【例 7-13】

［转写］衣服　各式各样

［翻译］各式各样的衣服。

“各式各样”（形容词）定语，“衣服”（名词）中心语。

【例 7-14】

［转写］指$_{物主1}$　儿子　指$_{物主1}$（我的 / 儿子 / 我的）

［翻译］那是我儿子。

“指点”（代词）定语，“儿子”（名词）中心语。

【例 7–15】

[转写] 男　骑自行车　书　丢

[翻译] 骑自行车的男子把书丢了。

“骑自行车”(动词短语) 定语,“男子”(名词) 中心语。

另外,手语中,形容词和中心语有合并的情况。

(五) 状语

状语是修饰限制谓词性成分的成分。受修饰限制的谓词性成分叫中心语。

以汉语为例。

逐渐地成熟　“逐渐”状语,“成熟”中心语。

认真研究　　“认真”状语,“研究”中心语。

非常快　　　“非常”状语,“快”中心语。

中国手语状语的情况也比较复杂。因为手语同时性的特点,手语中的部分状语是通过手势中要素的改变以及非手控的变化来表达的。

【例 7–16】

[转写] 快

[翻译] 快　很快　非常快　特别快

汉语是通过程度副词来表达“快”的程度。手语则是通过手势要素中的运动要素的改变,辅以非手控信息来表达。在运动中,“特别”比“非常”快。在表示长时间做某事时,通过手势的持续来表达。如“长时间地盯着某物看”。修饰限制“看”的时间长短的语义,是通过手势动作的持续来表达的。

类似的例子还有:

高兴　非常高兴　特别高兴

漂亮　非常漂亮　特别漂亮

(六) 补语

补语是对谓词性成分进行补充说明的成分。带补语的谓词性成分叫中心语。

以汉语为例。

吃得香　　“吃”(动词) 中心语，“香”补语。

红得发紫　“红”(形容词) 中心语，“发紫”补语。

走进来　　“走”中心语，“进来”补语。

热闹万分　“热闹”中心语，“万分”补语。

同样，中国手语补语的情况也比较复杂。

【例 7-17】

[**转写**] 瘦　很

[**翻译**] 很瘦。

“很”是对形容词“瘦”的补充说明，说明“瘦”的程度，是补语。

【例 7-18】

[**转写**] 兔子　跑　快　蹦蹦跳跳

[**翻译**] 兔子蹦蹦跳跳跑得快。

在这句手语中，“快”“蹦蹦跳跳”是“跑”的补语。

二、手语句子的切分

句子是语言运用的基本单位。一般来说，一个句子表达一个完整的意义。书面语大多有标记，比较容易确定句子的边界，如英语句子通过首字母大写来表示。汉语书面语也可以通过标点符号来确定句子的边界。口语判断句子的边界比较困难，主要依靠语调的变化及停顿时间的变化。

手语是依靠手势之间的停顿时间、手势保持的时间长短及整个句子中眨眼、凝视方向的改变、眉毛、头部的变化等综合因素来判定手语句子的边界。

【例 7-19】

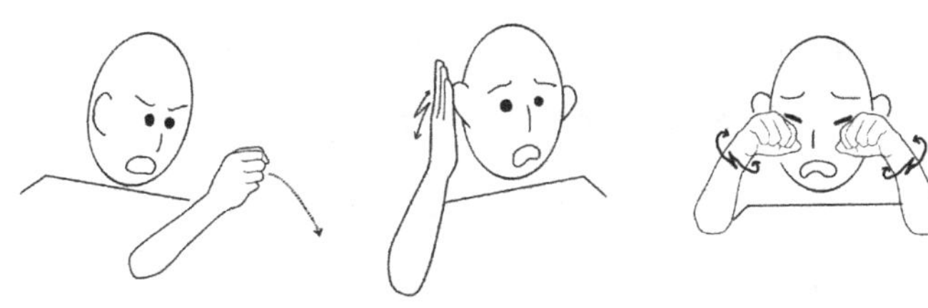

［**转写**］打　男　哭

［**翻译**］打男孩，男孩哭了？打哭泣的男孩？

“打　男　哭”这样的手语句子，有两种断句的可能。一种是有因果关系的两个手语句子，第一个小句是：打男，第二个小句是：哭。另一种情况的意思是：打哭泣的男孩。需要根据手势“男”的停顿时间、手势长度、整个手语句子中眨眼、凝视方向的改变、眉毛位置的改变、头部位置的改变等因素综合进行考察，进而判断其是简单句还是复杂句。

第二节　语序

一、语序

语序（Word Order），是指一种语言中词语的组合次序。词语的排列顺序不同，表达的语法意义和句子意义都会有比较大的差异。比如汉语“太阳红”和“红太阳”。由于语序不同，前者是主谓结构，表示的是陈述关系，说明太阳什么样，后者是偏正结构，表达的修饰限制的关系，说明什么样的太阳。汉语是一种对语序要求非常严格的语言。而一些形态变化丰富的语言，语序方面就比较灵活，如拉丁语，其语法关系由屈折形态表示。

世界语言地图显示，Subject，Verb，Object 的关系，可以有六种组合，即 SOV，SVO，OSV，OVS，VSO，VOS。根据谓语和宾语的关系，又归纳出 OV 和 VO 两种类型，即动词在名词前，还是在名词后。从世界语言的范围看，OV 类型的比例高于 VO 类型。通过对 1377 种语言的调查发现，在这些语言中，565 种是 SOV 语序，488 种是 SVO 语序。

手语作为一门视觉模式的语言，其手势之间的排列不完全是线性的，有很多同时性的结构。这给确定手势的排列顺序带来了困难。以主语（Subject）、谓语（Predicate）、宾语（Object）三者的关系为例，从线性的角度看，中国手语中存在着几种语序。

SVO

我　喜欢　猫

SOV

我　猫　喜欢

OSV

猫　我　喜欢

SVOV

我　喜欢　猫　喜欢

在具体使用手语的过程中，还会出现这样的顺序，

喜欢　猫

主语“我”没有，手语者身体是句子的主语。

又如，

猫　我　喜欢。

宾语移位到句首。这时“猫”变成了这句话的话题。“猫”这个手势持续的时间，“猫”和“我”两个手势之间停顿的时间，都会比不在此位置时有所延长，甚至还会出现点头、眨眼等非手控标记伴随，以表示“猫”是此句的话题。

二、手语者身体做主语

在手语中，除了手势可以作为句子的主语外，手语者自己有时就是整个句子的主语。身体虽不像手形一样有不同的形状并且可以移动，但它往往代表句子中最显著的论元：句子的主语。但是只有在句子的主语为生命体的情况下，身体才会代表句子的主语。操手语者的身体在整个句子中具有非常重要的语法地位。

【例 7-20】

[转写] 包子　吃

[翻译] 吃包子。

在这句中，没有指明谁吃包子，也就是句子的主语没有出现，但是手语者都知道这里有主语，主语就是手语者。指称的可以是自己，也可以是旁人，要根据上下文来判断。

除了篇章中截取的句子，在语言调查中，要求手语者打出单独小句时，同样会出现没有实体主语的情况。

【例 7-21】

[转写] 门　拧－类标记拳：把手

[翻译] 打开门。

【例 7-22】

[转写] 关　门

[翻译] 关门。

在此，手语者的身体作为句子的主语，是动作的发出者，是施事。

【例 7-23】

［转写］书　给（我）

［翻译］把书给我。

手语者的身体是动作的接受者，是受事。

三、同时性

同时性是手语句法非常突出的特点。

主语和动词同时表达。

【例 7-24】

［转写］

主手　他

辅手　喜欢

［翻译］他喜欢。（喜欢他）

【例 7-25】

［转写］

主手　他

辅手　负责

［翻译］他负责。

【例 7-26】

［转写］

主手 他

辅手 掏钱

［翻译］他掏钱。

并列结构的同时性表达。

【例 7-27】

［转写］

看左下五手形

主手 吃

辅手 类标记五：书

［翻译］边吃饭边看书。

【例 7-28】

[转写]

看右上五手形
主手 抱孩子

辅手 类标记五：手机

[**翻译**] 抱着孩子看手机。

手语句子的同时性表达，双手同时是一方面，非手控信息的配合也非常重要。可以用动词的移动方式、眼神注视的方向、左右手的搭配或者再加上呼应辅助标记来标示主语和宾语的语法关系。

【例 7-29】

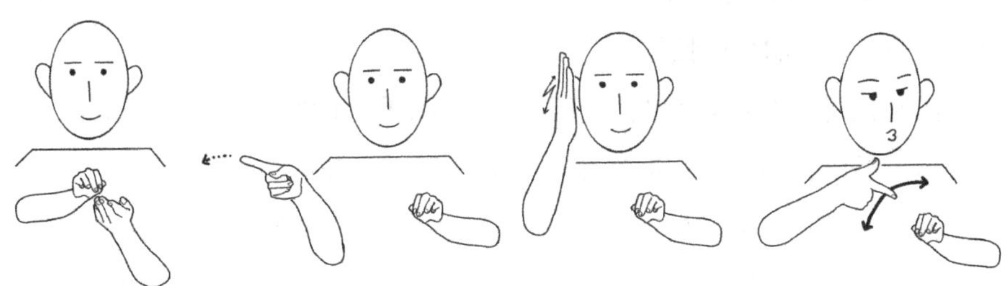

[转写]

主手	车	指$_{这}$	男	喷－类标记八：水枪
辅手		在－类标记车：车	类标记车：车	类标记车：车

[**翻译**] 这里有一辆车，那个男子在洗车。

【例 7-29】中包含的类标记结构“车”和“喷”这个动词所表现出来的方向性，主手“喷”辅手“车”同时性的表达方式，表达了“男洗车”

这样一个语义，根据动作的方向可以判断“车”是句子的宾语，即“喷”这个动作的接受者。

有类标记结构充当句子成分的句子，如类标记结构做谓语，大多具有同时性特征，如上例。谓语动词和宾语黏着在一起，难以切分出谓语和宾语。

四、话题化

“包子　女孩　吃”。一般认为此类句子是话题化的结果。受事（宾语）在语用的驱动下，移位至句首。

和口语语言学研究的情况相似。在手语中对“话题”也没有一致的定义，大体的观点之一就是说手语中存在话题化结构。这类结构可以把句子中的宾语或者动词短语移动至小句以外的句首位置。被话题化的句法成分一般会有非手控信息配合。

美国手语的研究者对此问题的解释为，美国手语话题化的产生是句子的宾语移动到句首的结果。他们认为其表层结构为 OSV，而其深层结构为 SVO。宾语移动到句首变为话题，需要有非手控信息配合，比如提升眉毛、点头、一个韵律停顿等。

话题化是一个比较复杂的议题，对中国手语话题的研究还不够深入。移位是人类语言的一个普遍现象，汉语、英语都有宾语前移的现象。如果先不涉及话题化、话题标记等问题，可以将 OSV 语序作为宾语移位现象。动作的接受者或者目标即使在句首主语的位置，也将其确定为宾语。“包子　女孩　吃”可以分析为“包子”作为句子的宾语移动到了句首位置。

五、基本语序

判断一种语言的基本语序，不是一件容易的事情。包括现在对汉语的基本语序的判定仍然存在分歧，有人认为汉语的基本语序是 SVO，也有人认为是 SOV。LI 指出，世界语言可以根据主题和主语的情况分为四种，即主语突出的语言，主题突出的语言，主题和主语都突出的语言，主题和主语都不突出的语言。这种分类亦给判断基本语序带来了困难。

在大多数情况下，手语的研究者倾向于使用和口语基本相同的标准来确定手语的基本语序问题。在判断基本语序的各个条件中，“频率（Frequency）”是最著名的，也是最常使用的标准。基础语序就是最“频繁”被使用的一个。第二个标准是“分布”（Distribution），基本语序在分布方面比其他语序受到的限制少。第三个标准是“简单”（Simplicity），取简去繁，越简单的越基本。第四是“语用中立”（Pragmatic Neutrality），看一个语序是否可以在更多的环境中使用。第五是“形态标记”（Morphological Markedness），使用最少形态标记的是基本语序。另外，还有歧义及可导出性等标准，这些为判定某一语言中的哪一种语序更基本提供了可操作的标准。当然也有一些语言调查的结果认为，某种语言中没有一种语序比另一种语序更基本。

第三节 影响语序的因素

一、动词类型与语序

手语动词一般分为普通动词、一致动词和空间动词。

【例 7–30】

［**转写**］狗 我 害怕

[翻译] 我害怕狗。

【例 7–31】

[转写] 我　狗　害怕

[翻译] 我害怕狗。

【例 7–32】

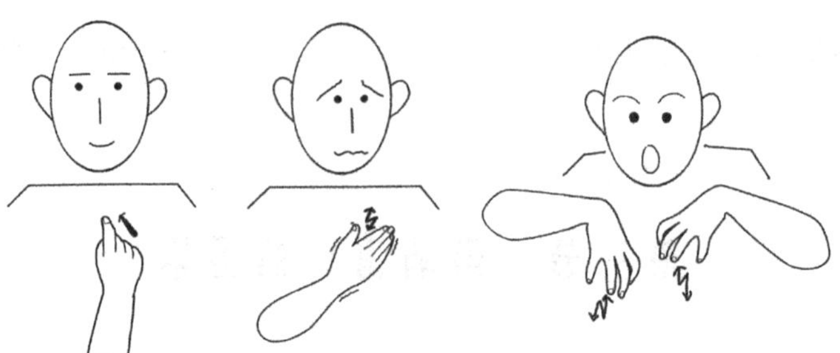

[转写] 我　害怕　狗

[翻译] 我害怕狗。

【例 7–33】

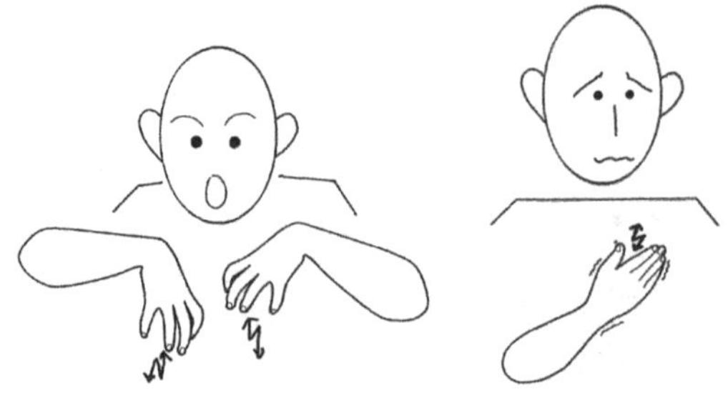

[转写] 狗　害怕

[翻译] 我害怕狗。

【例 7-34】

［**转写**］害怕 狗 我

［**翻译**］我害怕狗。

上述几种表达方式在手语中都存在，但【例 7-30】是聋人使用比较多的句式。

“害怕”属于手语动词分类中的普通动词。普通动词的特点是该类动词不会以形式上的位移变化来表示其和主语、谓语的语法关系。

“帮助”属于手语动词分类中的一致动词。一致动词通过动词的运动和手掌的朝向的变化表明谁发出了这个动作，谁或什么受到这个动作的影响。“我帮助他”，动作的发出者是“我”，手语者自己代表“我”，“帮助”这个手势的手掌心朝向“他”的位置，证明“帮助”动作的接受者是谁。反过来。“他帮助我”，动作的接受者“我”由手语者自己代表，“帮助”这个手势的手掌心朝向手语者，表达“帮助我”的语义。

【例 7-35】

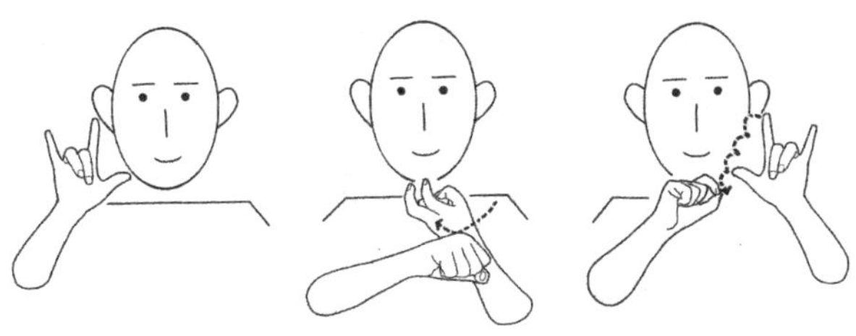

［**转写**］

主手 山 石头 滚 – 类标记写：石头

辅手 山

[**翻译**] 石头从山上滚下来。

“滚”属于手语动词分类中的空间动词。空间动词是由多个表达位置、方向和移动实体的词素构成的。表示位移，使用手势空间表示真实的空间关系，并且用类标记表示移动体。

上面三个例句，句中动词的类型不同，语序有所不同。普通动词的句子可以有 OSV、SOV、SVO 等顺序。一致动词的句子 SVO 比较占优势。而有空间动词的句子，在使用了类标记谓语后，大多变为 SOV 语序。

二、类标记谓语与语序

在类标记结构中，所有的参数甚至参数内部含有的更小单位，都有意义。其中部分包含有大量的视觉像似性因素。类标记结构是一个多语素的复合结构：动词词根——运动和多个词缀，这些前后缀，都涉及位置和手形。运动语素包含存在、移动和位置三种类型，类标记手形语素包含指代物实体、持握方式、扩展形式等三种类型。实体型类标记手形体现指代物的特征、维度或形状；握持类的类标记手形体现手移动、使用或追踪物体或物体的一部分时手的形状；扩展类类标记手形描绘物体的形状，也包括代表物体表面范围的手形。

关于类标记谓语对语序的影响，邓慧兰等对手语的研究表明，句子中是否使用类标记谓语，将影响手语的语序。一般句式如果表现为 SVO，一旦使用类标记谓语，整个句式则显示为 SOV 顺序。对美国手语、荷兰手语、俄罗斯手语等的研究均发现，是否使用类标记谓语对语序有影响。中国手语也是一样的，手语是否使用类标记谓语对语序有影响。

三、语义因素与语序

语义因素和语序的关系问题，目前主要考虑了两个方面，其一是情境类型，即可逆情境还是不可逆情境；其二是生命度参数。

（一）情境类型

情境类型包括可逆情境和不可逆情境两类。

可逆情境（Reversible Situations）是指在名词性词语 + 动词性词语 + 名词性词语（NP_1+VP+NP_2）这样的句子中，NP_1 和 NP_2 可以互换，互换之后基本的语义关系不变，如汉语“男孩亲吻女孩”这一句中，男孩是“施事”，女孩是“受事”，但是二者可以互换，即女孩变为“施事”，男孩变为“受事”，变为“女孩亲吻男孩”。互换之后基本的语义关系不变，还是施事 + 动词 + 受事的语义关系。

不可逆情境（Unreversible Situations）指只有一个参与者能够作为“施事”的句子。如汉语“男孩吃冰激凌”这一句中，“男孩”是动作的发出者，是“施事”。“冰激凌”是“受事”且只能是“受事”，它不能变为“施事”。

一般认为可逆句偏向于 SVO 顺序，而不可逆句常常表现为 SOV 顺序。从目前掌握的资料来看，美国手语的研究表明，语义因素对手语语序的选择有一定的影响。但同时也有报告表明，语义因素对手语语序的选择影响不大，如荷兰手语。

中国手语中，可逆情境句大多是 SVO 语序，不可逆情境句大多是 SOV 或者 OSV 语序。

【例 7–36】

[**转写**] 男孩　亲吻　女孩

[**翻译**] 男孩亲吻女孩。

【例 7–37】

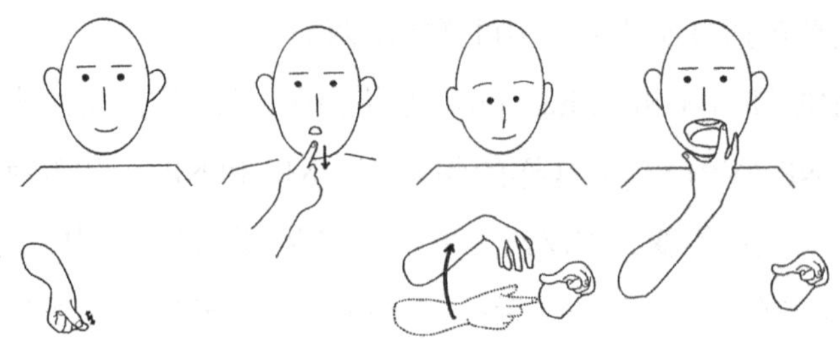

［转写］ 主手　小红　馒头　　　　　　吃－类标记雨：馒头

　　　　辅手　　　　类标记八：盘子　类标记八：盘子

［翻译］小红吃盘子里的馒头。

【例 7–38】

［转写］ 主手　馒头　　　　　　　小红　　吃－类标记雨：馒头

　　　　辅手　类标记八：盘子　　　　　　类标记八：盘子

［翻译］小红吃盘子里的馒头。

【例 7–39】

［转写］ 主手　　小红　吃－类标记雨：馒头　馒头

　　　　辅手　　　　　类标记八：盘子　　类标记八：盘子

［翻译］小红吃盘子里的馒头。

（二）生命度参数

生命度对语言表达和理解的影响越来越引起人们的重视。生命度是个生物学术语，指自然界物体生命形式的高低。科姆里在《语言共性和语言类型》中系统地阐述了生命度对语言的影响，并给出了一个生命度基本等级序列：人 > 动物（人以外的生物）> 无生命体。

和有声语言一样，生命度参数在手语中也扮演着一个重要的角色。在LSA，HZJ，NGT，LIS 等手语中，生命度高的词语常常领先于生命度低的。

四、语用因素与语序

语序是由句法决定的还是由语用决定的，这个问题在手语语序研究之初就有争论。主张语用决定语序的学者认为，话题 / 评述（主题 / 述题），受事（宾语）移位，焦点 / 背景等语用因素是制约语序的主要因素。现有研究成果也表明，一些手语，如 ISL，ASL，BSL，LSE 等，都是主题突出的语言，主题的观念在语法中扮演着比主语更重要的角色。主题是语用学的概念，主题位于句首，是叙述的起点。述题是对主题的评述与说明。一个句子的结构就是由主题和述题构成的主述结构。

美国手语的句法和英语有显著差异。首先要有确立主题的概念。即每个句子是以一个主题开头的。主题可以是一个人、一个事物、一个动作或一件事。在“我把书给你”这句话中，主题就是书。如果在英语中也先确定主题则应说：“这本书，我给你”。在主题之后总是有一些解释的，如上句话的解释是“我把它给你”。在主题加说明的句型中，首先必须能区分主题和说明部分……。

在中国手语中，会出现一些 OSV 的句子，如“包子　女孩　吃”。“包子”从句法的角度看是宾语，语义上是受事。这种类型的句子从语用的角度去解说，驱动其变化的主要动力就是语用。受事（宾语）在语用的驱动下，移位至句首。

五、非手控信息因素与语序

手语是手控信息（Manual Features）和非手控信息（Non Manual Features）共同作用的结果。目前，手语语言学学家都认为，非手控信息也是构成一般句法的语法成分。非手控信息在手语中相当于口语中的功能语类，在许多方面表达抽象的句法特征。非手控信息大多是抽象形态标记，这些包含语法功能的面部表情是有规定性并受约束的。这也是最简方案框架下手语研究最热点的话题之一。在美国手语的关系从句中，美国手语使用非手控信息和 THAT 来标记。美国手语的句子，在词汇序列相同的情况下，带有非手控信息且非手控信息伴随整个从句的为关系从句，没有非手控信息的不是关系从句。中国手语的关系从句也是通过非手控信息标记出来的，这些非手控信息包括扬眉、皱眉、眨眼、口动及身体的倾斜等。

汉语：“你好”在口语中，加入不同的语调，表达的意思不同。

手语：“你　好”，加上不同的表情，表达的意思不同。

同时性结构的句子，除了靠双手同时以外，很重要的一个方面是表情的配合。扬眉、皱眉是疑问的标记，眼睛注视方向的不同，表示了主语和宾语的语法关系。

第四节　中国手语的句子

句子是语言运用的基本单位。一般说一个句子表达一个完整的意义。根据句子的语气，可以将句子分为陈述句、疑问句、感叹句和祈使句。

一、陈述句

陈述句是陈述一个事实或者说话人的看法，包括肯定句和否定句两种。陈述句在书写时句末用句号，在朗读时用降调。

陈述句有五种基本的句型。主语＋连系动词＋表语；主语＋谓语（不及物动词）；主语＋谓语（及物动词）＋宾语；主语＋谓语（及物动词）＋间接宾语＋直接宾语；主语＋谓语（及物动词）＋宾语＋宾语补足语。

（一）肯定句

肯定句是对事物做出判断的句子。

【例 7–40】

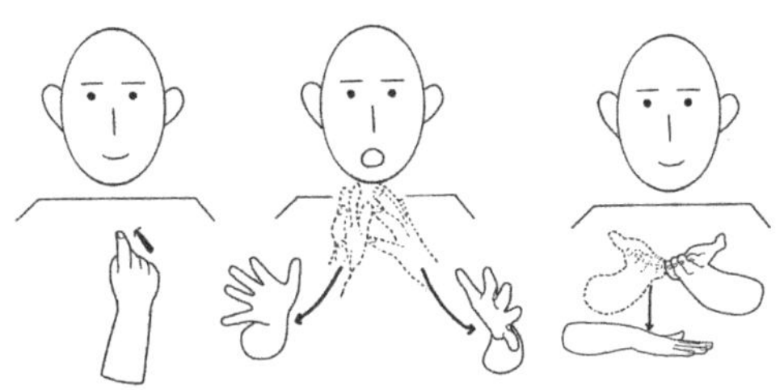

［**转写**］我　大学生

［**翻译**］我是大学生。

【例 7–41】

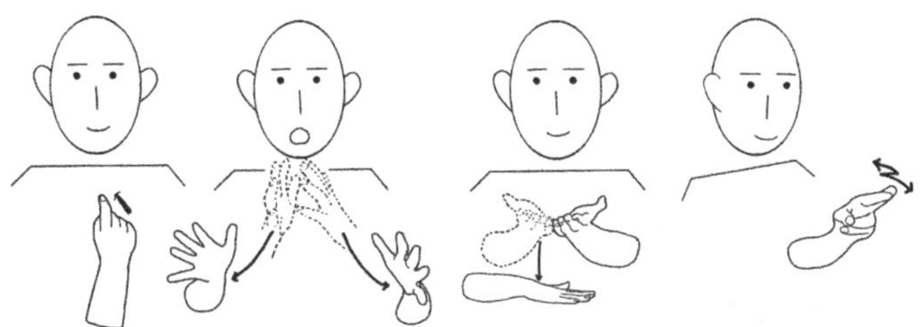

［**转写**］我　大学生　是

［**翻译**］我是大学生。

【例 7–42】

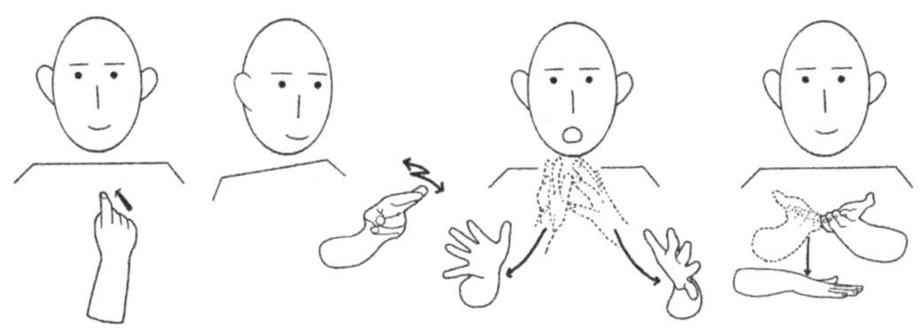

［**转写**］我　是　大学生

［**翻译**］我是大学生。

【例 7-43】

［转写］他　游泳

［翻译］他在游泳。

【例 7-44】

［转写］狗　小红　害怕

［翻译］小红害怕狗。

【例 7-45】

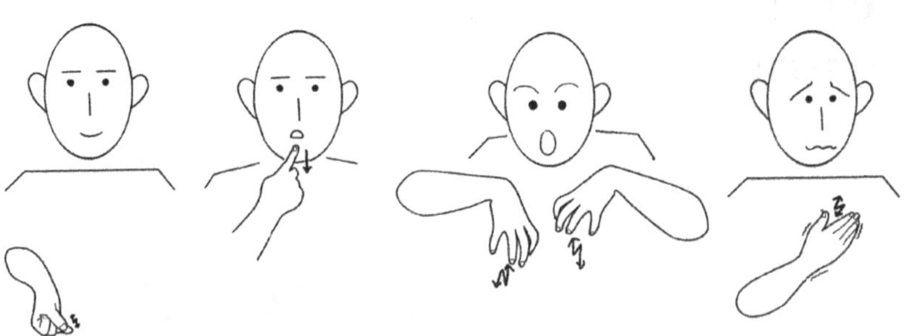

［转写］小红　狗　害怕

［翻译］小红害怕狗。

【例 7-46】

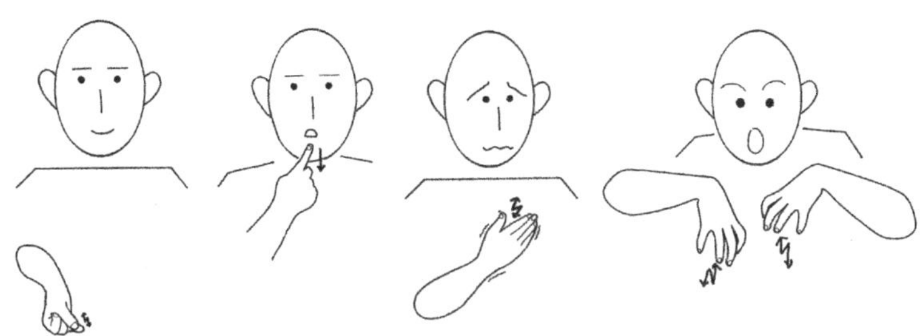

[**转写**] 小红　怕　狗

[**翻译**] 小红怕狗。

【例 7-47】

[**转写**] 教师　他　帮助

[**翻译**] 老师帮助他。

【例 7-48】

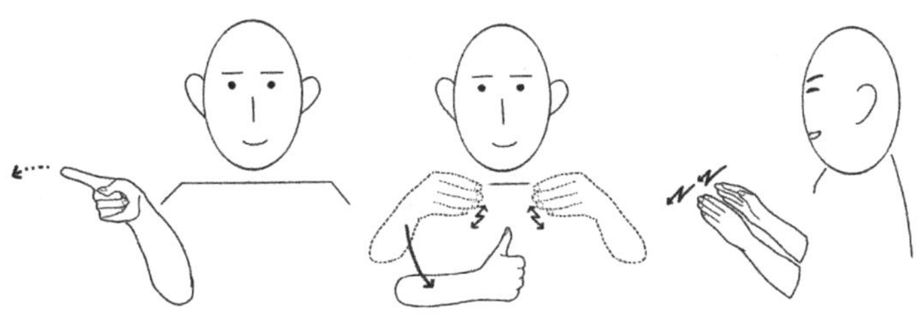

[**转写**] 他　教师　帮助

[**翻译**] 老师帮助他

【例 7-49】

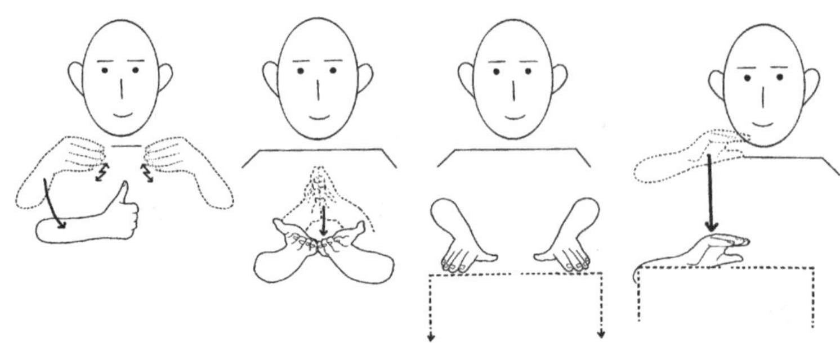

[转写] 教师　书　桌子　放 - 类标记车：书

[翻译] 老师把书放在桌子上。

(二) 否定句

对事物做出否定判断的句子是否定句。

在有声语言中，否定可以由词汇、词缀及语法结构式等不同语法手段来实现。按照所作用的语言层面不同，否定可以分为句子否定和词语否定。句子否定的作用层面是整个句子，而词语否定是对单个语法成分的否定。按照作用机制的不同，否定可以分为语义否定和语用否定。语义否定也称一般否定，否定的是句子的真值条件，语用否定又称元语言否定，否定的是话语的适宜条件。

国内外的手语研究中，不少学者对否定这一语法范畴进行过研究。中国手语的否定范畴研究比较少。本书所做介绍主要参考了杨军辉和 Susan D. Fischer 合写的 *Expressing negation in Chinese Sign Lauguage* 以及复旦大学吴晓波的硕士论文《上海手语否定形式调查报告》，并主要考虑句子否定。

手语中的否定句，一种是带有否定词的否定句，一种是伴随表情体态的否定句，还有一种是二者的结合。

1. 否定词构成的否定句

在中国手语中，有几个否定词较为常用，如“不”“没”“没有”“不好”“不行”等。

【例 7–50】

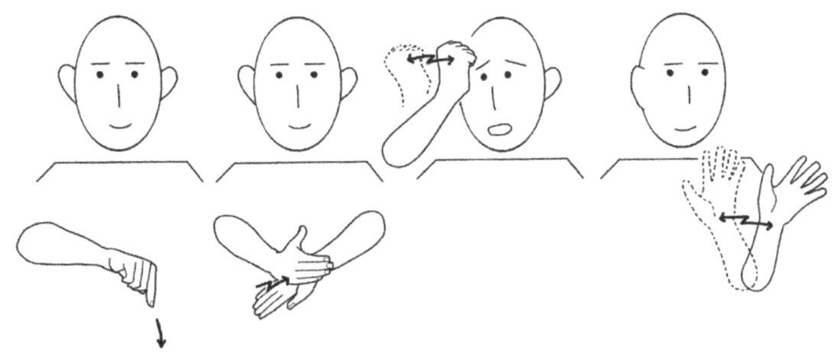

［转写］指这 考试 难 不

［翻译］这次考试不难。

“不”在句末表否定。这也是手语否定句的一个特点，否定词大多在句末。也可以从另一方面去理解手语中否定词的位置问题，即与谓语动词的相对位置。汉语的否定词大多在谓语动词之前，如“不难”。手语的否定词大多在谓语动词之后，而因为手语语序，大多是谓语动词在小句的句末，否定词又在谓语动词之后，因此也造成了手语否定词在句末的现象。

【例 7–51】

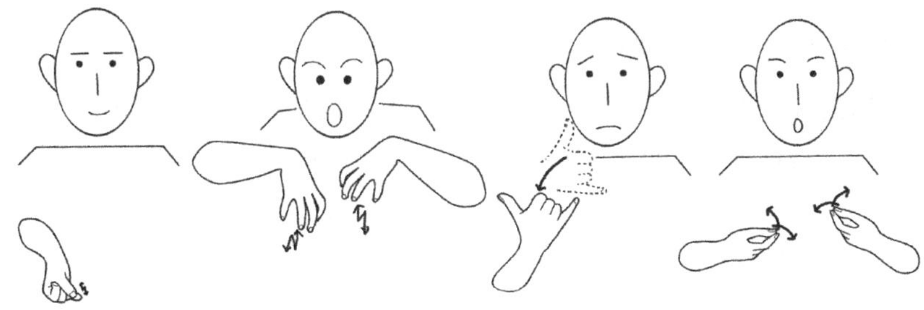

［转写］小狗 死 没有

［翻译］小狗没有死。

“不”“没有”虽然都是否定词，但是它们的使用范围有所不同，这个在吴晓波的论文中有比较详细的介绍。不仅如此，在具体语境中，表达的意思也有区别。

【例 7–52】

［转写］指$_{人3}$　洗衣服　不

［翻译］他不洗衣服。

【例 7–53】

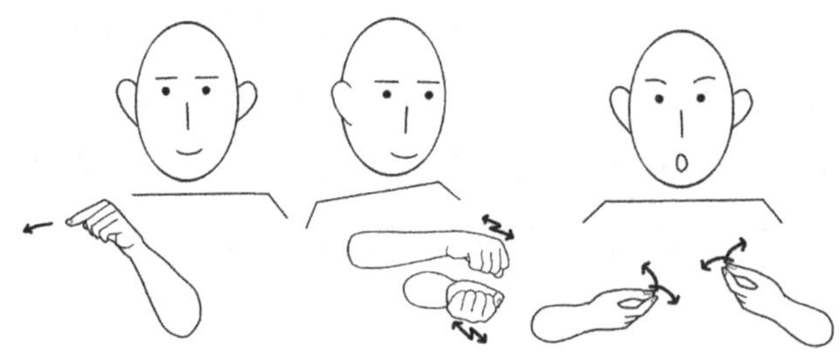

［转写］指$_{人3}$　洗衣服　没有

［翻译］他没有洗衣服。

根据吴晓波的分析，当动态动词与“不”连用时，主要表达一种主观上的意愿。而与“没有”连用时，只是表示对事件发生的否定。

“坏”表否定。

坏

“坏”手形在中国手语的否定表达中有三种作用。一是本身具有很强的否定意味，可以通过不同的运动路径表达不同的否定含义，如“不好”“不能”“不对”“反对”等。二是通过不同的位置、运动路径、手掌朝向，构成新词，如“聋人”。三是可以在复合词中充当否定后缀或词尾，如“不幸”。

【例 7-54】

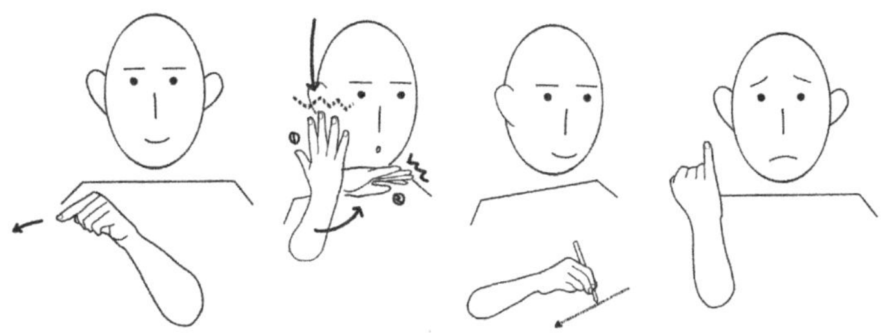

［转写］指$_{人3}$ 汉语 写 不行

［翻译］他汉语写得不好。

【例 7-55】

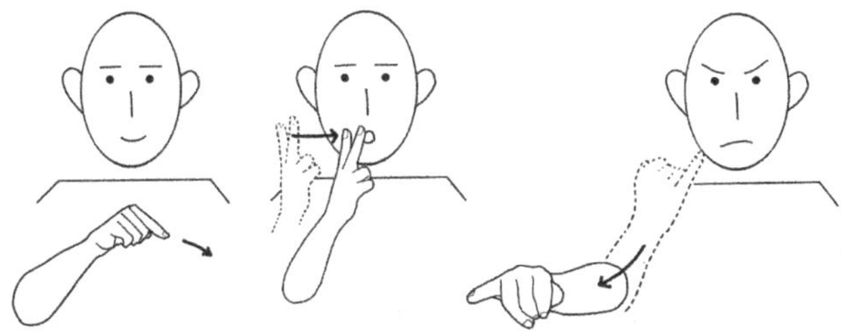

［转写］指$_{这}$ 抽烟 不行

［翻译］这里不能抽烟。

2. 否定句中非手控信息的作用

在手语中，非手控信息起着非常重要的作用。在否定句中，“摇头”是一个非常重要的特征。

【例 7-56】

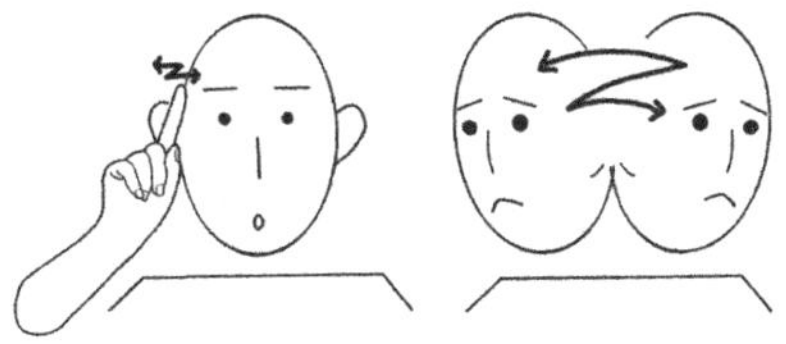

［转写］懂 摇头

［翻译］不懂。

杨军辉等认为，在句中伴随的“摇头”并不能起到对句子的否定作用，而句末单独出现的“摇头”可以起到否定词的作用。

非手控信息除了摇头单独出现在句末起到否定词的作用以外，还有许多是伴随手势一起出现的。在表达否定的意思时，头部和身体的后倾、耸肩、摊手、皱眉、瘪嘴、嘴角下垂和皱鼻子等非手控信息伴随手势一起在否定句中出现。

【例 7-57】

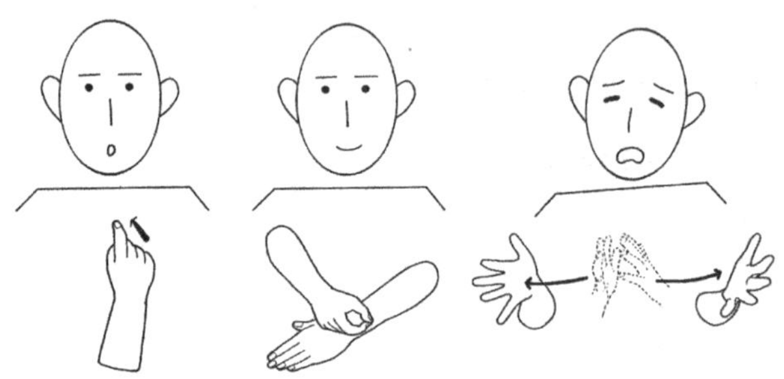

［转写］指$_{物主1}$　手表（耸肩、摊手）

［翻译］我手表没有了（我手表不见了）。

正如吴晓波在其论文中所言。耸肩和摊手只是一种表情体态，不能取代否定词“不”和“没有”。在表达否定意义时，有的聋人喜欢使用手势否定词，有的聋人倾向于使用表情体态。

二、疑问句

疑问句是用来提出问题的句子。以汉语为例，典型的疑问句，句末语调要上升。疑问句可以分为三类，分别为是非问、特指问和选择问。

1. 是非问

是非问（Yes/No）即一般疑问句。这种句子基本构造与陈述句相同，是提出一个问题，要求做出肯定或否定的回答。也就是说对句子的回答只需要用是或者不是，如“他走了。”（陈述句）“他走了？”（疑问句）“她不再来了。”（陈述句）“她不再来了？”（疑问句）

汉语的是非问句大多会有语气词与之配合，如“吗”“吧”“呢”“啊”等，如果不用语气词，就会用上升的语调来表达。

手语的是非问句，没有语气词，通过非手控信息来表达语调。不同的非手控信息，表达的语气不同。表达疑问的非手控信息包括身体前倾、扬眉、皱眉等

【例 7–58】

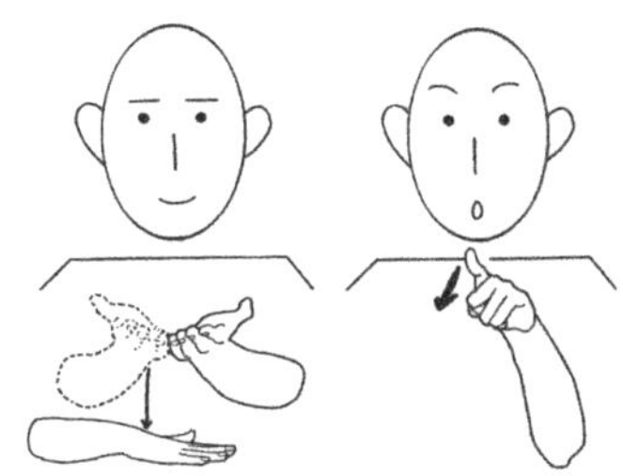

［转写］　　前倾扬眉
　　　　学生　你

［翻译］你是学生吗？

【例 7–59】

［转写］　　前倾皱眉
　　　　你　学生

［翻译］你是学生？

【例 7–60】

［转写］点头
　　　　是

[翻译] 是。

【例 7-61】

[转写] $\overline{\text{摇头}}$
不是

[翻译] 不是。

【例 7-62】

[转写] 　　　$\overline{\text{前倾皱眉}}$
吃饭　你

[翻译] 你吃饭了吗?

【例 7-63】

[转写] 　　$\overline{\text{前倾皱眉}}$
你　吃饭

[翻译] 你吃饭了吗?

【例 7-64】

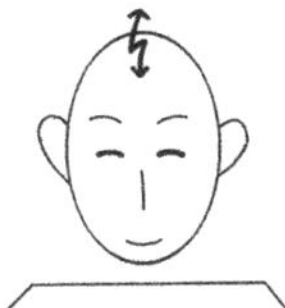

［转写］ 点头
　　　　是（吃）

［翻译］是。吃了。

【例 7-65】

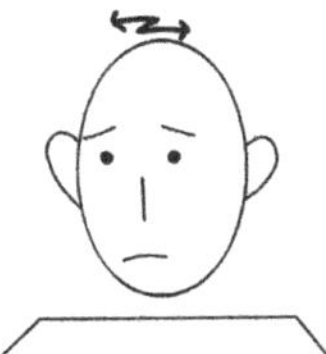

［转写］ 摇头
　　　　不。

［翻译］没。没吃。

2. 特殊疑问句（WH 问句）

对句中某一成分提问的句子叫特殊疑问句。特殊疑问句的回答需要根据所提问题进行回答。在英语中，因为英语疑问词主要是以 WH 开头的词语，因此又被称为 WH 问句。汉语中这些词包括“谁”“什么”“哪儿”“为什么”“怎么样”“多少”等。

【例 7-66】

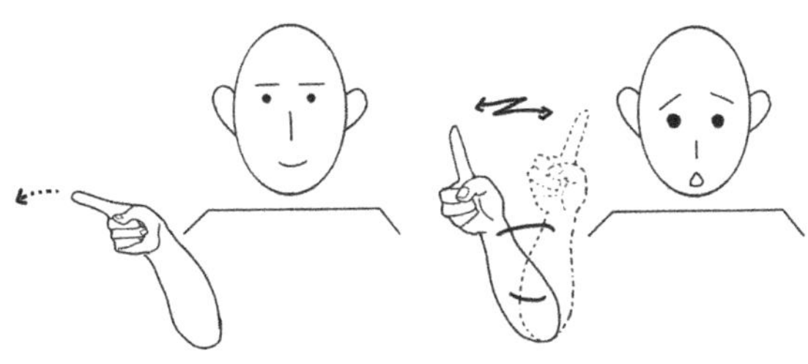

［转写］ 　　前倾皱眉
　　　　他　谁

［翻译］他是谁？

【例 7–67】

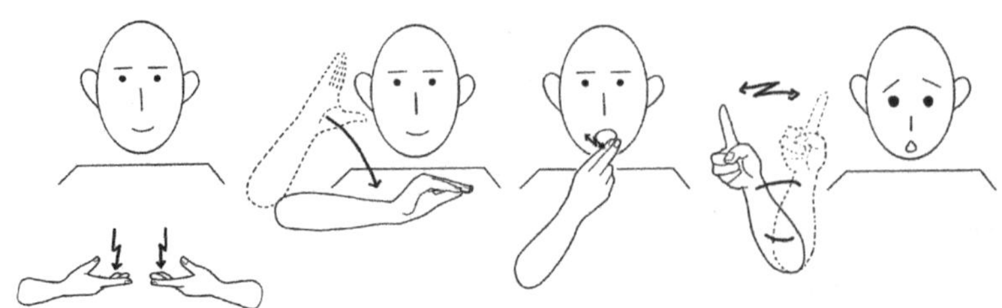

［转写］

今天　晚上　吃　什么（前倾皱眉：什么）

［翻译］今天晚上吃什么？

【例 7–68】

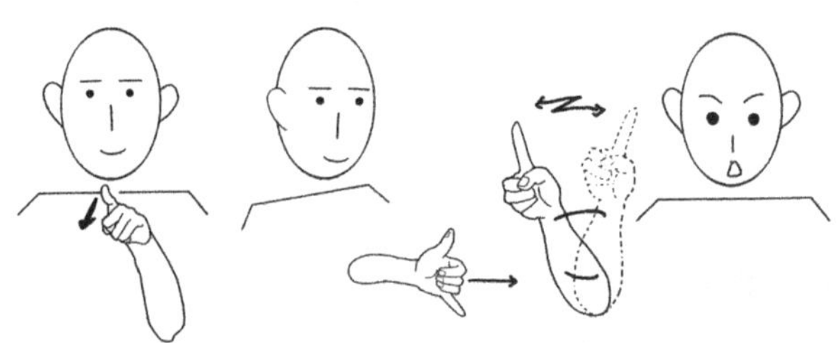

［转写］

你　去　哪儿（前倾扬眉：哪儿）

［翻译］你去哪儿？

【例 7–69】

［转写］

北京　你　来　为什么（前倾扬眉：为什么）

［翻译］你为什么来北京？

【例 7–70】

［**转写**］　　　　前倾扬眉

你　家　人　多少

［**翻译**］你家有几口人？

【例 7–71】

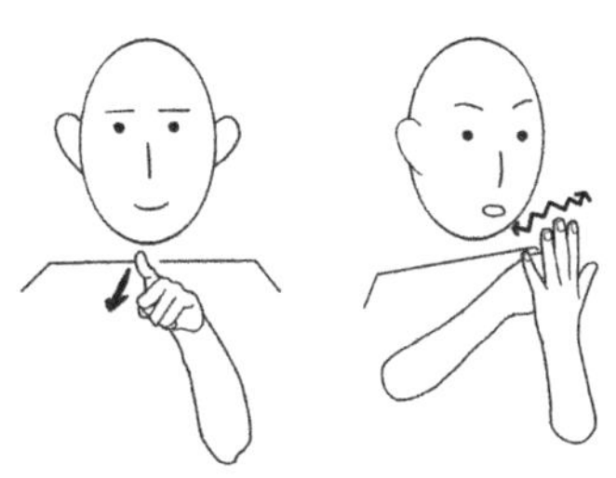

［**转写**］　　前倾扬眉

你　年　多少

［**翻译**］你多大了？

3. 选择疑问句

选择疑问句是指提出两个或两个以上可能的答案供对方选择的句式。

【例 7–72】

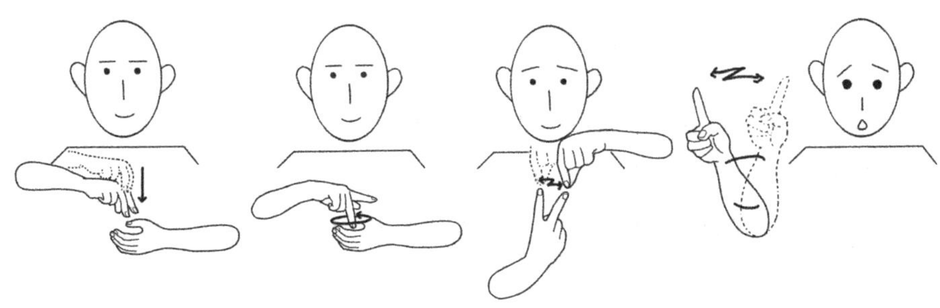

［**转写**］　　　　前倾扬眉

茶　咖啡　2　选　哪个

［**翻译**］你喝茶还是喝咖啡？

【例 7–73】

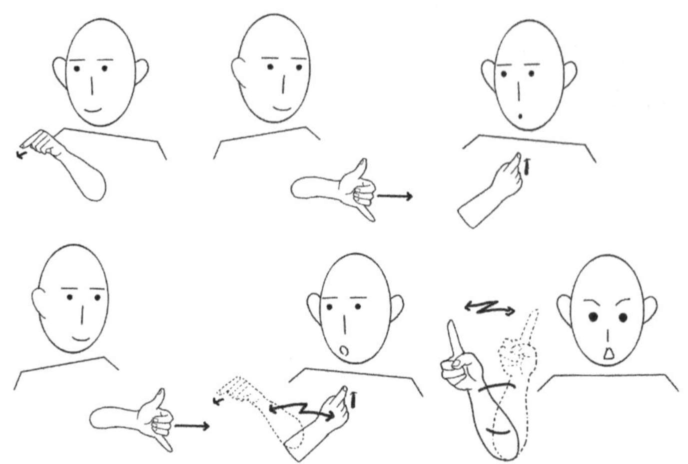

［转写］

前倾扬眉

你去　我去　你我（或我你）　谁

［翻译］你去还是我去？

【例 7–74】

［转写］

前倾扬眉

他　美国　英国　俄罗斯　哪

［翻译］他是美国人还是英国人还是俄罗斯人？

三种疑问句的共同特点是必须伴随有非手控信息，否则不是疑问句。

三、祈使句

祈使句是表示命令或请求的句子。以汉语为例，祈使句有两个特征，一是主语往往是第二人称。如“你快走！”二是句子里常用“别”“请”“千万”等带有祈使性质的词语。

手语中也有祈使句。和汉语一样，主语往往是第二人称，在句中有时通过目光的变化来确定谁是主语。

参考文献

[1] 世界语言地图 [EB/OL]. http://wals.info.

[2] 戴浩一 . 台湾手语的呼应方式 [R]. 台北：台湾中央研究院语言学研究所，2005.

[3] 施婉萍 . 香港手语的话题句 [J]. 当代语言学，2011，（2）：99-108.

[4] Clayton Valli, Ceil Lucas. Linguistics of American Sign Language[M]. Gallaudet University，2000.

[5] Charles Li, Thompson, Sandra. Subject and topic: A new typology of language[R]. New York: Academic Press. 1976：457-489.

[6] Tang G. Classifiers of Hong Kong Sign Language：A semantic universals perspective[R]. Proceedings of the 12th North American Conference on Chinese Linguistics. China：GSIL Publications 2001：187-207.

[7] 吕会华，王红英，巩卓 . 国内外手语语序研究综述 [J]. 中州大学学报，2014（3）：73-79.

[8] 科姆里 . 语言共性和语言类型 [M]. 北京：北京大学出版社，2010.

[9] 陈少毅，兰继军 . 美国手语的语法特点及使用简介 [J]. 中国特殊教育 2002，（2）：57-61.

[10] 吕会华 . 中国手语的多角度研究 [R]. 天津：天津教育出版社 2011：34-42.

[11] 张立飞 . 上海手语否定形式调查 [D]. 复旦大学硕士论文 2011.

[12] Yang，Jun Hui, Fischer S D，Expressing negation in Chinese Sign Language[J]. Sign Language & Linguistics，2002（5）：167-202.

[13] 吴晓波 . 上海手语否定形式调查报告 [D]. 复旦大学硕士论文，2013.

第八章　中国手语的关系从句问题讨论

第一节　中国手语的关系从句结构

一、中国手语中存在关系从句

关系从句是修饰名词的小句，研究汉语的语法学家习惯称这样的小句为定语从句。关系从句是一种语言普遍现象。

英语的关系从句，如 Please hand this over to the man who is wearing a red jacket.

在这句中，the man（那个男人）是一个有限定的名词性先行词，who（谁）是一个关系代词（指代先行词），who is wearing a red jacket.（穿着一件红夹克）是限定性关系从句，关系代词在从句中做主语。

汉语的关系从句和英语的表现有些不同，主要的一点是汉语没有关系代词。用“的”来标记关系从句。

戴眼镜的那位先生是我英语老师。“那位先生”是一个有限定的名词性先行词，“的”是关系从句的标记，“戴眼镜”是一个限定性关系从句。

关系从句在不同语言中表现不同。Comrie 在《语言共性和语言类型》中，举了一个土耳其语的例子，如果根据英语传统语法对从句的定义，那个土耳其语的句子的结构不是从句，也就不是关系从句。但 Comrie 认为那个土耳其语句子实现的功能恰恰跟英语关系从句一样。因此，Comrie 对典型的关系从句作出了描述并指出，这个定义并不是一组识别关系从句的必要和充分条件，且主要是针对限定性关系从句说的。他指出，"一个关系小句必定包含一个中心名词和一个限定性小句。中心名词本身的所指对象有某个潜在的范围，而限制性小句用一个命题来限制这个范围，这个命题必须符合整体结构的实际所指对象。"

判断一种语言是否存在关系从句，实际上是看这种语言的结构是否包含关系从句的定义所规定的结构。

下面我们看中国手语的例子：

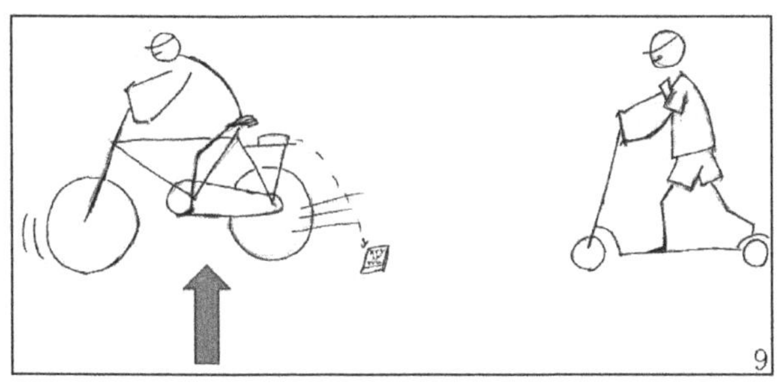

图 8-1　实验图片

【例 8-1】

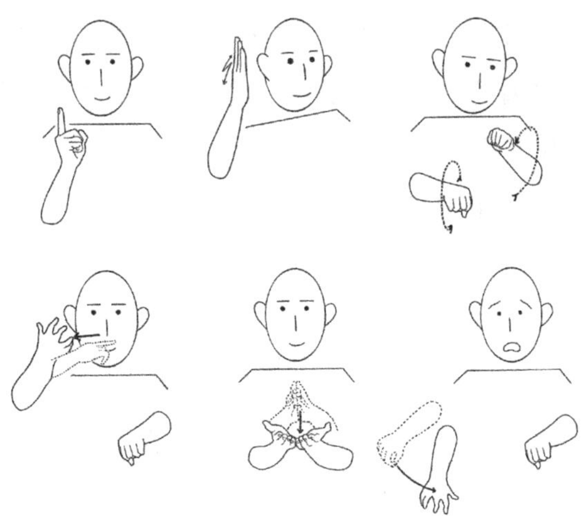

［**转写**］一　男　骑自行车　突然　书　丢

［翻译］一个骑自行车的男子突然把书丢了。

此句中，有一个中心名词“男”，而关系从句“骑自行车”则告诉我们具体是指哪个“男”，从而限制了中心名词潜在的所指对象。“男骑自行车”，则一直伴随有皱眉、眨眼、身体倾斜等非手控信息（Nonmanual Signals）。所以我们说中国手语“一 男 骑自行车 突然 书 丢”是带有关系从句结构的句子。

二、中国手语关系从句的表现

中国手语的关系从句表现为两种形式，一种是同时（Simultaneous）存在的形式，一种是序列（Sequential）存在的形式。序列存在的形式就如上例，“一 男 骑自行车 突然 书 丢”，和口语的语序基本一致。下面我们将重点讨论同时存在的形式。

【例 8–2】

【例 8–2】右手反复的拐杖点地的动作，表示这个老奶奶拄着拐杖，左手的动作一直保持着拉着什么的姿态。这个片段联系上下文可以翻译为：拄着拐杖的奶奶拉着孩子。

类似的例子在语料中还有：

【例 8–3】

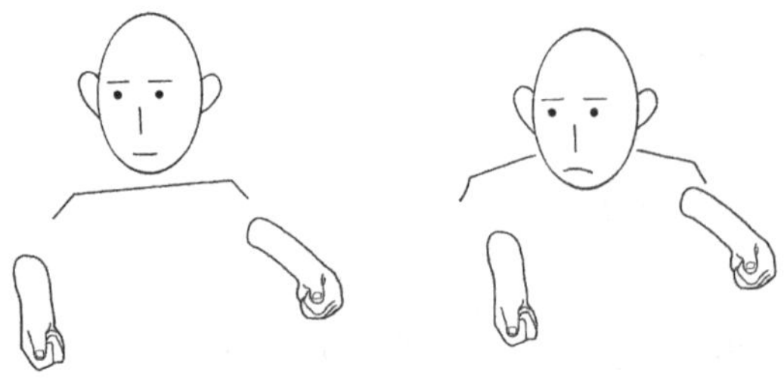

［翻译］一个拄拐杖的老人拉着他的狗。

【例 8-4】

［翻译］拿着钱袋子的小猪不同意。

以上几个例子，都是用很短的片段来表达一个句子语义。

倪兰在其博士论文《中国手语动词方向性研究》中指出："手语不同于有声语言的重要一点在于，打手势者的发音器官有两个，即两只手，这一差异使得手语在语音、构词、词形变化，甚至句子结构上都受到深刻影响。""这种影响使得中国手语中词和短语、句子的界限变得模糊。"

杨军辉也认为，中国手语的一些修饰词在手语中变成表情或以动作方式立体地表现出来了。

由此可见，上文所分析的这种特殊的、同时存在的形式是中国手语关系从句的一种表现形式。

三、非手控信息在中国手语关系从句中的作用

和口语一样，不同手语的关系从句标记不同。德国手语使用两个不同的关系代词，一个是 RPRO-H，用于指代人，含有一个表人的类标记。另一个是 RPRO-NH，用于指代非人，相当于一个指示符号。美国手语使用非手控信息和 THAT 来标记关系从句。美国手语的句子，在词汇序列相同的情况下，带有非手控信息且非手控信息伴随整个从句的为关系从句，没有非手控信息的则不是关系从句。

中国手语中的非手控信息包括：扬眉、皱眉、眨眼、口动及身体的倾斜等。关于非手控信息在中国手语中的作用如何也有一些初步的研究。研究手

语语法，要在研究面部表情方面下功夫。上海市聋哑青年技术学校的教师曾对表情做过一个清晰度试验，从中可以看出表情的重要性（见表 8–1）。

表 8–1　表情实验结果

打手势者脸部情况	清晰度
正常情况下	100%
口罩遮住口鼻	70%
大口罩遮住口鼻及全部脸颊	50%（若干带有感情性的词汇无法表现）
脸全部被遮住	20%（仅能表现简单词汇，谈话无法顺利进行）

转引自赵锡安《中国手语研究》

手语与口语相对应，在口语的研究中，语调短语的形式范畴是指受两个边界调支配的一个话段。不同的研究者对语调短语和什么句法成分对应有不同的看法。有人说语调短语是口语中的句子，通常有相对完整的意义、结构、语调等，前后往往有停顿与相邻短语隔开，结尾处有边界语调标示，使人有一种单元结束的感觉。有的学者如 Halliday 就认为语调短语对应于句法中类似子句的单元。

非手控信息在手语中的部分作用类似于口语的语调。

关于手语从句边界的问题，Johnston and Schembri 以角色参照语法为理论基础，阐述了如何区分手语的从句等问题。关于手语从句的边界有停顿（Pauses）、眨眼（Blinks）、凝视方向的改变（Changes in Gaze）、眉毛位置的改变（Changes in Brow Position）、身体位置的改变（Changes in Head Position）等。

眨眼（Blinks），现在已经被确定在手语中具有语言学的功能。跨语言的研究表明，同其他成分相比，眨眼较普遍地用于标识语调短语。Tang 等曾介绍不同的手语使用不同的策略来标注他们的韵律成分。在美国手语中，I-Phrase 通常用眨眼来标注，长时间的停顿也很常见，停顿表示为保留或者拉长最后的手势。在以色列手语（ISL）中，除了随意的眨眼，I-Phrase 也经常通过改变头的位置或者面部表情的一个显著变化而被标记出来。

为了考察非手控信息与中国手语关系从句的关系，首先请转写人指出每句手语句中停顿的所在，再请其他聋人分析非手控信息在句中的表现，包括眨眼、皱眉等面部表情及身体位置的改变情况等。进而再对两者的结论进行对比，考察两者结论的吻合度，最后得到眨眼与从句的关系（见表 8-2 至表 8-4）。

表 8-2　眨眼与从句关系

从句数量	眨眼在从句右边界数量	百分比
25	15	60%

表 8-3　面部表情与从句关系

从句数量	面部表情与从句边界相关数量	百分比
25	15	60%

表 8-4　身体动作与从句关系

从句数量	身体动作与从句边界相关数量	百分比
25	13	52%

这一结果表明，眨眼、眉毛位置的改变与关系从句边界的关系最密切，60% 左右的关系从句的边界是由眨眼和眉毛位置来标记的。52% 左右的关系从句的边界是由身体位置的改变来标记的。当然，我们现在所说的百分比是分别统计的结果，在实际的语料中，关系从句是由上述非手控信息配合手控特征综合作用的结果。

由此可见，非手控信息在中国手语中同样具有句法功能，这不仅表现在我们所分析的关系从句结构中，在中国手语的否定表达中也存在。

四、中国手语关系从句中心名词的位置

在关系从句的研究中，根据中心名词在关系从句中的位置，将其分为外置中心语关系从句和内置中心语关系从句。

Comrie 指出，在内置中心语关系从句中，实际上中心名词位于关系从句内部。中心名词在关系从句内部仍然出现，并表现为持有那种语法关系的名词在从句里通常表现的形式，而在主句里，中心名词却没有明显的表现形式。

根据前人的研究，结合中国手语的情况，我们认为中国手语关系从句的主要类型是内置中心语关系从句，同时也存在部分外置中心语关系从句，下面我们将分别进行讨论。

我们先看中国手语内置中心语关系从句的情况。

从图 8–2 可以看出，在 S_2 和 S_3 中，中心名词都在关系从句内，从句内的中心名词与 NP 中心语同指。

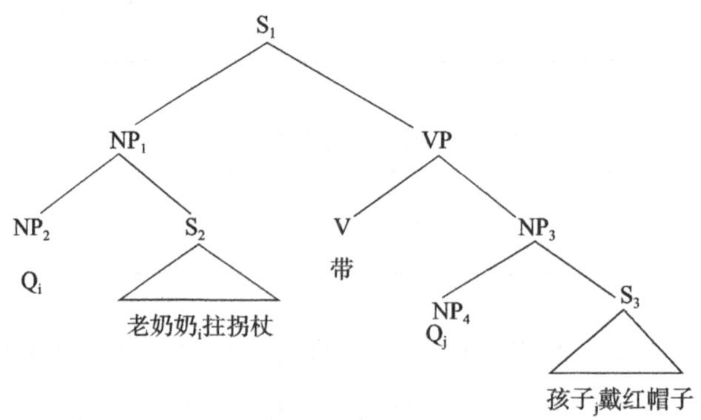

图 8–2

在中国手语中，哪种形式的关系从句可以确定为内置中心语呢？

首先，以同时存在形式组织的关系从句可以确定为内置中心语关系从句。这种形式的关系从句是以空间同时并存的形式呈现的，关系从句、中心名词甚至是主句的动词全部以立体的方式呈现出来，不能按照线性的顺序切分，所以我们说这种形式是中心语内置的。

其次，在以时间序列形式组织的关系从句中，即从线性的顺序看，中心语在关系从句前并且和关系从句一起通过非手控信息标记为一个语调短语。如［转写］一　男　骑自行车　书　丢。

根据图 8–3，S_2 中的中心名词“男”在关系从句内部，表现为内置中心语。

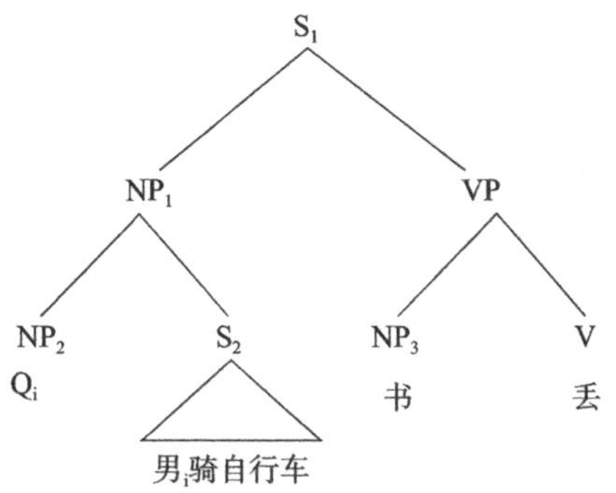

图 8–3

如果中心名词没有和关系从句一起作为一个语调短语被标记，那它就不是内置中心语关系从句。如“有　一　男　骑自行车　好象　上班　好象　书　丢　指$_{那}$　自己　男　不知道　自行车　急忙　上班　去”，中心名词“男”在关系从句的外面，为外置中心语关系结构（图 8–4）。

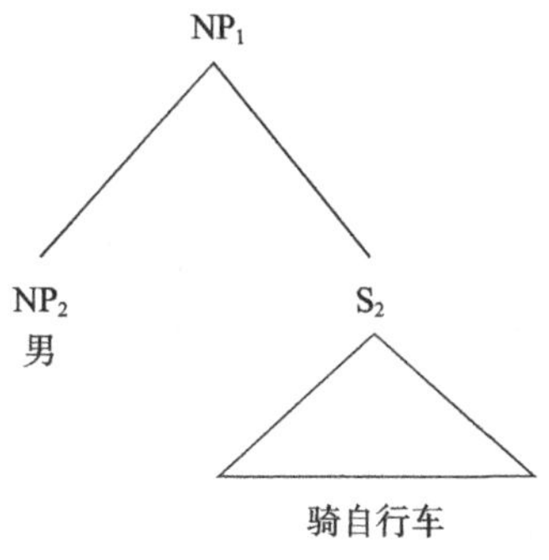

图 8–4

根据上述分析，在考察的语料中，内置中心语关系从句占比很高。

【例 8–5】

[**转写**] 女　方格　指$_{人3}$　挂　衣服

[**翻译**] 穿方格衣服的她在挂衣服。

[**转写**] 老鼠　戴黄帽子　吃　指$_{这}$　面包　指$_{这}$

［翻译］戴黄帽子的老鼠吃这个蛋糕。

这些句子都是关系从句在中心语内部的情况。

中国手语内置关系从句是优势语序。这也从一个侧面验证了中国手语的语序问题：中国手语的优势语序是 SOV。因为跨语言的研究表明，内置关系从句只出现在 OV 语言中。

五、中国手语关系从句的限定性与非限定性

关于关系从句的限定性与非限定性问题，Comrie 在跨语言研究的基础上得出结论，认为限定性关系从句和非限定性关系从句在形式上的差别比较小，这和口语的研究结果一致。中国手语关系从句限定与非限定的区别是韵律因素而非句法因素，韵律特征对句法有影响。

【例 8–6】

［**转写**］狗　戴眼镜　看报　阅读

［**翻译**］戴眼镜的狗在看报。

【例 8–7】

［**转写**］指$_{那}$　狗　戴　一　眼镜　看报　狗　戴眼镜　看报

［**翻译**］那狗戴着眼镜在看报纸，戴眼镜的狗在看报纸。

【例 8–6】和【例 8–7】中手势的停顿位置不同。

【例 8–6】“狗戴眼镜”停顿在“眼镜”的后面，所以“狗”和“戴眼镜”是不可分开的。沿用口语研究的术语可以说它们属于一个语调短语。可以翻译为汉语“戴眼镜的狗”。

【例 8–7】的前半句停顿在“狗”后面，“狗”与“戴眼镜”不在一个语调短语中，不能翻译为“戴眼镜的狗”，应该翻译为“那狗戴着眼镜”。语料的后半句，“狗戴眼镜　看报”，停顿在“眼镜”和“看”之间，那么这半句就应该翻译为汉语“戴眼镜的狗看报”。

【例 8–7】此句手语翻译为汉语：那狗戴着眼镜在看报纸，戴眼镜的狗在看报纸。

中国手语限定性的关系从句和其中心词之间不能有停顿，是作为一个语调短语被标记的。当中心词和关系从句之间有停顿的时候，其表现为非限定性。在语料中，当实验图片只有一个指称对象时，手语表达是："有一男 / 骑自行车好像上班好像书丢了"。此句中心词和关系从句之间有停顿。当实验图片有两个指称对象时，手语表达是"有一 / 男骑自行车 ++/"。中心词和关系从句之间没有停顿。前者翻译为"有一男子骑自行车"。后者翻译为"有一骑自行车的男子"。在"有一男 / 骑自行车"中，"男"手势的延续时间为 11 帧，"有一 / 男骑自行车 ++/"中，"男"的手势的延续时间为 7 帧。拉长最后的手势是表达停顿的一种重要方法。同样，"指（那，代狗）狗 / 戴一 / 眼镜看报 ++/ 狗戴眼镜 / 看报"，"狗 / 戴"中"狗"的时长是 17 帧，而"狗戴眼镜 /"中狗的时长是 13 帧。

第二节　中国手语关系从句篇章特征

一、关系从句在篇章中的表现

（一）关系从句在口语和书面语中的表现不同

方梅、宋贞花和濮擎红、濮明明的研究都表明，汉语的关系从句结构在口语和书面语中的使用频率不同，口语中使用关系从句的频率低于书面语。汉语分为口语和书面语两种形式。中国手语只有口语形式，没有书面语形式。所以在比较过程中，将中国手语和口语进行比较，不与书面语比较。

（二）美国手语关系从句结构在篇章中使用情况的研究

Liddell 对美国手语关系从句使用情况的调查是让手语者读一篇故事，然后进行复述。故事中人物信息有限，最好的指称办法是使用关系从句。

在故事复述中发现，手语者不是给每个人物分配一个数字，以便指称，就是使用带有关系从句的名词短语。Danan Miller的调查是让手语者读2个英语故事，目的是启发其使用关系从句。手语者阅读一个故事后，被要求用手势表述这个故事。在表述时，其只使用了一个关系从句。而当要求他把故事的英语句子翻译成手语时，却成功地启发他使用了关系从句。以上美国手语的研究表明，手语者在篇章中能够使用带有关系从句的句子。

二、语料分析结果

（一）任务1和任务2中关系从句结构的使用情况

我们分析了四位聋人的语料。给四位聋人的第一个调查材料是《企鹅的故事》，是从动画中截取的完整片段。在进行调查的时候，将短片设置为无声、无字幕状态。短片讲的是在众多企鹅中，有一只戴着红帽子、围着红围巾的企鹅和其他企鹅不一样，他怕冷，不喜欢生活在寒冷的南极，希望自己能够生活在温暖的地方，然后历尽千辛万苦抵达热带的故事。看完以后，要求受测聋人用中国手语复述这个故事。在这个故事中，限定性的关系从句结构出现了两次，如【例8–8】和【例8–9】所示。非限定性关系从句结构出现了2次，如【例8–10】和【例8–11】。

【例8–8】

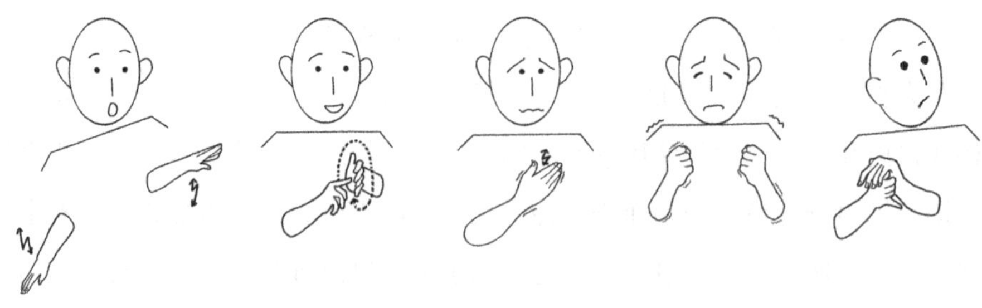

[转写]

主手　企鹅　特别　害怕　冷　躲–类标记六：企鹅

辅手　　　　　　　　　　　　类标记雨：房子

[翻译] 特别怕冷的企鹅躲在屋里。

【例 8–9】

［**转写**］**主手**　放–类标记雨：火炉

辅手　类标记六：企鹅

［**翻译**］背火炉的企鹅（从山上滚了下来）。

【例 8–10】

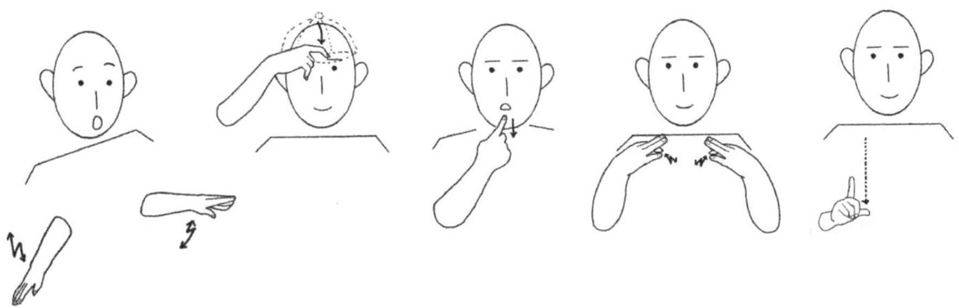

［**转写**］企鹅　帽子　红　衣服　蓝

［**翻译**］戴红帽子穿蓝衣服的企鹅。

【例 8–11】

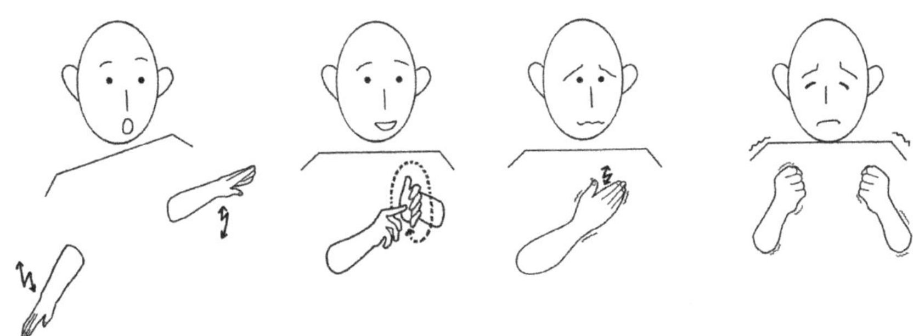

［**转写**］企鹅　特别　怕　冷

［**翻译**］特别怕冷的企鹅。

第二个调查材料是动画片《三只小猪》的片段，有三个需要指称的对象——三只小猪。此材料也是无声、无字幕的动画短片。看完之后，受测聋人用中国手语复述这个故事。在这一片段中，限定性关系从句结构在调查对象 A 的语料中出现了一次，如【例 8–12】所示。

【例 8–12】

[翻译] 拿钱袋的小猪不同意。

(二) 指称对象首现时的介绍方式

在两个调查中，都设置了一个以上需要区别的指称对象，手语者如何介绍这些对象出场呢？

【例 8–13】

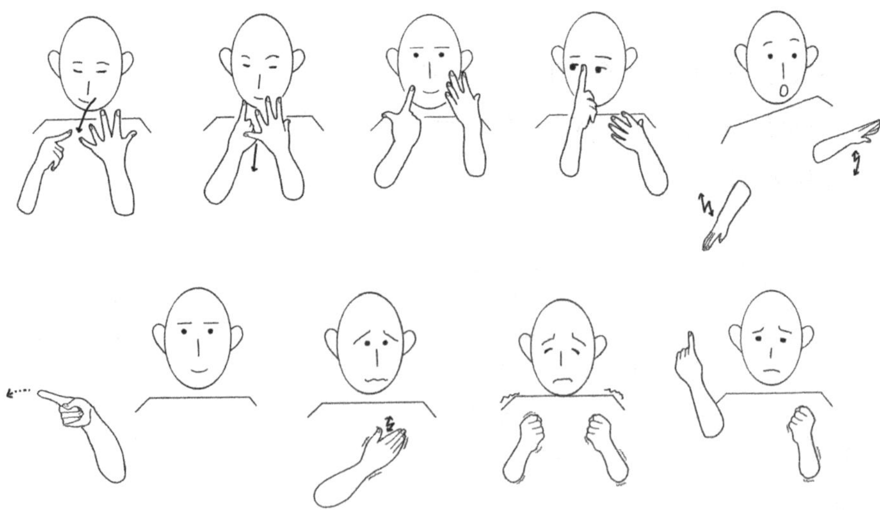

[转写] 最后　里面　有　一　企鹅　它　怕　冷　不好

[翻译] 最后里面有一只怕冷的企鹅，不好。

在调查 1 的语料中第一次出现那只向往温暖地方的企鹅时，手语者对这只企鹅的特点进行了描写，即“它怕冷”。

在调查 2 的语料中有 3 只小猪，手语者以 3 个手指代表 3 只小猪，给每只小猪分配一个固定的手指。如，中指代表第一只小猪，无名指代表第二只小猪，小指代表第三只小猪。

（三）指称对象再次出现时的情况

1. 使用指点手势代替指称对象

【例 8-14】是 6 次提到那只怕冷的企鹅时采用的方法。调查对象采用指点的手势代替那只企鹅。为了使指代线索不中断，在第 4 次提到这只企鹅时（如【例 8-15】），被试再次重复了这只企鹅怕冷的特点。这样采用指点的手势代替怕冷的企鹅的方法，是一种普遍的策略。指点手势首次使用时，指示的方位可以是任意的，但在随后的行文中，保留这个指示位置以代表这一名词。

【例 8-14】

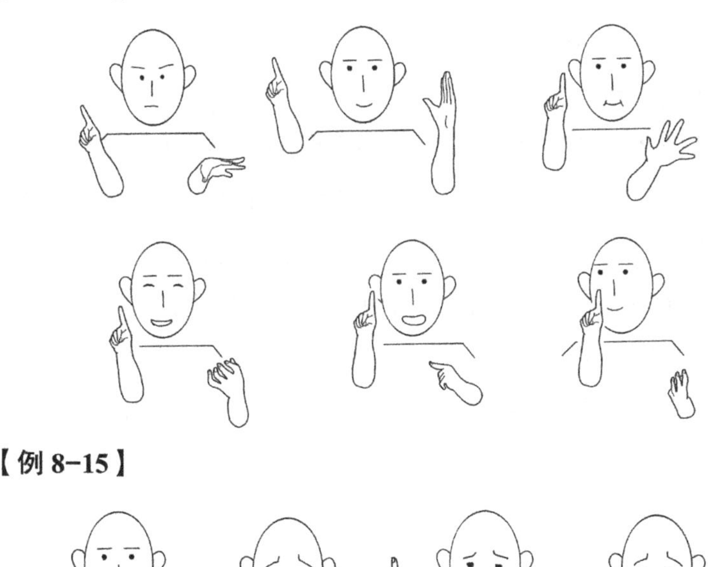

【例 8-15】

2. 使用数字分配

手语者在《三只小猪》故事片段中，采用数字分配的方法区分三只小猪。如用无名指代表第二只小猪。

【例 8–16】

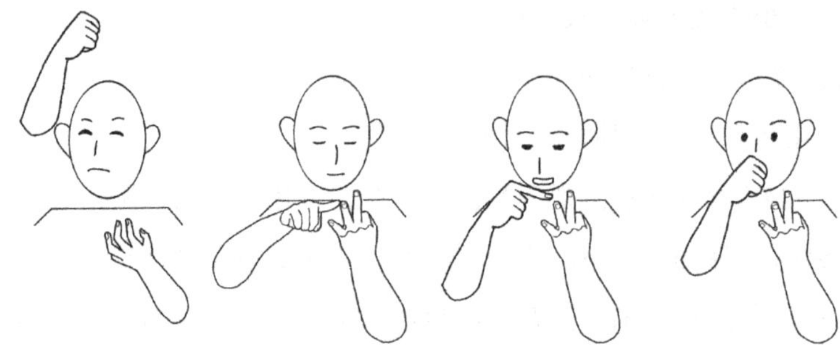

3. 直接命名

直接称呼其为“企鹅”。

4. 用关系从句结构

在故事的叙述过程中，使用关系从句结构。

（四）不同类型关系从句的分布

根据吕会华、高立群的研究，中国手语的关系从句结构有两种表现形式，一种是以空间形式组织，另一种是以时间形式组织。两种表现形式的句子，又可以根据中心词的位置，分为内置中心语关系从句和外置中心语关系从句。在中国手语中，这两种形式都是存在的。内置关系从句是优势语序，在篇章中仍然是内置关系从句占优势。从关系从句限定性与非限定性的角度看，限定性关系从句使用量略高于非限定性从句。

三、讨论

可以看出，手语者在篇章中使用关系从句结构频率比较低。这一结果和 Danan Miller 对美国手语的研究一致，与方梅和宋贞花、濮擎红和濮明明对汉语口语的研究结果也是一致的。濮擎红和濮明明从认知的角度解释了这一现象产生的原因，他们认为这是人们在口语交流过程中受潜在认知活动的制约而避免采用增加认知负担的句子的结果。陶红印认为，在叙述体中，表示人物的从句主要用来追踪人物，尤其是长距离的追踪，也可以用来避免语义模糊和给人物命名，在少数情况下也用来引进人物。关系从句的功能是对当前叙事发展有重要意义的名词性成分提供铺垫信息。

在本研究的语料中，调查对象第一次提到怕冷的企鹅后，对其特点进行了补充说明，起到了引进人物和对这个人物进行限制的作用，在后来的叙述中，以一个固定位置的指点手势（相当于有声语言中的代词）代指这只怕冷的企鹅，语义很清晰，没有必要每次说到它时都加以修饰限制。这也可能和手语使用空间位置区别句法的特点有关。手语的这一特点使得手语者不需要在叙述中大量使用关系从句结构就可将事件表述清楚。

美国手语中一个句子如果手势相同，就会呈现顺序相同，但空间标志不同，其句子意义也不同，如 He said he hit him and then he fell down. 他说他打了他，然后他就倒下了。在英语中，这个句子是有歧义的，但在美国手语中，因为每一个代词的空间标志不同，句子意思很清楚。中国手语同样如此，经常通过方位的变化，消除了此句的歧义。

【例 8-17】

［转写］

主手　猎人　　　　　　　　　　　　　　狗　　在－类标记六：狗

辅手　　　　在－类标记六：猎人　　　　类标记六：猎人

主手　咬－类标记六：狗　　跑－类标记六：狗

辅手　类标记六：猎人　　　死－类标记六：猎人

［翻译］有一个猎人，狗咬猎人，狗跑了，猎人死了。

如【例 8-17】，在篇章中，手语者使用指点手势或用数字表示不同的人物，不会产生歧义，从语言经济的角度看，手语者也不会选择费时费力的关系从句结构。

除了使用指点手势代替中心名词外，手语者还采用给指称对象命名的方法标明人物。在命名过程中，也彰显了手语的特色。手语者在给指称对象命名时，倾向于用普通名词命名，比如企鹅的故事中，一般直接称之为企鹅，而不是叫它小刚、小明、杰克之类的专有名词。这可能和聋人的命名习惯有关。他们更多地使用形象的手语名字，不习惯也不方便使用有声语言的名字。他们不会像普通人那样给怕冷的企鹅起一个名字以便后文称呼，而是依据手语善于描述外形的特点，一直称其为“企鹅”。

从关系从句类型的角度看，在单句调查中呈现出优势语序的内置中心语关系从句在篇章中同样使用频率较高。这也从篇章的侧面证明了在中国手语中，内置中心语关系从句确实是中国手语的优势语序。如果从限定性与非限定性的角度看，手语是视觉模式的语言，与口语一样具有转瞬即逝的特点，从加工难度讲，非限定性关系从句的使用频率应比限定性高。这和本研究语料所呈现出的现象一致。

第三节　不同语言背景的手语者使用关系从句的情况

为了考查手语者使用关系从句的情况，本书对不同语言背景的手语者使用关系从句的情况进行了调查。

一、调查对象

调查了 8 名年龄介于 15 ~ 50 岁的聋人，1 名 50 岁的听人。

涉及到的调查对象有：ACH、ADG、AEG、BCF 四类手语者。他们的具体情况见表 8–5。

表 8-5　调查对象基本情况

调查对象	出生	语言习得情况
R（男）	聋人家庭聋人 ACH	从小使用手语，在校大学生。
YF（男）	聋人家庭聋人 ACH	从小使用手语，成年社会聋人。
S（女）	聋人家庭聋人 ACH	从小使用手语，在校大学生。
Y（男）	聋人家庭聋人 ACH	从小使用手语，在校高中生，成年人。
T（女）	聋人家庭听人 BCF	从小使用手语并一直在聋校担任教师和手语翻译。
J（男）	听人家庭聋人 ADG	早期手语学习者。聋校教师，9 岁进入聋校开始学手语，10 岁开始学说话，会用口语表达简单的词语和句子，三十多年手语使用时间。
YX（男）	听人家庭聋人 AEG	晚期手语学习者。聋校教师。有残余听力，用口语可表达简单词语和句子。26 岁开始学习手语，至今使用手语 10 年。之前与人交流主要是笔谈。
Z（男）	听人家庭聋人 ADG	早期手语学习者。在校大学生，不能用口语表达。8 个月耳聋，没有经过听力语言康复训练。三岁以前开始学手语。
G（男）	听人家庭聋人 AEG	晚期手语习得者。在校大学生，4 岁耳聋，8 岁开始听力语言康复训练，训练了 4 年，到 12 岁。可以口语交流。双耳 70 分贝。

调查对象包括 1 名 CADO，4 名聋人家庭子女，4 名听人家庭聋人，4 名听人家庭聋人中，2 名早期手语学习者，2 名晚期手语学习者。

二、调查材料

在 20 世纪 70 年代中期，Wallace Chafe 教授决定去检测，一个故事如果被不同的语言叙说，会发生什么样的变化。他带着研究小组，设计了一部情节简单的电影，用来让世界各语种的人据此讲故事——包括偏远地区的未受教育的人。

这部名为“梨子的故事”的电影，它的设计符合人类的普遍经验。它的故事情节是这样的：一个人在收获梨子，但其中一筐梨子后来被一个骑自行车的男孩偷走了。在农夫发现梨子被盗之前，这个男孩和其他几个小孩还有另外一些经历。这部电影片长七分钟，为彩色有声电影，但无对白与字幕。这是在加州北部靠近加州大学伯克利分校的一个地方拍摄的，饰演农夫的是一个墨西哥裔的美国人。

三、调查结果

调查结果见表 8–6。

表 8–6　调查结果统计

调查对象	语料长度	使用数量	序列形式	空间形式
R	2’41	4	3	1
Y	1’53	4	4	
S	2’30	7	7	
YF	2’18	5	5	
T	4’46	5	5	
J	3’45	7	6	1
YX	2’50	9	8	1
Z	3’35	6	6	
G	2’35	7	6	1

四、讨论

（一）关系从句数量

从数量上看，聋人家庭子女和听人家庭早期手语习得的聋人使用关系从句的数量相当。

关系从句使用比较多的三位调查对象，一位是聋人家庭子女，但是她在此次测试中，基本上使用的不是聋人自然手语的语序，而是较多地使用汉语语序。她所使用的关系从句的类型大部分是和汉语一样，为中心语后置的结构。另外两位受测者，一位是 26 岁以后的手语学习、使用者，一位是在 4 岁耳聋，8 岁开始听力语言康复训练，训练了 4 年，一直在以口语为主的聋校成长起来的聋人，他们属于晚期自然手语学习使用者。他们可能受到了汉语的影响。

由此我们可以推断，以手语作为第一语言习得的聋人，在篇章中使用关系从句的数量比较少，包括聋人家庭的听人子女在内，他们不使用关系从句结构。那在这种有几个指称对象的篇章中，他们使用什么方式来区分不同的人呢?

首先，他们使用手语空间。手语空间可以分为三种：真实空间，借代空间和象征空间。

在真实空间中，指称对象的大小都跟真实所指一样，而指称都是在现场的。借代空间跟真实空间相似，区别在于所指是不在现场的，它的存在只是一种想象。最后是象征空间，在这类空间中，手语者把上半身正前方看成一个舞台，用手语把事情演义出来，特别之处在于指称对象比实物小。

在这个故事中，有一段是讲述偷梨的小男孩和另外三个男孩之间的故事。聋人家庭出身的聋人和听人家庭出身的聋人早期手语学习使用者还有聋人家庭的听人是通过象征空间将他们区分开的，如自己身体的左边代表骑自行车的那个男孩，右边代表另外三个帮忙的男孩。用这种方法将故事很好地演示出来，一点没有歧义和混乱。

为什么晚期手语习得的聋人没有很好地习得空间句法呢?

手语中的呼应动词往往通过空间及动作中路径的起点及终点，把主语和宾语的句法层面表达出来，从而达到动词呼应的原则，如“给”“帮助”等，假如选定空间某坐标为主语，另一坐标为宾语，“给”的动作方向一定要从主语方向投向宾语。Meir 发现聋童发展这种通过空间来构成动词呼应的知识，跟健听儿童发展同类结构的时间相似，通常在聋童 3 岁左右，此类发展才见成熟。假如指示对象不在现场而它们的位置要通过建立空间坐标来代表时，聋童在这种处境下发展动词呼应则较迟，大约 4.9 岁才见成效。这说明，建立空间句法在聋童的手语习得中是难点，这点也可以说是手语习得的难点。

调查对象 G，虽然内置关系从句用得比聋人家庭子女还多，但是在手语空间的建立上不如早期手语习得者。如句子“骑自行车　回头　看　谁喊”，如果骑自行车的男孩已经定位了，就不用再重复“骑自行车”了，直接用位置表达就可以了。

手语由手控信息和非手控信息组成，非手控信息（Non-manual Features）包括提升眉毛（Brow Raise）、头的倾侧方向（Head Tilt）、点头（Head Nod）、凝视方向（Eye Gaze）等。非手控信息也是构成一般句法的语法成分。空间句法属于非手控信息的范畴，非手控信息和口语中的功能语类具有相似之处，它们不表达具体的意义，具有抽象的句法功能。根据中介语语法损伤的研究，功能语类可能在中介语中缺失。第二语言习得失败的原因可归咎于功能语类。

（二）空间序列形式与序列存在形式

在中国手语中，有两种序列形式的关系从句。一种是序列存在形式的，和口语相似。有中心语前置的，也有中心语后置的。另外还存在一种空间形式存在的关系从句。这种句子有如下特点，首先，关系从句涉及的成分在句子中必须出现过。如先说“有　一　男　踢足球”，再说“后　有　一　男　拿棍子”，最后这两个成分以类标记手形出现，构成一个句子“拿棍子的男子用棍子打踢足球的男子。”其次，这种形式是一个立体的结构表现一个句子的内容，是两个发音器官（双手）和非手控信号协同作用的结果，体现了手语同时性的特征。

在此次调查中，这种形式的关系从句在聋人家庭聋人中出现1次，在听人家庭聋人中出现3次。这种以空间形式存在的关系从句是手语所独有的。为什么此类关系从句在最理想的手语者——聋人家庭聋人中出现的频率低呢？仔细观察，我们又发现，在聋人家庭聋人中出现了比较多的是7个貌似没有中心语的结构。这些结构真的是没有中心语吗？如果有中心语，其中心语在哪里？实际上，在此结构中，中心语是存在的，中心语就是手语者的身体。早在2007年，Meir等就提出了身体作为句子主语的论断。她认为，手和身体可以各自代表事件中的不同部分。手形一般代表中立的论元，如客体论元或代表对受事论元的控制。身体虽不像手形一样有不同的形状可以移动，但它往往代表句中最显著的论元：句子的主语。他们还指出，只有句子的主体为生命体的情况下，身体才能代表句子的主语。据此，我们可以将上述貌似无中心语的句子分析为身体作为中心语的关系从句。这种形式的关系从句是以空间同时并存的形式呈现的，关系从句、中心名词甚至是主句的动词全部以立体的形式呈现出来，不能按照线性的顺序切分。

综上所述，聋人家庭出身的聋人使用空间存在形式关系从句结构的频率远高于听人家庭出身的聋人。手语空间性和序列性共存的特点在手语作为第一语言习得者身上体现的更为明显。

空间形式存在的关系从句，从中心语内置外置的角度看，都是内置中心语关系从句。所以说从小以手语作为第一语言习得的聋人使用内置中心语关系从句的频率比听人家庭聋人要高得多。

（三）手语者习得手语的年龄与受教育背景影响其关系从句的习得

从上述语料分析我们还可以发现，手语者习得手语的年龄越大，在手语中使用关系从句结构越多，如调查对象 YX，26 岁以后学习使用手语，在手语中使用关系从句结构最多。聋人手语的习得也有关键期的问题。

目前中国的聋教育有几个派别，如口语法、综合沟通法、双语双文化等。从语料分析我们发现，受教育背景的不同，也影响其手语的使用。以 G 为例，其不能完全使用聋人手语，熟练使用手势汉语。

不同语言背景的手语者在篇章中使用中国手语关系从句结构是有差异的。聋人家庭出身的聋人更多地使用以空间形式存在的关系从句，内置中心语关系从句。手语者习得手语的年龄与受教育背景也影响其能否习得纯正的聋人自然手语。

由此可以证明，最理想的语料提供者是 ACH，即出生于聋人家庭的聋人，父母从小用自然手语与他们沟通，在获得第一语言手语以后口语成为他们的第二语言。其次是 ADG，即出生于听人家庭的聋人，早期接触手语，之后接触口语。

参考文献

[1] 吕会华．中国手语和汉语句法比较——以两类简单句和关系从句为例 [N]. 北京联合大学学报综合版，2017，31（1）：19-24.

[2] 吕会华，王红英，巩卓．国内外手语语序研究综述 [J]. 中州大学学报，2014（3）：73-79.

[3] Comrie. Bernard. Language Universals and Linguistic Typology：Syntax and Morphology[M]. 沈家煊，罗天华，译．北京大学出版社．2010.

[4] 吕会华，高立群．中国手语关系从句篇章特征考察 [J]. 中国听力语言康复科学杂志 2013（2）：128-132.

[5] 吕会华，高立群．中国手语的关系从句 [J]. 当代语言学，2011（2）：116-123.

[6] 陈少毅，兰继军．美国手语的语法特点及使用简介 [J]. 中国特殊教育，2002（2）：57-61.

[7] 马诗帆，杨月英．广东话话题化的处理动机 [A]. 话题与焦点新论，上海，上海教育出版社 2003.

[8] Rachel Sutton-Spence, Bencie Wolldoi. The linguistics of British sign language An Intronction[M]. Cambridge University Press，2010

[9] 卡罗尔．语言心理学 [M]. 缪小春，等，译．华东师范大学出版社，2007.

[10] 杨军辉，吴安安，郑璇，等．中国手语入门 [M]. 郑州：郑州大学出版社，2014.

[11] Ronice Mullerde Quadros, Diane. Lillo-Martin Sign language [M].Cambridge University Press, 2010.

[12] Trevor Johnston, Adam Schembri. Australian Sign Language (Auslan): An introduction to sign language linguistics[M]. New York: Cambridge University Press，2007：188.

[13] Sze，F.Y.B. Word order of Hong Kong Sign Language. [R]. Hamburg：Signum. 2003：63-192.

[14] Kimmelman V. Word Order in Russian Sign Language[J]. Sign Language Studies，2012，12（12）：414-445.

[15] 游顺钊．视觉语言学概要 [M]. 北京：商务印书馆，2014.

[16] 张荣兴．华语与台湾手语动态空间结构之对比分析 [J] 华语文教学研究 2008（6）：87-112.

第九章 中国手语与其他语言的句法比较

第一节 中国手语与汉语简单句语序比较

与对有声语言语序的研究一样，手语语序研究也存在着诸多争议。目前大家比较认同语义因素、动词因素、语用因素、非手控特征等因素会影响手语的语序。我们先选择控制语义因素和动词因素进行调查研究。

在本研究中，中国手语和汉语简单句的比较采取看图说话的形式进行调查。被调查者为 6 位听人和 6 位聋人，他们全部为北京人。听人为普通大学生，6 位聋人是从众多聋人中挑选的最接近合格“发音人”的人选。4 位中青年聋人为手语母语者，他们从小从聋人父母处习得手语，并且一直使用手语，生活在聋人社群之中。两位老年聋人，其父母为听人，但他们是早期的手语学习者，一直使用手语，退休前在以聋人为主的福利工厂工作，退休后所居住小区有 20 多户人家中有聋人，小区形成了一个小的聋人社群，两位“发音人”是他们中公认的手语高手。

调查材料包括 60 张图片和 10 条 flash 动画。图片中，控制语义因素的 40 张，可逆情境 20 张，不可逆情境 20 张；控制动词因素的 20 张，普通动词句 10 张，一致动词句 10 张。空间动词的调查材料是 10 条 flash 动画短片。

一、语义因素影响下的中国手语与汉语语序比较

语义因素中的情境类型包括可逆情境和不可逆情境。

(一) 可逆情境

可逆情境，一般指施事和受事的语义关系可以互换，如在“男孩亲吻女孩”这一句中，男孩为施事，女孩为受事，但是二者可以互换，即女孩变为“施事”，男孩变为“受事”。“女孩亲吻男孩”这样的句子也是符合语法的。

我们用同样的图片调查汉语口语和中国手语表达，结果举例如表 9-1。

表 9-1　可逆情境下中国手语和汉语语序比较

调查图例	听人的汉语口语表达	聋人的中国手语表达
	小猫追小兔子。	猫　抓　追　兔
	一只小猫追着一只小兔子。	主手　指$_{这}$　兔 辅手　在 - 类标记六：兔 主手　猫　追 - 类标记六：猫 辅手　跑 - 类标记六：兔
	猫捉兔子。	猫　追（抓）+++　白兔（害怕状）
	一只猫在追一只兔子。	有　一　猫　看　兔子　追 ++
	一只猫一蹦能变成一只兔子。	猫　跑 ++　追　白兔
	猫追兔子。	猫　抓　追　兔　追

注：表 9-1 及后文中显示的“聋人的中国手语表达”的内容，是中国手语的汉语转写。

由表 9-1 可以看出，汉语口语句子的顺序大多是主语 + 动词 + 宾语（SVO）的顺序。中国手语的句子从线性角度来看，大多为主语 + 动词 + 宾语（SVO）的顺序。因此，在可逆情境下，中国手语的句法结构与汉语大致相同，其优势语序为名词性成分 + 动词性成分 + 名词性成分。

(二) 不可逆情境

不可逆情境是指只有一个参与者能够作为“施事”，施受之间不能互

换。比如“男孩吃馒头”，“馒头”只能是“受事”，不能变为“施事”，也就是说这个句子不能变为“馒头吃男孩”。

从表 9-2 可以看出，在不可逆情境下，汉语口语句子是主语 + 动词 + 宾语的顺序；中国手语的句子从线性角度看，大多为主语 + 宾语 + 动词或者宾语 + 主语 + 动词的顺序。在这种情境下，中国手语和汉语口语的语序不同。

表 9-2　不可逆情境下中国手语和汉语语序比较

调查图例	听人的汉语口语表达	聋人的中国手语表达
	女孩吃点心。	小　女孩　力气大　馒头　吃 ++　饱肚子
	女孩正在吃馒头。	桌子　馒头　女　吃
	一个小孩在吃包子。	盘子　馒头　女　吃 ++
	这个女孩吃早点。	女孩　饿　吃 ++　馒头
	一个女孩吃馒头。	女人　吃　包子　吃 ++
	一个小女孩正在吃馒头。	（圆）吃 ++

二、动词因素影响下的中国手语与汉语表达比较

手语动词的类型会对手语的语序有影响。戴浩一等对呼应动词的研究表明：呼应是手语表达主语和宾语语法关系最重要的机制。可以用动词的移动方式、眼神注视的方向、左右手的搭配或者再加上呼应辅助标记来标示主语和宾语的语法关系。倪兰在其博士论文中同样考察了动词方向性对语序的影响。

（一）普通动词句

从表 9-3 可以看出，汉语口语表达基本是主语 + 动词 + 宾语（SVO）的顺序。中国手语的句子顺序倾向于 OSV 顺序，即宾语 + 主语 + 动词的顺序，宾语被提前至句首。当句中动词为普通动词时，中国手语和汉语的语序不一致。

表 9-3 中国手语和汉语普通动词句语序比较

调查图例	听人的汉语口语表达	聋人的中国手语表达
	小女孩被小狗吓到了。	狗 汪+++ 女 害怕
	一个小女孩非常怕眼前的一只狗。	狗 喊 叫 女 惊心
	一个女孩对一只狗特别害怕。	狗 叫 女 怕
	一个小狗在冲着一个小女孩叫小女孩害怕了。	狗 叫++ 女 怕
	狗叫把女的吓一跳。	狗 叫+ 女 害怕
	女孩害怕狗。	走 狗 汪 害怕 跑++

（二）一致动词句

从表 9-4 中可以看出，包含一致动词的中国手语句子和汉语顺序基本一致。大多为主语＋动词＋宾语的顺序。然而如果句中使用类标记，句子的顺序会发生变化，如

主手　指$_{这}$　男　　　　　　女　推

辅手　在－类标记六：男　　　类标记六：男

句子变成了“宾语＋主语＋类标记谓语”的顺序，也可以说是名词性成分＋名词性成分＋动词性成分的顺序。

表 9-4 中国手语和汉语一致动词句语序比较

调查图例	听人的汉语口语表达	聋人的中国手语表达
	女人打男人的胸膛	女 朋友 骂 男 发火 打 男 手掌 脸
	老婆打了她的老公	主手 指$_{这}$ 男 女 推 辅手 在－类标记六：男 类标记六：男
	妈妈推了儿子一把	女 生气 推 男
	妈妈在推孩子	女 生气 推 男
	男的说了一句话，女的把男的推一边去了。	女人 推 男 推 男 为什么
	女人推男人	你 我 推

（三）空间动词句

从表 9-5 可以看出，带有空间动词的句子，中国手语表达和汉语口语表达区别明显。汉语基本是根据主语＋动词＋宾语（SVO）的顺序来排

列句子。而中国手语表达则是先描述动作发生的背景——山谷，相当于汉语口语表达中的宾语部分，之后打出前景事物——汽车。由于本句“汽车”的手势有类标记手形词汇化的倾向，所以有的手语者没有明确打出“车”的手势，直接使用类标记手形代替实义词“车”，与运动词素一起构成类标记谓语，表达整个动画的语义。手语句子呈现出主语 + 宾语 + 动词（SOV）或者宾语 + 主语 + 动词（OSV）顺序，即名词性成分 + 名词性成分 + 动词性成分。在大多数的手语中，类标记结构做谓语都会对语序产生影响，中国手语也是如此。类标记谓语句，中国手语和汉语语序差别较大。

表 9–5　中国手语和汉语空间动词句语序比较

调查图例	听人的汉语口语表达	聋人的中国手语表达
	车飞过河	山　裂　分开　车　车跳越
	汽车飞跃峡谷	两　山　沟　车　车飞过
	小汽车飞过河	山沟（两边）车飞过
	小汽车从河上飞过	山　这（中间）水流　车飞过
	河上飞过一辆汽车	山　两边　深　车飞过
	汽车飞过河	山　分开　车越过去

从本节的分析我们可以看出，表达相同的句义时，中国手语简单句的语序大多是 SOV 或者 OSV 结构，这两种结构均可概括为名词性成分 + 名词性成分 + 动词性成分。而汉语的语序以 SVO 为主，即名词性成分 + 动词性成分 + 名词性成分。

第二节　中国手语和汉语关系从句结构比较

关系从句作为一种镶嵌结构，得到了诸多语言研究者的关注。关系从句在不同语言中表现不同。一种语言是否存在关系从句，主要看这种语言是否包含关系从句定义所规定的结构。科姆里做出了对典型关系从句的描述，他指出关系小句必定包含中心名词和限定性小句。中心名词所指对象具有潜在范围，而限制性小句用命题限制这个范围，其命题必须符合句子整体结构的所指对象。吕会华和高立群 2011 年的调查证明，在中国手语中同样存在关系从句结构，但是其呈现出与汉语不同的面貌。

听人对图 9-1 的汉语口语表述为：骑自行车的小朋友丢了一本书。聋人的手语表述为：一　男骑自行车　突然　书　丢。分析中国手语的句子发现，在手语句子中，有一个中心名词“男”，关系从句“骑自行车”是对中心名词的描述，从而限制其潜在的所指对象。因此，中国手语中存在关系从句结构。

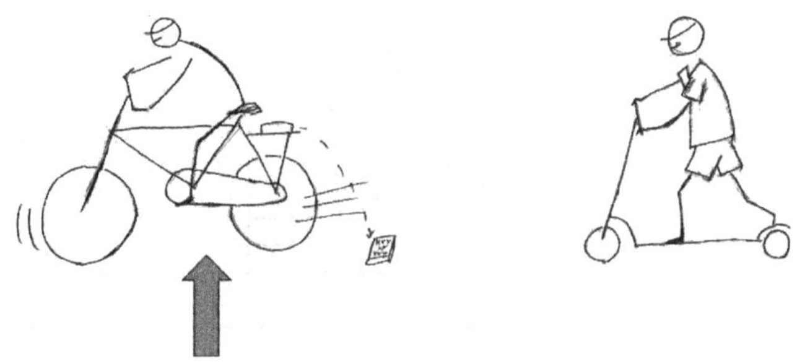

图 9-1　关系从句结构调查图片

一、中国手语关系从句与汉语关系从句结构的共同之处

（一）两种关系从句中都没有关系代词

有声语言中，如英语的关系从句用关系代词进行标记。手语中，比如德国手语，它使用两个不同的关系代词，一个用于指代人，一个用于指代非人。吕会华和高立群对中国手语的关系从句的研究表明：中国手语的关系从句和汉语关系从句的共同之处是二者均没有关系代词。中国手语关系从句的标记是非手控特征，汉语关系从句的标记是“的”。

（二）两种关系从句的宾语关系从句都可以话题化

汉语是公认的主题突出的语言。现有研究成果也表明：一些手语，如美国手语，也是主题突出的语言。主题是语用学的概念，主题位于句首，是叙述的起点，述题是对主题的评述与说明。一个句子的结构就是由主题和述题构成的主述结构。

在主题突出的句子中，中国手语和汉语的顺序是一致的。

如：

汉语：包子女孩吃。

中国手语：包子　女孩　吃。

汉语和中国手语的句中宾语作为话题提至句首的位置，在关系从句中也是这样的。

汉语：

你准备好明天要讲的东西了吗？

明天要讲的东西你准备好了吗？

马诗帆、杨月英在《广东话话题化的处理动机》一文中将这种现象解释为话题化。

中国手语表达［转写］1：

【例 9–1】

主手　指$_{\text{这}}$　女　李四　打　完

辅手　在–类标记六：女　类标记六：女　类标记六：女　类标记六：女

主手　我　小红　踢

辅手　类标记六：女

中国手语表达［转写］2：

【例 9–2】

主手　指$_{\text{这}}$　女　李四　打　完

辅手　在–类标记六：女　类标记六：女　类标记六：女

主手　现在　小红　腿　踢

辅手　类标记六：女

【例 9–1】【例 9–2】汉语翻译为“小红正在踢李四打过的那个女孩。”

从【例 9-1】【例 9-2】可以看出，中心名词“女孩”和关系从句“李四　打女　完”都被提前到了句首。

虽然中国手语和汉语关系从句的位置不同，但当关系从句结构在句中充当比较重的宾语时，中国手语和汉语都倾向于将这个比较重的成分提前至句首，关系从句结构作为一个整体被提升至句首。

二、中国手语关系从句与汉语关系从句结构的不同之处

（一）中国手语关系从句和汉语关系从句结构在句中的位置不同

在关系从句研究中，根据中心名词在关系从句中的位置，将其分为外置中心语关系从句和内置中心语关系从句。吕会华和高立群的研究表明：中国手语的关系从句既有内置的，也有外置的，以内置为主。内置中心语关系从句有同时性结构的，也有线性结构的。在线性结构中，中心语在关系从句前并且和关系从句一起通过非手控特征标记为一个语调短语。

中国手语和汉语比较，中国手语和汉语关系从句结构的位置不同。中国手语的关系从句以内置为主；汉语关系从句是外置的。非内置中国手语关系从句结构，从线性角度看，关系从句大多在中心名词后，而汉语关系从句大多在中心名词前。

（二）中国手语关系从句独特的表达方式

1999 年 Spence 和 Woll 提出了手语中两类空间的问题。第一类空间为有形空间（Topographic Space），是指我们通常说的空间，真实世界的图景。第二类空间为句法空间（Syntactic Space），是指句法成分所占的空间。有形空间，是指物（或人）在某一位置上。句法空间中，指称物（或人）就是这个位置本身。有时有形空间和句法空间会重合。

中国手语的情况也是这样的。“空间的运用是手语重要的语法手段”，如我们在用翻译任务调查“小红正在踢李四打过的那个女孩。”这句的时候，中国手语的句子表现出很强的运用空间的特点。

【例 9-3】

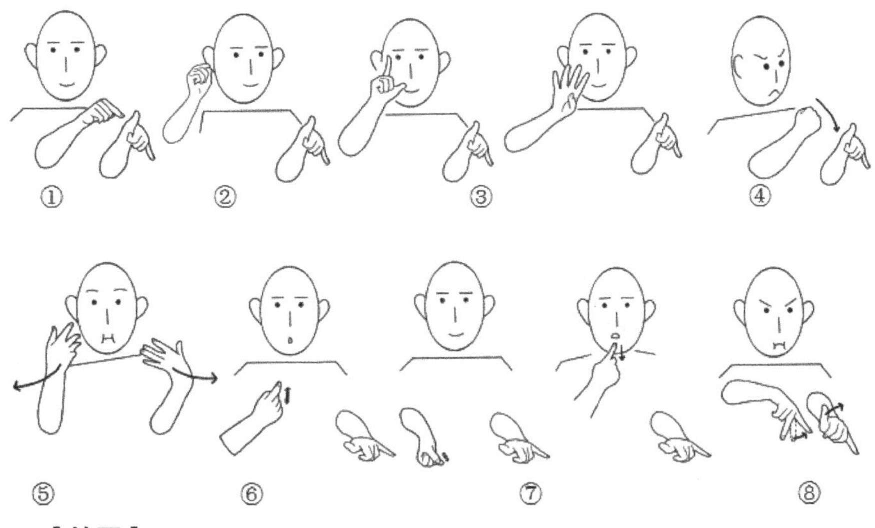

［转写］

主手	指$_{这}$	女	李四
辅手	在－类标记六：女	类标记六：女	类标记六：女
主手	打　　　　　　完	我　　小红	踢
辅手	类标记六：女	类标记六：女	类标记六：女

［翻译］小红正在踢李四打过的那个女孩。

在【例 9-3】所显示的手语句子中，六手形是个类标记，手语者在图①②中先表明。这个六手形代表的是“女孩”，之后手语者的左手始终保持六手形在固定位置。句子中，受事都是“女孩”。图④李四打女孩，图⑧小红踢女孩。“打”“踢”两个动词，其动作方向都朝向这个六手形。在句首将“女孩”定位之后，“女孩”就固定在这个位置。“女孩”是句子的中心词。之后，这个中心词由类标记手形“六手形”来代替。这个句子之所以能够表述清楚，空间起到了很重要的句法作用，类标记和动词方向结合，区分了主语和宾语。

在句子中，六手形作为类标记，作为代词，其指代的事物内含不同。图①②③④中，六手形代表“女孩”。图⑥⑦⑧中，其指代的对象虽然仍然是“女孩”，但这个“女孩”是被“李四打过的”“女孩”了。类标记手形将主句和从句结合在一起，类标记作为从句的代表镶嵌在主句中，使这个句子成为一个具有镶嵌结构的关系从句。

句子中有一个明显的表示“过去”或者“完结”的手势（见图⑤），这表明：从句发生的时间在前，主句发生的时间在后。

从上面的分析我们可以看出，在关系从句结构中，中国手语的结构既有和汉语相同的一面，即无关系代词，比较重的宾语关系从句常常提前至句首等。也有自己充分利用空间句法的独特表达方式，显示出手语句法的同时性特征，与有声语言存在较大差异。

手语作为视觉模块的语言和作为有声语言的汉语在句法方面存在比较大的差异。从对控制语义因素和控制动词因素之后调查的语料的分析结果显示，中国手语的简单小句大多是 SOV 或 OSV 顺序，与汉语口语有所不同。中国手语的语序会受到语义因素和动词因素的影响。在对以关系从句为例的复杂句进行对比分析的过程中我们发现，两者同中有异，异中有同。其中空间句法的巧妙运用，充分显示了手语句法同时性的特点。中国手语和汉语是两种不同的语言，我们在学习手语、汉语，进行手语、汉语之间的翻译转换时，需要注意二者句法的不同。

参考文献

[1] 吕会华 . 中国手语和汉语句法比较——以两类简单句和关系从句为例 . 北京联合大学学报（综合版），2017，31（1）：19-24.

[2] 吕会华，王红英，巩卓 . 国内外手语语序研究综述 [J]. 中州大学学报，2014（3）：73-79.

[3] Comrie.Bernard. Language Universals and Linguistic Typology：Syntax and Morphology. 沈家煊、罗天华译 [M]. 北京：北京大学出版社，2010.

[4] 吕会华，高立群 . 中国手语关系从句篇章特征考察 [J]. 中国听力语言康复科学杂志，2013（2）：128-132.

[5] 吕会华，高立群 . 中国手语的关系从句 . 当代语言学，2011（2）：116-123.

[6] 陈少毅，兰继军 . 美国手语的语法特点及使用简介 [J]. 中国特殊教育，2002（2）：57-61.

[7] 马诗帆，杨月英 . 广东话话题化的处理动机 [M]// 徐烈炯、刘丹青主编《话题与焦点新论》，上海：上海教育出版社，2003.

[8] N-Spence，Rachel/ Woll，Bencie The linguistics of British sign language An Intronction[M]. Cambridge University Press，2010.

[9] Davidw Carroll. Psychology of lauguage [M] . 缪小春等译 . 上海：华东师范大学出版社，2007.

[10] 杨军辉，吴安安，郑璇，等 . 中国手语入门 [M]. 郑州：郑州大学出版社，2014.

后　记

转眼快20年了。越是走近手语，越是觉得对这门奇妙的语言了解甚少。手语语言学的大门内，枝繁叶茂，令人眼花缭乱。

这些年最应该感谢的是学生，你们的包容和理解，使我的手语不断进步，使我的研究顺利进行。

感谢为本书提供语料的聋人朋友们，尤其是赵虹。她精彩的手语表达给了我很多灵感。

本书的所有插图都是我院在读学生满娜、董少纯两位同学的作品。她们的手绘手语图为本书增色不少。

感谢北京联合大学2017年授权—科技创新服务能力建设—科研水平提高定额—基于CRPD核心理念的全纳教育支持技术研究（122139991724010222）经费对本书出版的支持。感谢学院领导、同事对本书写作的关心和支持。

本书引用了众多语言学及手语语言学研究人员的研究成果，如有对各位的研究理解有误或不当之处，欢迎批评指正。

无论是理解、支持还是批评、质疑，这些声音都表达了对中国手语语言学研究的关注。本书就当抛砖引玉，希望能有更多的人关心聋人，关注手语，走进手语语言学的大门。